文化都昌丛书

主编◎李懋 程芬 张华清

U0893508

文化都昌

风俗卷

WENHUA DUCHANG
FENGSU JUAN

江西高校出版社
JIANGXI UNIVERSITIES AND COLLEGES PRESS

图书在版编目(CIP)数据

文化都昌. 风俗卷/李懋,程芬,张华清主编. --南昌:江西高校出版社,2019.10(2022.3重印)
(文化都昌丛书)
ISBN 978-7-5493-8360-3

Ⅰ. ①文… Ⅱ. ①李… ②程… ③张… Ⅲ. ①地方文化—都昌县 ②风俗习惯—介绍—都昌县 Ⅳ. ①G127.564 ②K892.564

中国版本图书馆 CIP 数据核字(2019)第030416号

出版发行	江西高校出版社
社址	江西省南昌市洪都北大道96号
总编室电话	(0791)88504319
销售电话	(0791)88522516
网址	www.juacp.com
印刷	天津画中画印刷有限公司
经销	全国新华书店
开本	700mm×1000mm 1/16
印张	16.5
字数	220千字
版次	2019年10月第1版 2022年3月第2次印刷
书号	ISBN 978-7-5493-8360-3
定价	58.00元

赣版权登字-07-2019-115
版权所有 侵权必究

图书若有印装问题,请随时向本社印制部(0791-88513257)退换

编委会名单

主　任　钟有林

副主任　樊珈妤　刘　红　江期论　陈长虹

主　编　李　懋　程　芬　张华清

副主编　潘敏祚　段温泉

委　员　汪国山　李文艳　曹开东　伍菁华

王志群　傅鸿剑　王毅群　曹晓东

董晓霞　高秋霞　占礼军　江承纹

秀美都昌　等你点赞

——写在《文化都昌丛书》出版的时候

中华民族优秀的传统文化，深深地烙上了五千多年中华文明的印记。这些民族文化，是当代中国、当代中华民族的魂，是习近平新时代文化思想形成的根基和源头。党的十九大报告指出："没有高度的文化自信，没有文化的繁荣兴盛，就没有中华民族伟大复兴。"弘扬和传承民族、民间的优秀传统文化，是国家的战略，是民族的呼唤。《文化都昌丛书》这套书的问世，恰逢其时。

《文化都昌丛书》展示的是都昌民间优秀传统文化的渊源和底蕴。

都昌，历史悠久，文化灿烂。汉武帝之初立鄡阳，唐武德五年(622年)置都昌。都昌有两千多年的沧桑变迁历史，是江西十大古县之一。古鄡阳、古彭蠡泽、古刹老爷庙、古道都景路等，无不留下都昌古老的风骨，见证都昌久远的辉煌。都昌承彭蠡泽的精魂，沐鄱阳水的灵气，孕育出一代又一代的精英人杰：陶母，以"截发筵宾、锉席喂马"名闻天下，成为中国古代三贤母之一；其子陶侃忠守孝悌，以"垂钓侍母"而流芳百世；南宋刘锜以寡敌众，以抗金名将载入史册；南宋江万里以身许国，举家赴止水而殉国；黄灏、曹彦约以弘扬理学的研究成就垂名于中国古代教育史。国士学子，为"举国兴邦平天下”慷慨激昂，勇于担当，铸就了都昌灿烂的名人文化。没有精英模范、英雄豪杰的国度是贫瘠的、软弱的。都昌的先贤为中华民族挺身于世界民族之林，撑起了一方天地。

“鄱阳湖上都昌县”，苏东坡的千古绝句确立了都昌在鄱阳湖上的优越地位。她是鄱阳湖的“中流砥柱”，“北门之钥匙”，位居南昌、九江、景德镇的金三角中心地带，昌九、九景高速紧绕两侧，九景衢铁路穿境而过。都昌发展再造前景，光明远大。这里有八百里鄱阳湖五分之二的水域，有“落霞与孤鹜齐飞，秋水共长天一色”的湖光山色，有凶险莫测的魔鬼湖“东方百慕大”，有“沉鄡阳，浮都昌”传说中的古鄡阳遗址，有道教五十一福地苏山，有千年古村和迷宫围屋，有三尖源绵延百里的原始森林，有皖鄂赣革命根据地旧址望晓源……都昌有了风景独好的山水，就有了历代文人墨客的流连忘返。都昌的名山名水、胜景胜地、古建古迹，到处印刻着谢灵运、舒元舆、李白、苏东坡、欧阳修、黄庭坚、文天祥等人寻山问水时醉迷惊叹的吟唱。

“百里不同风，千里不同俗”，“入乡问俗”，说的就是民风民俗因地而异的特点。都昌的民风民俗古朴淳厚、多姿多彩，极富都昌地域特色。鄱阳湖传统的湖渔风情浓郁纯真，“祭网开渔”、“栽须祭船”、祈求平安的“河灯、渔火”、闹端午的“花龙船”等彰显的尽是古朴的湖风渔俗；都昌的民风民俗以人为本，至今还在沿袭的生日、戏周、寿庆、嫁娶、丧葬、上梁、安座、出天方、拜谱年等全都是成套的人生礼仪习俗，在日常生产、生活中还传承着“宜陶则陶，宜稻则稻”的环保习俗。民风民俗是草根文化，有着最接地气、最原生态的韵味和魅力。民风民俗是一个地区、一方民众所创造的生活文化，随着社会的进步、文化的积淀，有的在继往开来，有的在隐没淡逝。这是文化长河的必然流向。

都昌的民间演艺，是一朵奇葩，是都昌非物质文化遗产的宝贵财富。都昌老戏“高腔”（即青阳腔）已被列入国家保护名录，清末发展至鼎盛；源于宋盛于清的“都昌鼓书”是都昌独有的特色乡音，成为盛行的说古道今、颂唱英模人物的民间文艺形式；百年文词戏是都昌遍地演唱的乡戏，剧本家存户有，演唱妇孺皆通；源于隋末的都昌《打岔伞》等六个民间舞蹈入选《中国民族民间舞蹈集成·江西卷》；都昌民歌《奉香茶》《红绣鞋》唱进了中南海，享誉华东六省一市。都昌的民间演艺，折射着都昌的风土人情，反映了民众的喜怒哀乐。跳一曲民舞《扎花子》，便再现了旧社会花子乞讨的苦楚；一句鼓书开唱“万贯家财都在鼓板中”，道出了说书人的无奈；一首“日头哥哥快下山，俺打长工好不难”的民歌，诉说着旧社会长工的艰难。都昌不少的民间歌、舞、戏精品成了地方经典。

都昌的传统技艺，名目繁多，工艺精湛，影响深远。瓷都景德镇的文化脉根在都昌。都昌瓷业人创造了景德镇瓷业的举世辉煌。始于民国初年的珠贝业，让都昌成了闻名全国的“珍珠之乡”，孕育出都昌的百年珠贝文化，珠贝产品享誉东南亚；起业于明末清初的都昌九山村的木雕工艺传授到塞北江南，能工巧匠的精湛雕技走进了人民大会堂；“都昌豆参”是独特的地方美食辅料，独有工艺绝招，入选国家地理标志保护产品，从舌尖上感动了中国。流传在都昌的传统技艺，大多出于民间匠人之手，他们不仅构思缜密独到，而且制作精益求精，其“勿精不舍，勿妙不弃”的精神，就是大国工匠精神。

都昌的民间传说，丰富多彩，流传广泛。鄱阳湖的传说是一道最绚丽的风景，最显都昌地域特色；都昌的一山一水，都有一歌一传说，鄱阳湖中一鱼一禽，都有一叹一故事；人文陈迹的传说是最亮色彩中的“精彩”，其中最有影响的是红色故事、名人逸事、元末明初的鄱阳湖大战和风俗传说，具有深厚的文史内涵；“都昌味道”是都昌民间传说中最值得“点赞”的，它的内涵绝不只是一道美食佳肴，更是独具特色的鄱阳湖菜肴文化。一个地方的民间传说，与民风民俗紧密相连，或许可以说是一个地域的文化名片。有幸听讲一回都昌的民间传说，你可以得到一次田园味的身心愉悦。

《文化都昌丛书》囊括了“闻人”“山水”“风俗”“演艺”“技艺”“传说”六大板块，将都昌传统的自然美和人文美完美统一。她的美不可以复制，但可以激活，可以传承，可以再造，可以发扬光大。我们编纂出版这套书，就是要留下都昌优秀的文化因子，植下都昌的文化大树，再造新时代都昌文化大繁荣、大发展的明天；就是要让《文化都昌丛书》成为开怀扬臂、迎接八方来宾的名片。

醉美了，我的都昌！这个美，在这套书里读得到，品得到，就等着你来点赞。

历史不可复制　民风永不消散

都昌县隶属鄱阳湖地域，民俗文化源远流长。湖区人民在这里繁衍生息、交流融合，以特有的生存智慧造就了独具魅力而又丰富多彩的鄱阳湖人文文化。文化像一轴古老隽永的画卷，浩瀚深邃，韵味悠长；文化像一条浩浩汤汤的大河，喧腾咆哮，奔流不息。在历史的长河中，鄱阳湖畔的都昌民众经过千百年的积淀与传承，形成了既有鄱阳湖共性又具有都昌地域特性的民俗文化。

人们往往将由自然条件的不同而造成的行为规范差异，称之为“风”，而将由社会文化的差异所造成的行为规则之不同，称之为“俗”。所谓“百里不同风，千里不同俗”反映的就是风俗因地而异的特点。都昌人文历史资源极为丰富，传统的渔家风情沿袭至今。她有珍爱自然的环保习俗与“宜陶则陶，宜稻则稻”的产业选择思维，创造了以鄱阳湖文化为核心的江南水乡传统风俗。她流传着“沉鄡阳、浮都昌”的历史及彭蠡开湖等神话传说，也保存着陶侃、江万里等人文典故。沿着185千米的湖岸线，鄡阳古城址，鄱湖古战场，南山古寺庙，明清古村落，陶母（陶侃的母亲，古代四贤母之一）墓，皇甫湜、舒元舆所作碑铭等历史遗迹近百处，连缀成“百里古迹长廊”。都昌拥有颇具特色和魅力的瓷文化、宗教文化、戏曲文化、候鸟文化，充分展示着她所代表的鄱阳湖文化。

《文化都昌丛书》将《风俗卷》列为第一册，编者又以人生礼仪中的诞辰生育开篇，旨在阐释风俗、语言、礼仪等均是以人为本，没有人类生命的存在，一切都将失去意义。有生命，才能创造历史文化；有人类，才能传承历史文化。本书根据都昌县的地域文化差异，详略各异地记载了千百年来都昌的风俗，略述了都昌古往今来民众的活动与语言。全书共分为六章，其中程芬负责编写第一章、第三章、第四章、第五章，张华清负责编写第二章、第六章。

一个国家或民族中广大民众所创造、享用和传承的生活文化形成了民风民俗，成为特定社会文化区域内历代人们约定俗成的行为模式。正因为她源于人类社会群体生活的需要，其生命力可见一斑，所以在长久的时期内，都昌民风民俗在本土生生不息地形成、扩大和演变，渗透进入都昌民众的日常生活。但是，任何本土文化都不可能是万世一贯的，随着时间的推移、时代的更替，有的在继续沿袭传承，有的却濒临失传。相当一部分非物质文化，随着传承人的陆续作古而后继无人，还有一些旧事物被新事物代替，甚至乡村的嫁娶、安葬、上梁、送嫁、称谓、酒席安座、应用文、方言等土俗民情也会逐渐隐没，慢慢淡逝。

历史是一座城市的根，风俗是舒展的须，根须的顽强与茂盛，造就城市文脉的深厚与张力。民俗文化遗产具有不可复制性，许多有价值的民俗文化遗产值得后人珍惜、保存、继承。优秀文化的因子往往历久弥新，她长久地存活在历史的长河中，持续地影响着民族的精神和面貌。

因时间久远，很多古老传统的风俗已成为老人模糊的记忆，更无法在今天印证昨日的故事。都昌地域广阔，人口众多，24个乡镇近3000个自然村，各村都有老祖宗流传下来的宗族习俗，因此，本书很难做到包罗万象，也不能完整无误地还原历史上的风俗事件，只能择最有湖区个性又有全县人民共性的风俗统而概之，另一些只能根据街头巷尾、本乡本土的都昌民众口口相传的记忆，择其重点加以记述。如有不妥之处，恳请都昌父老乡亲批评指正！

程　芬

二〇一八年冬至

目录

第一章　人生礼仪

002 | **第一节　生育寿诞**
002 | 一、生诞
010 | 二、寿庆
016 | **第二节　延师学艺**
016 | 一、私塾拜师
017 | 二、学艺拜师
018 | 三、尊师重教
018 | 四、拜师礼仪
020 | **第三节　嫁娶**
020 | 一、议婚
021 | 二、订婚
024 | 三、结婚
032 | 四、礼包
032 | 五、回门
033 | 六、做满月
033 | 七、做周年
034 | 八、都昌乡村特殊婚姻

038 | 第四节　丧葬
038 | 一、备丧
041 | 二、丧葬礼仪
059 | 三、丧葬物品
060 | 四、其他祭奠方式

第二章　衣食住行
065 | 第一节　服饰变化
065 | 一、衣料
066 | 二、款式
069 | 三、衣物制作
070 | 第二节　饮食习俗
070 | 一、日常餐饮
071 | 二、传统宴仪
078 | 三、传统食品点心
086 | 第三节　造屋建舍
086 | 一、传统住宅
089 | 二、建屋造舍
095 | 第四节　交通出行
095 | 一、交通工具
099 | 二、出行习俗

第三章　岁时节日
100 | 一、春节

109 | 二、元宵节
112 | 三、花朝(zhāo)节
113 | 四、接春
113 | 五、过社
115 | 六、清明
116 | 七、端午
118 | 八、过半年
120 | 九、天贶节
121 | 十、中元节
122 | 十一、中秋节
125 | 十二、重阳节
126 | 十三、冬至
127 | 十四、腊八节
129 | 十五、小年
130 | 十六、大年

第四章　禁忌俗信

138 | **第一节　禁忌**
138 | 一、生活禁忌
142 | 二、生产禁忌
145 | **第二节　俗信**
145 | 一、生活俗信
158 | 二、生产俗信
161 | **第三节　兆头**

第五章　宗祠家谱

165 | **第一节　祠堂及堂号**
165 | 一、祠堂
166 | 二、堂号
168 | **第二节　家谱及字辈**
168 | 一、家谱
177 | 二、字辈

第六章　方言谚谣

183 | **第一节　方言**
183 | 一、都昌方言特色虚词
184 | 二、助词
188 | 三、介词
190 | 四、副词
192 | 五、结语
196 | **第二节　都昌县城特殊词语**
196 | 一、称谓人名
196 | 二、自然时令
197 | 三、动物植物
197 | 四、身体和疾病
197 | 五、农商交通
197 | 六、日常生活
198 | 七、动作行为
198 | 八、性状颜色

199 | 九、其他
200 | **第三节　歌谣**
200 | 一、民谣
204 | 二、无题民谣
209 | 三、童谣
213 | **第四节　谚语**
213 | 一、生活谚语
221 | 二、生产谚语
224 | 三、气象谚语
228 | 四、歇后语
232 | **第五节　古联**
232 | 一、春联
232 | 二、婚联
233 | 三、寿联
234 | 四、上梁联
239 | 五、其他类四字横批
239 | 六、挽联

245 | **梦满梅枝总迎春**——代后记

第一章 人生礼仪

当中华文明翻开第一页，礼仪就伴随着炎黄子孙的繁衍生息，伴随着原始宗教产生了。相传在3000多年前的商周之际，周公制礼作乐，提出礼治的纲领。其后经过孔子和孔门七十二贤以及孟子、荀子等人的提倡和完善，礼乐文明成为儒家文化的核心。西汉以后，作为礼乐文化的理论形态和上古礼制的渊薮，《仪礼》《周礼》《礼记》先后被列入官学，不仅成为古代文人必读的经典，而且成为历代王朝制礼的基础，对中国文化和历史的深远影响自不待言。

礼仪文化的发展有其历史渊源，礼仪制度也是为处理人与神、人与鬼、人与人的三大关系而制定出来的。从人类把对神、对自然力的恐惧和敬畏转向人类自身之后，随着人类社会生活的发展，人们表达敬畏、祭祀的活动日益纷繁，逐步形成种种固定的模式，最终形成礼仪规范。

中国古代有五礼之说，祭祀之事为吉礼，冠婚之事为喜礼，宾客之事为宾礼，军旅之事为军礼，丧葬之事为凶礼。民俗界认为礼仪包括生、冠、婚、丧四种人生礼仪。荀子对于礼仪的说法有“三本”即“天地者，生之本也”“先祖者，类之本也”“君师者，治之本也”。

生活在鄱阳湖之滨的都昌人民，靠湖水孕育、繁衍，伴随着湖水的潮起潮落，日出而作，日落而息，由生至死，在短暂而又漫长的人生旅途中，用自己质朴的民风、善良的心灵、虔诚的信仰，通过各种礼仪习俗表达着对家乡的热爱和对人性的悲悯。

第一节 生育寿诞

伴随着第一声啼哭，生命由此踏上成长的旅程。在这一旅程中，有幸福快乐陪伴，但是也有人类无法掌控的天灾人祸。人类不得不与生老病死、贫穷富贵相伴相随一生。面对许许多多无法防患的未知，我们的先民用各种方式渴求子孙健康成长、祈祷后代避免祸患，给予生命最大的希望，给予子子孙孙最美好的祝愿。他们创造了一系列祈福、祝愿的纪念方式，形成了独特的生育民俗文化。

生育民俗是人生礼仪中的重要组成部分，在传统观念中，传宗接代是婚姻的主要目的，结婚后的共同愿望是生儿育女，尤其是生儿子。都昌俗称怀孕为“有喜”，当男女结婚后，女方一旦怀孕，便被认为是祖宗保佑，传宗接代有后人，视为大喜事。从受孕到生产的这段时间的妇女，被看作是一个特殊的社会成员，她在人群中出现，要遵守各种各样的禁忌和礼仪。围绕着生育，都昌素有一贺二忌的习俗。

一、生诞

（一）求子

中国人向来有“不孝有三，无后为大”的传统观念，使得中国社会对求子习俗颇为重视。一般在两种情况下需要求子：一是有些夫妻结婚后，几年不见怀孕，求嗣心切；另一种是只生了女孩，而未生男孩，为生男孩而求。祈祷神灵、借助巫术和沾染生子人家的运气等方式都被用于求子，至今农村有些老人家还采取这些迷信的方式。

其中,向神灵祈子是最普遍的一种求子方法。都昌民间虚构的主管生育的神灵、偶像很多,如王母娘娘、送子观音、大神菩萨(本土道仙)等,人们在寺、庙、庵、祠、道观烧香拜佛,祈求得子。求子者可以是本人,也可以由家人、亲朋好友代求。他们或者参加"观音会",向观世音菩萨祈求送子,或者向"送子娘娘"许愿。有的地方,如果夫妻不睦而影响生育,做婆婆的甚至会到山里的皂角树上采一束"钢角刺"偷偷放在儿子和媳妇的帐顶,以祈求夫妻和睦、早日得子。这些迷信习俗,寄托了人们渴求得子的期望。

都昌另一种求子方法是沾染生子人家的运气。男女结婚时,婚床上摆放红枣、花生、桂圆,意为早生贵子,还要抱一个小男童坐床,沾染男孩的运气。如果小男孩撒了尿在婚床上,主人不但不会责备,反而十分高兴,因为这预示自己会早日得子。

(二)生育

都昌有个传统习俗,产妇必须在婆家生产,不得在娘家生育。万一不能赶回婆家,也只能在娘家的杂屋里生产,或临时在娘家村子旁搭棚分娩。小儿满月后,产妇方可进入娘家宅院的室内。传统观念认为女人生孩子会流血,因此生孩子的女人被称为"血人"。旧时,都昌人认为见血是不祥的预兆。嫁出去的女儿在娘家生产,会给娘家人乃至整个村庄带来灾难,娘家人都要触霉头。

古代,医学条件不发达,妇女都是在家请接生婆助产。产妇房内只限于婆母、丈夫、接生婆,在有的地方,即便是丈夫也不能入内。由于没有科学的接生技术,极易造成生产事故,因此大家视生孩子为过"鬼门关"。妇女临产,接生婆到家后,也不是立即接生,而是要做些法事。接生婆先到堂屋转三转,口念咒语,赶走所谓的"讨替(生)鬼"。如出现难产,人们便认为是"鬼"作祟,就要烧香放鞭炮,还要请道士画符驱鬼、催生。有的地方还用渔网套在产妇身上,用桃条在产妇周围打"鬼"。孩子出生后,由接生婆记下出生的具体时间,即所谓"生辰八字”。婆婆立即喂产妇喝甜酒或红糖水,并请接生婆吃糖面。而对于新生儿,都昌作兴喂黄连汤,以排除体内火气和胎毒。

(三)坐月子

产妇在生产后的一个月内不能做事,不能出门,俗称“坐月子”。旧时,婴儿在月子里不能被抱出户。其间,男人或者陌生人不可擅入月子房,否则产妇会少乳,也即都昌所谓的“挫奶”。亲戚朋友若进房里看望产妇和小孩,先要把身上的钥匙以及尖锐的金属器物取下来,据说这些东西“挫奶”。如果无意中“挫”了产妇的奶,须用牛皮罐放在柴火灶里炖一罐糯米饭给产妇催奶。

产妇在“坐月子”期间,不得在灶台上打水,不能到别人家去。否则,人家就会认为“晦气”,要宰鸡放鞭炮除晦。

产妇在生产后三日内不能食荤腥,只能吃些汤面、粉丝、红枣、黑豆、红糖水。猫狗是禁止入产房的,都昌人认为“猫狗进房,婴儿不旺”。产房内的血迹,不能用脚践踏,否则,产妇无奶。产妇还不能喂自己的孩子第一口奶,婴儿开口奶需请哺乳期的邻居妇女代喂。母乳多了,孩子吃不完,要用杯子装后泼在墙上,不能乱倒。

产妇坐月子一般为三餐三点,即除了正常三餐,上午、下午、晚上还要吃点心。

(四)报喜

孩子出生后,由接生婆打好包,立即向候立产房外的孩子的爹爹、家家(即祖父)报喜,生男叫“大喜”,称“弄璋之喜”,又曰“添丁”;生女叫“小喜”,称“弄瓦之喜”,又曰“添花”。生了儿子,父亲即在大门外放爆竹并到祖厅烧香叩拜祖宗,以示庆祝。生女则默不作声。孩子出生后,隔天或者“洗三”时,还要向孩子家婆(即外祖母)家报喜。报喜时,孩子父亲用两个瓷鼓装满糯米饭,上面放几个红枣和染红的熟鸡蛋,其中还要放两个生鸡蛋。若生了男孩,带去一只老母鸡,若生了女孩,则带去一只公鸡。家婆一见鸡,就知女儿生的是男孩还是女孩。家婆收下报喜礼物，不能让女婿空手而回，当时就要将瓷鼓盛满籼米让女婿带回去，称之为“回盘”。待女婿走后，家婆则将报喜红蛋分送给亲邻，让大家知道自己女儿生育了。

（五）洗三

孩子出生后第三天，称三朝。这一天又称“做三朝”或“汤饼大会”，一般要给孩子举行沐浴仪式，其意义是洗涤污秽，消灾免难。在都昌，此仪式不一定安排在生后第三天举办，而是要请算命先生根据孩子的生辰八字择吉日举办。都昌有“请洗三，贺禧周”的俗语，即办“洗三”的酒宴前，主人家要提着食品果子去各家各户恭请亲戚，而孩子满周岁，亲朋好友则要主动来庆贺。“洗三”的日子定下后，主人家要去孩子的家婆家报喜请酒，同时还要请家族中的长辈和一些至亲参宴。

“洗三”这一天，主人首先要在堂屋设案桌，点红烛、烧香、放鞭炮。婴儿父亲叩谢祖先保佑了母子平安生产。中午亲朋好友吃过酒后，家族中女长辈亲自动手给孩子洗澡。主人准备一个澡盆，盆里面里放葱、大蒜、艾草、鸡蛋、枣树枝和柏树枝，还有的将一个铁秤砣放在盆的旁边，将一把忙捶（音译，即“棒槌”，捶打衣物的用具）放在盆的上方。替婴儿洗澡时，先沾水在婴儿前胸后背摸洗三下，再将秤砣在婴儿前胸轻碰三下，意指婴儿长大后走路不喘气，在屁股上碰三下，意指婴儿长大后有坐相，读书不三心二意。洗澡后，洗澡水得倒在柏树下，寓意长寿。主人家则备红糖、红枣、糟水、排饼、米粑，分发给左邻右舍。

孩子“洗三”，娘家人到男方家赴宴，俗称“做家婆”。家婆要准备好“蛇房里”的礼品。“蛇房里”是都昌的方言，一般将探视、看望读作“蛇（方言音译）”，比如看望病人叫作“蛇病人”。“蛇房里”即探视月子里的产妇。届时，孩子父亲要接娘家女眷来家里，并用箩担挑运家婆早就准备好的婴儿罗被。“罗被”包括婴儿穿戴的衣服、包被、虎头鞋、袜子、帽子等，全部由娘家送来。除了婴儿用品，娘家还要准备红糖炒芝麻、油煎豆腐干、油煎鲫鱼、腌菜烧肉四大碗传统“蛇房里"菜肴以及母鸡、鸡蛋、墨鱼、银鱼、红枣、荔枝干、红糖、麻油、面条、豆皮、米粉圆子等产妇食品。这些食物全部放在箩担里挑去婆家。有钱人家"做家婆"有十几箩担,箩担越多证明娘家越阔气,也表明对女儿的珍爱,抬高女儿在婆家的地位。20 世纪 80 年代后,"挑箩担"被自行车取代,如今一般用小轿车。除了家婆准备的贺礼,姑表姐妹等至亲,也会给婴儿送"毛毛衣""老虎帽"、小鞋、布料等礼物。头胎子女出生,家婆家还要购置婴儿的摇篮、窝桶、小被条等。不过,多宝赛家等地如今还沿用老风俗用凉箩挑这些物件,即使一般家庭也至少有八个凉箩,每个凉箩内摆上三脸盆的食品,条件好的有银鱼、墨鱼、豆腐干、黄花、木耳、香菇、芝麻等。

家婆接至婆家,婆家则要设盛宴招待亲友,还要请接生婆坐首席并送红鸡蛋。宴前,陪客可以给家婆、家家、嫲嫲(婴儿祖母)脸上抹上灰,以示喜庆。中午酒宴结束后,家婆返回,不能让箩担空着回去,男方要"回箩",即将所有箩担装满面条、糕点、米粑、排饼、炒米糖、花生、蚕豆、糖果布料等物品。

娘家来的每个亲戚都要"过门"。家婆、舅妈(娘家嫂子)"过门"礼物要厚重,除了布料,还要包红包,其他的亲眷一律是回一段上衣布料,主亲要回呢子、毛料,其他的则是涤纶、棉布等。有的娘家去了十几人甚至几十人,婆家必须一个不漏地"过门"。如今的"过门"礼,几乎都用红包代替,几百至几千元不等。

(六)满月

婴儿出生一个月,称为"满月",至此,产妇月子亦满。婆家在满月这天,要举行家宴,招待亲友,都昌俗称"禄满月酒"。"禄"为谐音,做的意思。比如"禄饭",即为做饭。被邀请的亲朋需提前准备礼物,待"满月酒"当天送去。贺礼通常以奶粉、衣帽、长命锁、项圈、手镯等物品为主。宴会结束后,家长邀请专业理发师给婴儿剃"胎毛",俗称"剃满月头"。剃满月头的价格不定,随主人家高兴而给,一般主人家会给理发师包"喜钱"。理发师将孩子的头发剃光,但会在孩子脑后留一撮"胎毛",都昌俗称"鸭骚子"。剃下来的头发用红绸布包好,缝入小孩的衣服左肩内。剃完胎毛，家长要为婴儿穿戴好衣服、鞋帽，然后抱到堂屋内，烧香叩拜祖宗。一般来说，女子是在婆家“坐月子”，待宝宝满月后，女儿要抱着孩子回娘家串门，都昌俗称“出窝”。宝宝第一次去家婆家，家婆要给宝宝和女儿“过门礼”，可以包现金，也有的送长命锁等金银首饰给孩子。孩子到舅舅、姨母等至亲长辈家，长辈同样要给孩子礼物和礼金“过门”。

在都昌，也有的人家“满月酒”不在孩子满月这一天举办，而是请算命先生选定良辰吉日举办。特别是现在，女人坐月子的日期都相应地延长，一般以四十天为月子期，所以满月酒也延期举办，举办形式沿袭旧俗。

（七）洗澡

农历五月，天气日渐炎热，蚊虫、苍蝇滋生，被称为“恶月”或“百毒月”。民间称五月初一这一天为“小端午”，很多人家像过端午节一样重视，采艾草，煮茶叶蛋、咸鸭蛋，蒸大蒜头，吃粽子。婴儿出生后的第一个五月初一，亲朋应备婴儿过端午节所用的衣服、鞋袜等物，替婴儿“洗澡”。洗澡前，人们用艾草熬洗澡水，也有用大麦根、金银花藤、槐树头、桃树枝等熬水的。水内放一撮葱，寓意婴儿聪明伶俐。待艾草水变温后，加入几滴生水，意指婴儿长大不怯生。然后，用毛巾沾着艾水给婴儿擦洗身子。艾叶芳香清新的气味能祛除毒气，可以杀菌、除污浊、净化空气。民间认为用艾草水洗澡，婴儿便不生疮，不患皮肤病。

（八）百日

旧时，都昌民间多为婴儿举行百日庆贺。现在一般将满月酒和百日酒放在一起做。庆百日，都昌时兴做百日粑。旧时，老人认为，孩子吃了百家饭，才能平安、顺利、健康长大。孩子“做百日”前，大人从左邻右舍每家每户要来一小把大米，有时候自家收不到那么多，就发动亲朋好友四处收集。一般只要说是为孩子收集百家米，即使是陌生人家，也会慷慨大方地给一把，顺带说些祝福的话。百日粑做好后，主家会给送米的人家送一碗米粑作为酬谢。

孩子“做百日”是一个浩大的工程，多的时候要做一石（一百三四十斤）多米。过去的贫穷人家没有条件这样操办，但是也会尽量多地要来百家米，简单地庆祝一下。还有的家庭只有长子长孙才大做百日。

“做百日”那天，人来客往，热闹非凡，烧火的，炒菜的，磨粉、揉粉的，调馅心、包粑的，蒸粑的，各司其职，忙而不乱。厅堂铺上一个大晒篮，全村男女老少以及亲朋好友，团团围坐在一起做粑。

孩子百日，家婆家还要给孩子戴“长命富贵”或“长命百岁”的“百日牌”。“百日牌”挂在小孩胸前，多为银质。很多没有钱的家庭就送绣有“长命富贵”“长命百岁”字样的围兜或荷包代替“百日牌”。“百日牌”除家婆家送，也有的是家家、嫲嫲或其他主要亲戚送。“百日粑”“百日牌”都有庆贺祝愿、同喜同乐之意，还有发迹、兴旺、吉祥如意之意。都昌俗话说：“吃了百日粑，孩子笑哈哈。”香浓的百日粑和精致的“百日牌”寄托着长辈对孩子一生深深的祝福和期盼！

（九）禧周（年周）

孩子周岁时，再次大庆，俗称“禧周”，都昌有的乡镇又称之为“年周”。其重头戏是做粑，同样是主家换百家米做粑庆贺。禧周时还要举行“抓周”仪式。抓周有预测孩子前途和性情之说，即用盘子装粑摆在床上，在盘子后的托盘里装好书、笔、墨、纸、砚、算盘、钱币、账册、花朵、食物、玩具等。过去，一般在男孩子面前摆算盘、银圆，女孩子面前摆剪刀、鞋。“抓周”时，大人将小孩抱上床，令其端坐，不予任何诱导，任其挑选，视其先抓何物，后抓何物，以此来测卜其志趣、前途和将来从事的职业。事实证明，“抓周”自然无法决策孩子的未来，也只是家长对孩子的一种期望和心愿！

（十）发伴娘

“发伴娘”是都昌为孩子庆周岁时举办的一项重要的民俗活动，一般和“抓周”同时进行。老人们认为，在孩子周岁前，冥冥中有一个陪伴孩子的娘娘。孩子睡梦中的哭笑，都是娘娘指使的。娘娘陪伴孩子十二个月后，就会离开孩子。

此时，家长得感谢娘娘一年来的辛苦陪伴，并在婴儿床前设仪式辞谢，恭送娘娘离开。

“发伴娘”及“抓周”

“发伴娘”仪式庄严又肃穆，孩子周岁前一天，家人做好十二个插花的米粑（花用剪刀剪成），粑上插小竹枝，枝上挂着米粉捏制的小鸟、五角星等多种形状的装饰品，将十二个鸡蛋染红，还用米粉捏制十二个鸡蛋造型的米粑，并供奉一只火鸡、一碗豆腐、一斤左右的猪肉，再准备一杯酒、十二根香。晚上 11 点至 12 点间，家人将“发伴娘”的这些东西摆放在木制的大托盆里，将托盆摆放在床上。一人在大门口放鞭炮，一人在床前烧纸、焚香。此时，嫲嫲或家婆对天跪拜，嘴里同时念叨：“娘娘一年来受累、辛苦了，感谢娘娘对孩子的陪伴和照顾。现在，孩子已经长大，不敢再劳烦娘娘，请娘娘吃饱吃好一路好走，不要回头。”相传娘娘如果回头，那意味着娘娘没吃好没吃饱，心生不满，就会回来会找孩子的绊头，孩子就容易生病，会遭遇天祸，对孩子的成长极其不利。在旧时代，即使是非常贫困的家庭，也会省吃俭用给孩子做周岁礼、做伴娘粑慰劳娘娘，以求孩子平平安安、顺顺利利地成长。

（十一）十岁生日

中国人喜欢整数，整数代表着圆满。十岁是人一生中第一个整岁生日，被看作人生中非常重要的喜事。《礼记·曲礼上》载："人生十年曰幼学。"过了十年，就意味着孩子将告别懵懂，逐步走向成熟。十岁是孩子成长的界碑，又因为都昌作兴"做九不做十"，所以生日寿庆一般以虚岁为重要纪念时间，即十岁生日是在满九岁这一天过。这一天，全家老小和亲朋好友要为孩子举办一次较为隆重的庆贺活动，为小寿星请宾客、摆筵席，也少不得做传统米粑。"做十岁"时，来贺礼的人，一般送些面、蛋、衣服、鞋帽等礼品，现在多为包红包。

二、寿庆

（一）寿岁

都昌有"三十不晓，四十不知，五十杀只鸡，六十全仗子来维，七十谓古稀，八十谓大耋，九十谓大耄，百岁谓期颐"的说法。旧时，人至花甲之期就算高寿，方举行祝寿之仪。在都昌传统中，六十岁要举办较为隆重的寿庆仪式。都昌称寿庆为拜寿、做寿，根据"做九不做十"的传统习俗，寿庆之日，其寿岁并非实龄，而是逢九做，即五十九、六十九、七十九……

关于"做九不做十"的说法有很多种：一种认为，母亲十月怀胎，生命就开始孕育，到九岁时，生命历程就走到了十年；另一种认为，九表示天长地久之意。都昌还有一种忌讳的说法：十是"数之终"，就是说，十为齐头数，齐头数被认为不吉利，假如做寿做整，会被认为"到头了"。更科学的说法是：因为做寿一般从六十大寿开始做，五十九岁做六十岁，根据闰月来算，每四年闰一个月，五十九岁时，已经闰了十五个月，所以一个人在农历五十九岁这天实际已经活了六十年。

都昌做寿的日子也不是非得等到寿星生日那一天，特殊情况下是可以变动的。做寿的日子变动，一般是因为寿星当时的身体不太健康，还有的是因为如今农村在外打工的人较多，子女在外工作的也较多，寿日时，一般在家的家族中人少、不热闹，就把寿日定在逢年过节人多的时候。还有一种情况，恰好寿日逢皇历上标示的日子不好、不干净，不宜大庆大贺，主人家就会请算命先生根据寿星的生辰八字挑选一个黄道吉日。按多年来的传统习惯，日子如果要变动，只能提前，不能延后。

古人提倡“尊亲在不敢言老”，讲究孝道的都昌人民一直遵循这一古老警句。旧时，都昌民间有“生日三不过”的习俗，即父母在世不过，孝服在身不过，未满花甲不过。所以无论男女，不管年岁多大、社会地位多高，只要有父或母在世，都不能做寿。总之，在一个家庭中，只有辈分最高者才享有做寿的权利，否则哪怕七八十岁，都不能做寿。儿孙们如果一定要为长辈庆贺，只能不声张地小办，不能大宴宾客，更不能称“做寿”，只能说“过生日”，或称作“庆生”，否则会被人看作是催父母早死，以便在家中称“尊”，此为大逆不道的行为。“过生日”的庆典一般简单不铺张，仅自家儿女、兄弟姐妹聚聚。

在民间，还有子女将父母的寿庆合在同一天来做的，称“双寿双庆”。举办双寿也要符合一定的条件：首先，父母是原配夫妻，都昌人认为半路夫妻不能举办双寿；其次，父母要同年出生，即同岁。

（二）本命年

中国习惯用十二生肖记人的出生年，每十二年轮回一次。如子年出生的人属鼠，再遇子年，就是这个人的本命年。在都昌传统习俗中，本命年常常被认为是一个不吉利的年份，民间流传着“本命年犯太岁，太岁当头坐，无喜必有祸”的民谣。此民谣是关于本命年不甚吉利的描述。本命年伊始，不论大人、小孩，均须系上红腰带，穿红短裤，着红袜子，垫红鞋垫，俗称“扎红”。十二岁的小孩还要穿红背心、红裤衩，认为这样才能趋吉避凶、消灾免祸，因此本命年的庆贺一般非常低调。

(三)寿礼

都昌老习俗,老人做寿,由儿子准备酒席,邀请亲朋好友参加寿宴。出嫁的女儿和被邀请的亲朋好友带着寿金、寿礼吃酒贺寿。寿礼包括寿幛、寿联、寿桃、酒、肉、面、匾、鞭炮、衣帽鞋袜,有的人还会送金银首饰等礼物。经济条件好的还会请戏班子搭台唱与祝寿有关的戏曲,如《郭子仪上寿》就深受民众喜爱。都昌送寿礼一般不送单份,如果寿星夫妻都在世,寿礼要双份,不能只送寿星,要送一份同样价值的礼物给寿星的老伴。做寿送礼特别忌讳送钟,因送钟与"送终"谐音,被视为不吉利。过寿诞之人,对子孙之外的宾客送来的贺寿礼品都是受之以薄,答之从重。

"人(谐音,整个的意思)猪扑杠"是具有都昌传统特色的送寿礼仪式。寿日当天上午,寿星的至亲,如女儿女婿、侄子侄女、郎舅等非常亲近的人,为表明自己对寿星的尊重和舍己(大方的意思),会将一只褪尽了猪毛又没有开膛的整猪,趴放在竹子或者树枝扎成的井字形木杠上,由四个壮汉抬着,跟在由两个人抬着的巨大寿匾后面,随着乐队敲锣打鼓地过街走巷、穿垅串屋来到寿星家,一路气势恢宏、热闹非凡,引得路人连连驻足,观礼称叹。

寿匾是贺礼中的重要部分。旧时,寿匾一般是用大型木头雕刻制成,涂上大红的生漆,匾上的贺字烫金。本家将这些送来的寿匾悬挂起来,俗称"钉匾"。一般祖厅里只钉儿子送的寿匾,其他亲朋好友的匾额一般只挂在自家的屋厅里。钉匾要按照祖厅中轴线东西两边来挂,东边为大。无论在祖厅或者家里,寿匾都不可居正堂悬挂。各路亲戚送来的寿匾按照亲疏、辈分钉在东西两边的穿枋上。寿匾钉挂的顺序和排位非常重要,就像安座一样慎重,钉挂的位置稍有错,会得罪前来贺寿的亲朋。祖厅内,由于家族中做寿的老人越来越多,排列也有规定,一般来说从东边开始,按照做寿的顺序依次往大门口排列。如果匾额较多,位置不够,可以重叠悬挂,重叠时,可以将前面钉挂的寿匾贺词遮盖,但是不可以遮挡左边送匾人的落款。

都昌旧习俗规定，祖厅正堂居中是“皇封”的位置。古时，只有皇帝赐封的匾额才可以居中堂悬挂。不过，都昌毕竟是个小县城，天高皇帝远，古代也很少有显赫家族或者功成名就的人家能得到皇上赐封的匾额。因此，规矩慢慢演变成家族中若有五代同堂的老长辈做寿，寿匾可以悬于正堂居中位置。

（四）寿典仪式

寿典的第一项仪式要求嫡亲和主亲一定要在前一天晚上去祝贺，叫作“暖寿”。暖寿时，凡是亲友们送来的寿幛、寿联等礼品，都要在寿堂陈列或悬挂在穿枋上。晚饭前，举行“暖寿”仪式。暖寿是在家族内部进行的聚会，所有来宾均是至亲，没有外人。

“暖寿”时，按规矩，本家近亲到齐，即可将寿堂供案上的寿烛点燃，堂上的灯也一齐打开。这时，寿星的子、女、媳、婿、侄辈、孙辈按尊卑长幼、亲疏远近，整齐地侍立两旁，所有来宾也排立于左右。首先由寿星的子女恭请寿星登堂，登堂后寿星向供在墙上的寿星图等神像上香叩首，然后正襟端坐在太师椅上，接受晚辈的叩拜。子孙行礼顺序为“先男后女，先子后媳，从大到小”，即首先是长子到幼子，然后是长媳到幼媳，接着是长婿到幼婿，而后是长女到幼女，再后面的孙辈、曾孙辈，也按照同样的顺序来。行礼形式为一拜三叩首，行礼时可致贺词，拜完后，寿星吃寿面，大家吃家庭暖寿饭。

自家人“暖寿”的第二天，举行大规模的寿典。寿典当天，厅堂改设寿堂，正上方悬挂巨幅寿星画或悬挂一个斗大的寿字，四周挂着亲友赠送的寿幛、寿联。寿堂内设一条长长的香案，中间供奉福、禄、寿三星的瓷像，两边摆着寿桃、寿面、寿糕及各种礼品。寿堂大门两边贴诸如“福如东海，寿比南山”的寿联，堂上红烛高照。堂内正中摆两把红漆高椅，东椅坐寿星，西椅坐其配偶，如果丧偶，寿堂上只摆一把红漆高椅。寿星一般由儿孙辈中的最小者或儿孙辈中最受宠爱者搀扶着，坐于椅子上。

寿典仪式开始前，主人要在家里摆有祖宗遗像的灵牌位前摆上供品，要点寿烛，置拜垫。首先由儿孙祭祀神灵和祖先。高寿者，就将供品端至香火厅（即祖厅）里祭祀祖先，然后再举行寿典仪式。仪式由司仪主持，司仪大多由家族中较有声望之人担任。司仪宣布寿典仪式开始后，乐队奏乐，鞭炮齐鸣，然后行“拜寿”仪式，按照“暖寿”时叩拜的顺序，一对一双的晚辈轮流上前向二老跪拜，口里说些吉祥祝贺的词。拜寿时，寿星坐上方，亲朋好友位列两旁。如非亲戚等来客向寿星拜寿，寿星的子孙要行答拜礼。

晚上，寿典庆贺又到了一个高潮，许多高寿老人的女儿为表明自己大方，会请戏班子在老厅唱戏，请电影放映队放通宵电影。至半夜，女儿还会做点心给观看的亲朋好友吃。经济条件好的人家，会请戏班子演上三天三夜。这时，整个村子像沸腾的海洋，喜气洋洋、热闹非凡。

（五）寿宴

寿宴是传统祝寿的重要一环。一般是祝寿仪典结束即请吃寿宴。就宴会本身来讲，寿宴与一般的宴请没有太大的区别，但是有几项内容是必不可少的。

1. 宴席席位

现在，城市里不讲究席位排列的规矩，但寿星是大家祝寿的对象，理应上座，同时以靠近寿星接受拜寿的方位为重要席位，安排寿星的直属亲戚和贵宾坐于此，其余的则任意入座。农村则依然讲究席位排列，一般是按长幼尊卑排定席位。寿宴一般设置在老厅，厅中间东西两边各摆两桌，东边为大，寿星坐东边龙口（东边首席主位），其他则按照传统的习俗安座。

2. 吃长寿面

寿日吃面，寓意延年益寿。吃长寿面是都昌千百年来祝寿的传统。有的地方寿面是中餐、晚餐都吃，有的地方则只吃中餐。长寿面上放两个煎鸡蛋。如果只是一般过生日，家里人就只给寿星做一碗长寿面，煎两个鸡蛋。

3. 祝寿工艺菜

懂得寿庆文化的厨师，至少要安排一道有吉祥寓意的工艺菜，如“松鹤延年”之类,有的则在菜数、菜种、菜名等方面下功夫。菜数要重“九”,即菜的总数要取九或九的倍数,因为“九”在个位数中最大,是阳之极数;再者“九”谐音“久”,有“天长地久”的寓意,是个吉数,借以祝愿老人高寿。

图2 祝寿工艺菜

第二节　延师学艺

都昌是具有深厚文化底蕴与历史渊源的文化古城，不仅名家辈出，而且历代名流雅士游历旅居都昌者众多。都昌对文化教育及延师学艺极其重视。据史料记载，元代著名的理学家和教育家陈澔是唯一入祀北京国子监孔庙的都昌人，所著《礼记集说》是明清两代学校、书院御定的标准教材和科举考试的必备范本；南宋左丞相兼枢密使江万里为都昌人，他曾为皇族子弟的老师，创建了名声斐然的白鹭洲书院，其有名的弟子包括文天祥。除本土精英，谢灵运、李白、苏轼、黄庭坚、朱元璋等也曾与都昌有过交集，或吟出传世名篇，或留下动人传说。2200 多年的文化沉淀，使得都昌人不仅仅对讲授文化知识的老师敬仰，对拜师学艺的师傅也同样谨记一日为师，终身为父的祖训。

至今，都昌农村大部分地方的堂屋正壁上还有神龛，上面几乎都摆放着写有“天地君亲师位”的神榜。“师”在都昌民众心里刻上了深深的烙印。从古至今，都昌人民无论是学堂求学抑或是拜师学艺，对老师和匠师的尊重都无可比拟，正所谓“师者，传道授业解惑也”“一日为师，终身为父”。旧时，都昌民间拜师分两种：一种是求教于师，学识字，学礼仪，求功名；另一种是学艺拜师，为的是学一门手艺，将来好谋生。无论哪种拜师，尊师、敬师的礼仪不可或缺，均有一定的规范标准。

一、私塾拜师

旧时多私塾，私塾教师被称为先生，其地位高于工匠师傅，尤被世人敬重。

先生设馆收学童，从背诵讲解《幼学琼林》《百家姓》到四书五经、古诗词；从发红符、写字、练字到作对联、吟诗写诗、写文章，分阶段教学，每阶段达到一定标准算合格（毕业）。有的学生一直学到先生“教不下地”（即老师学问不够，学生超过老师）为止。

二、学艺拜师

传统的师徒关系仅次于父子关系，即俗语所谓“生我者父母，教我者师傅”“投师如投胎”“三代做官，亦不可轻师慢匠”。有的行业，一入师门，全由师傅管教，父母无权干预，甚至不能见面。建立如此重大的关系，自然需要隆重的风俗礼仪加以确认和规范。

学艺拜师先要托人引荐，然后家长带着孩子，提着烟酒、糖果糕点等礼品到师傅家行拜师礼。过去名义上学徒期为三年，但实际上，三年内师傅根本不会传授真正的技艺，精明的学生则会偷学。有句俗话说“师傅领进门，修行靠个人”，能不能出师，要靠自己努力。

过去，各种手工艺师傅所收的徒弟在行了拜师礼后，一般吃住在师傅家，平日里除学技艺，还得细心周到地照料师傅的日常生活、衣食住行。师傅出门，徒弟应挑行李，上工应挑工具，洗脸应打水，就餐应盛饭。吃饭时，师傅不夹菜，徒弟就不能下筷子，师傅放碗之前，徒弟不管有没有吃饱，都要放下碗筷。即便已经出师，徒弟一年三节还要给师傅“送节”。

以木匠学艺为例，徒弟第一年要替师傅做家务，包括洗衣、烧饭、带孩子等用人要干的活；第二年做木工要做的杂活、粗活，包括劈料、取料、去树皮、整理工具等；第三年才能使用工具，按师傅的要求，做简单的木工活。三年后，师傅才开始传授技术。所以，过去学艺通常是“学徒三年，伴作四年”，熬过了七年，方可出师。学徒三年，跟着师傅白吃饭，但干活没工钱。伴作四年，师傅付一半工钱。七年出师后,徒弟可以另立门户,自己揽活,但因为初出茅庐,往往揽不到活,大多数还是跟着师傅做,师傅则开最低档全额工资。

三、尊师重教

从古至今,不仅仅是学生、徒弟对先生、师傅尊重恭敬,社会各阶层的人对先生及工匠师傅也尊敬有加。

旧时农忙插秧时节,都昌的学生家长还会专门宴请先生一次;放假前,又要集体设宴辞谢,俗称“打散场”;逢喜事办筵席,均要请先生赴宴。中华人民共和国成立后,农村办喜事,子女教师依然为必请上宾。

雇主请各种工匠师傅上门做工,如裁缝师傅做衣服,石匠、木匠、铁匠等师傅建屋造房、制作家庭用品,款待师傅也不可随便,除一日“三餐两点”,还有款师、双薪、礼包等礼仪。做屋的雇主要在开工时专设丰盛筵席款待工匠,并请其上座;新屋上梁、新船捻龙口缝、赶制寿衣,雇主要分别付给木匠、石匠、捻匠、裁缝双薪;如要做嫁女蚊帐,给新郎披红,给亡人开容,打梁框、门环,做百子桶(妆奁中的马桶),做摇箩,上大梁、门梁等,除约定的薪酬,雇主还应分别给裁缝、铁匠、桶匠、篾匠、木匠、石匠等师傅敬上红包。

四、拜师礼仪

在都昌,徒弟拜师遵循一定的礼仪规范。徒弟的父母选择黄道吉日上门求师。是日,父子带着冰糖、点心、米、油等礼物上门恭迎师傅来家中,并在家里准备好酒席,请师傅上座,同时邀请屋场的长者或有身份、有地位的人作陪。拜师礼仪一般分三步:第一,拜祖师、拜行业保护神,表示对本行业的敬重以及从业的虔诚,祈求祖师爷“保佑”自己学业有成。第二,行拜师礼。师傅、师母坐上座,学徒行三叩首之礼,然后跪献红包和投师帖子。第三,师傅训话,宣布门规及赐名等。训话一般是教育徒弟尊祖守规，勉励徒弟做人要清白，学艺要刻苦等。

20世纪90年代后，都昌“谢师宴”日渐风行。学生考入较好的大学，家长为答谢老师们的培养，也会宴请老师并邀请亲朋好友作陪。尽管这一活动渐渐被禁止，但尊师重道的秉性依然在都昌人民心底永存！

第三节　嫁娶

男大当婚女大当嫁，娶嫁乃人生必经之旅。封建社会，都昌男女婚姻全凭父母之命，媒妁之言，有的甚至指腹为婚，定娃娃亲。民国时，社会渐渐提倡婚姻自由，谓“行文明礼，结自由婚”，但纳彩行聘，择吉迎娶，拜堂成亲仍按照传统习俗进行。都昌嫁娶礼仪程序大致分议婚、订婚、结婚三阶段。

一、议婚

（一）说媒相亲

中国历来有“媒妁之言”之说，男方的介绍人称之为“媒”，女方的介绍人称之为“妁”，“媒妁”在都昌也叫“月老”。俗话说，一家养女百家求。无论古今，都昌人民都看重“天下无酒不成席，天下无媒不成婚”的习俗，作兴明媒正娶。即使是自由恋爱的现代青年，谈婚论嫁时也得正式聘请媒人说媒。

说媒指的是媒人将男女双方情况介绍后，两家若觉得对方条件满意，再相约见面。见面时，媒人将男方带到女方家中，让女方家人看看未来的女婿是否理想和中意，也谓之“相亲”。相亲时，男方带些糖果之类的礼物到女方家里。古时，女方初时不直接与男方见面，女方及家人预先选好偷看男方的位置，例如女方躲藏在屋里的鼓皮（隔间的木板）或者厢房的门缝后面窥看厅堂里媒人带来的男方。女方觉得中意后，就会找借口到厅堂里并主动有意让男方看见。男方如同意，就将带来的礼物留下，若不同意就抽身回家。女方家如同意就将礼物收下，不同意就将礼物退还给媒人。

（二）押样小定

双方家长经媒人了解对方情况之后，认为门当户对，男女双方相亲见面相中后，男方随意给女方备点礼物送到女方家，意思是明确小聘。小聘确定之后，其他的男子就不会再去女方家提亲说媒，而女方也不可再答应其他男子的求婚。此时，双方成亲的意图就基本明朗，再由男方择吉日，送去生辰八字及男方的鞋样。这一过程叫作议婚，俗称“押样”，又称小定。

（三）认亲送节

小定后，男方家就要开始筹备认亲了。认亲前，男方首先委托媒人了解一下女方家有些什么近亲属，有多少户，要办些什么认亲礼物。此时，女方家一般要求不高，只提出给直系亲属、长辈送点冰糖和猪肉。认亲这天，男方在媒人的陪同下来到女方家，女方家以一般礼节接待准女婿，中午吃饭只请族内德高望重的长者。认亲后，男女青年就可以名正言顺地经常来往了。认亲后结婚前，逢大节，男方要给女方长辈送节。都昌作兴“一年三节”，即过大年、端午节、中秋节要送节，苏山、徐埠等地也称送节为“夹节”。订婚后结婚前的第一年送节又叫“送大节”，送大节所备的礼品要更加丰厚。

二、订婚

（一）大定

大定，就是正式定下男女双方的婚姻大事。都昌人对此非常慎重，双方要定下结婚的日子，商议结婚时的礼金、酒席数量等一切大小事宜。由于男女双方家长不好当面议定，因此媒人扮演着很重要的协调角色，需要两头传话，把女方的要求和男方的答复一一传达。都昌人常常戏语“媒人要跑破几双鞋”，谢媒的礼品中，鞋也成了必备之物。

算命先生算好与男女双方生辰八字相合的好日子，待女方按男方送去押样的鞋样，做鞋回赠男方后，即按议定送聘礼上门订婚。订婚的聘礼必包茶叶一包，俗称“下茶”礼。清末至民国初期，聘礼分“一礼茶”（折合银圆二百元）和“半礼茶”（折合银圆一百元）。男方还需置办几桌酒菜材料，提前送到女方家中。

都昌历来对媒人都相当尊敬，一般要送节、拜年、请酒。只有等生了儿子才可以和媒人疏于往来。都昌俗语，九子不脱媒，意思是只要生了儿子，就得请媒人吃酒。哪怕一直生，都不能漏请了媒人。所以，男方家在下大定前一夜还要专门“款媒”，即把女方的媒人请至男方家中，晚上酒席后，商定订婚礼仪、所需物件，以示对女方家的尊重。第二天吃过早饭，媒人陪同男方去女方家中下定。男方来女方家中下定时，女方家即宴请族内长辈至亲及主要亲戚“响众”，意思是向所有人挑明女儿接受了男方的婚聘。“响众”之后，终身已定，若随意退约，将受社会舆论谴责。

大定当天，男方由男女双方的媒人引领，另请一挑箩担者，人数凑成双数，同去女方家下大聘。一只箩内放一斗大米、烟、糖果、糕（在都昌方言里，糕与高同音，与交谐音，其寓意有二：一、高高兴兴，步步高升；二、交来交去，来来往往），箩内还备一包由少许稻谷、茶叶、大米组成的“谷茶米”，放“山盟”“海誓”四字文，还要两撮小葱（葱头白色，葱根白须，表示白头偕老）。另一只箩内放男方给女方买的衣物，包括手镯、戒指、耳环、鞋袜（要成双）一类的物品。两箩的上面均铺放红色的喜字剪纸、柏树叶（寓意百年好合、万古长青），用红布盖好。每根箩索（箩绳）系上小红布条，扁担两头用红纸系好，扁担一头挂上一副猪肠（寓意天长地久、常来常往）、一对鲤鱼；另一头挂着鸡笼，笼内公鸡、母鸡各一只（寓意：斗米一对鸡，到老是夫妻），一把伞（寓意：男方为女方遮阳挡雨）。

女方回箩担也有讲究，男方行了“山盟”“海誓”四字文，女方要回“天长”“地久”四字文。回箩担时，一箩是染红了的爆米花，爆米的多少与男方来时的大米成比例，如男方送来一担，女方的回礼则是男方的一半。这一箩担内还要放九个或十三个鸡蛋(表示日后九子十三孙),蛋上贴红喜字,另要备四十八个糖饼。另一箩担内放事先给公婆、妯娌等人做好的布鞋,鞋内放鸡蛋、红枣,数量要成双。男方回家后,将糖饼分给左邻右舍。

(二)过门

订婚酒一般在女方家中午举办。中午吃过酒后,女方应该随男方回婆家过门。都昌旧俗,新妇(即新媳妇)作兴过三次门。订婚后是第一次过门,新妇首次来男方家里,开口称男方父母为公婆,公婆要给新妇红包,金额不限,根据自家条件来定。男方还要办酒席接待,新妇坐首席,其他女眷作陪,男方的兄弟、至亲从座位下各自拿礼物送给新妇。过门后,准媳妇基本上就成为男方家庭中的一员。自此,许多事情男女双方可以自行商量了,媒人亦大功告成。都昌还有些地方,订婚的当天,女方家长随同女儿一起回男方家过门,过门酒当天晚上在男方家里举办,是时,男方家邀请村里所有至亲位下陪同。女方至亲吃过酒后,男方准备回门礼金。

(三)行书

行书是都昌旧时期娶媳妇、嫁女儿的一种文书礼仪,如今已十分罕见。仅个别地方,年长者在世,家族中还沿袭这一传统习俗。都昌古代行书,男方行了书,女方要回书,行书备压书钱,还要用抬乘,等于现在的箩担礼。抬乘外形美观,整体为长方形,两头为半圆形。一个抬乘有四格,男方最少要准备两个抬乘。男方的两个抬乘中,一个最上格里面放米,整平,在米上用花线编制“天作之合”四字,回礼时女方家在另一个抬乘最上格回编制的“百子千孙”四字。同理,男方的一个抬乘的第二格内放着行书,女方的回书则放在另一个抬乘的第二格内。男方要行四封书:庚书、两封请书、催书,女方要回两封:谢书、名书。放行书的一格底下还要放压书钱,婆家一担,娘家一头(一半)。

三、结婚

洞房花烛夜为人生三大喜事之一。自古至今,结婚仪式隆重、庄严又热闹。从古代说媒成亲到今天自由恋爱,在都昌,无论是贫穷还是富贵人家,结婚之仪尤为隆重。1949 年以前,人们在结婚时多用花轿迎娶新娘,少则一顶花轿,气派的有五顶,新郎、新娘、两媒人、新舅(新娘的兄弟)各坐一顶,也有骑马迎娶新娘的。1949 年以后,国家提倡婚姻自由,旧礼仪虽有保留,但已有很大变化,繁文缛节由男女双方酌情增减,如姓氏灯笼被淘汰,改为伴娘一对;轿子、马渐渐退出历史舞台,改步行或坐自行车、汽车。有的机关单位还召开茶话会举行婚礼或集体举行婚礼,场面简朴而热闹,深受群众欢迎。改革开放以来,都昌农村外出打工的年轻人越来越多,一部分人在外自由恋爱后,仅在家乡办结婚酒。婚宴当天,新郎新娘会请放映员在村子里放录像或电影。有的新人会选择旅行结婚,二十世纪八十年代风行的集体婚礼正在逐渐消亡。

过去迎亲时以嫁妆多为荣,现在的迎亲队伍以轿车数量多为荣。婚车用鲜花、气球等装扮,嫁妆一般提前几天就要在新房内摆好,婚礼当天还要请摄像师摄下婚礼的全过程。

都昌还有一个习俗,结婚的贺礼只能在婚前送,超过婚礼当日中午十二点则不能送礼。送礼时不能补礼,更不能送重(chóng)礼,否则有预示再婚的意思,会遭受新人唾骂。

(一)出嫁

订婚后,男方将择定迎娶日期由媒人转告女方,女方家回帖应允,届时便行结婚大礼。出嫁是旧时女人一生中最重要的转折点,出嫁意味着告别少女时代。是日早饭后,新郎乘花轿(或马、车)到女家迎娶。迎娶队伍一般由长辈打姓氏灯笼引路,随后为一对男童打彩旗,再后为铜鼓、铜锣、铜号,民国时期增西式乐器洋鼓、洋号,随行的还有家中长辈、月老、挑箩担的、抬嫁妆者,人数、物品均为双数。

新娘出嫁，有两个重要人物陪伴，都昌县城称“扶身娘”，部分乡镇叫“牵娘”“扶氏娘”，又称“服侍娘”“扶伺娘”。关于各种不同叫法，根据其扮演的角色，笔者认为叫“扶身娘”更为贴切、合理。因为在古时候，女子多为三寸金莲，大门不迈二门不出。新婚大喜，新娘头顶红盖头且穿锦缎罗裙，三寸金莲行走不便，加之新娘羞怯又激动喜悦，走路也不似平日稳妥，需要有人左右陪伴扶着其身子行动。闹洞房时，新娘也须有人在身边照应，以防被闹洞房的人推搡撞倒。都昌人对“扶身娘”的挑选非常严格，为了讨个好彩头，“扶身娘”既要父母子女双全，又要公婆健在，还必须一夫到头，没有离婚、丧偶。“扶身娘”的事务繁多且细致，婚前要为新娘钉陪嫁的被子，婚礼中要引导新娘完成整个礼仪习俗的各种烦琐的仪式。进入二十世纪九十年代后，都昌“扶身娘”的工作慢慢淡化，“扶身娘”被伴娘取代。伴娘一般是年纪比新娘小的未婚姑娘。

迎亲时，男方随乐队到女方家，由“扶身娘”替新娘梳妆打扮，其中的主手又叫“开容娘”，负责开容扯面；副手叫“扶容娘”，相当于现在的化妆师。开容娘将烧好的石膏捣碎做成滑石粉，开容时将石膏粉涂在新娘的脸上，将一根麻线扭成“又”状，左手拉住一头，嘴里咬住另一头，右手食指和拇指叉开，用力在新娘脸上慢慢将毫（汗）毛拉下，再将眉毛拔出理想的形状。此工作新娘难免疼痛，这时，扶容娘帮忙稳住新娘的头，不让其挣脱，新娘可谓是痛并快乐着。开容后，扶容娘将新娘的头发梳好，再为新娘涂上胭脂、口红，换上新衣，系上一根红布腰带，在腰带上挂好通书、铜镜。通书有两种寓意，一是表示新娘知书达礼，二是表示天天吉祥。铜镜则被认为可以在迎亲的途中帮助新娘辟邪。

女方中午摆嫁女酒，酒席座位很讲究，在后文的传统宴仪的安座中会详细介绍。宴毕，在祖厅行“装郎”仪式。一般由裁缝师傅“装郎”并主持，后来由于裁缝师傅越来越少，县城里由家族中长辈主持。新郎坐东边，“装郎”者站西边，爆竹声响，在“装郎”者的帮助下，新郎先穿裤，后穿上衣，再穿鞋袜，并戴上围巾、帽。新郎穿戴完毕焕然一新，披上红色的绸缎或红被面，红绸缎由左肩向右肩下夹，用红线由下向上缝三针，然后将针别在左肩，线和针都不拔下来。

“装郎”完毕，新郎再行大礼，苏山、徐埠、春桥等地称“升东”，东边的土塘、狮山等地及县城也叫“打拜”。打拜一般在祖厅进行，打拜时，女方家族中长者立祖厅东边等候受拜，新郎站西边行礼。女方媒人将长辈的身份一一介绍，新郎一一作揖跪拜，家家嫲嫲、家公家婆、丈人丈母需要双膝着地行跪拜大礼，其余长辈在新郎弯腰屈膝时则将其搀起，免跪拜。村里若有年事已高、不便亲临婚礼现场的长辈，新郎则要去长者家里打拜。

“装郎打拜”仪式完成后，就要预备“发新妇”（带新娘回家）了。发轿前，新娘母女还有一个重要环节——哭嫁，俗称“吵嫁”。早些时候，没有嫁而不哭的人家。如果出现嫁而不哭的姑娘，就会被邻里看作是没有教养没有亲情的狠心人，落下话柄。新娘出嫁啼哭有两个原因：一、过去的婚姻大都是“父母之命，媒妁之言”，女方对男方及其家庭不了解，对未来生活充满担忧；二、母亲千辛万苦把女儿养大成人而女儿无法报答，女儿伤心又惭愧。面对未知的将来，出嫁的女儿对娘家的留恋，对婆家的恐惧，可以说是女性一种最基本最普遍的情感，也是“哭嫁歌”贯穿始终的主旋律。此刻，母女俩抱头痛哭，依依惜别之情汹涌而至。出嫁前哭得越狠，越会哭，就表明越孝顺父母。新娘哭数父母长辈的养育之恩和哥嫂弟妹的关怀之情，泣诉少女时代欢乐生活即将逝去的悲伤和新生活来临前的迷茫与不安，父母、姐妹与新娘对哭时声泪俱下，将亲人间的血缘亲情表现得淋漓尽致，旁观者无不感动落泪。现代结婚，哭嫁环节渐渐消失，但是，女儿临行前，父母面对从此离开身边嫁做他人妇的心肝宝贝，内心定是五味杂陈，既高兴喜悦又落寞怅然，难免心酸不舍，泪水涟涟。

哭嫁之后，吉时一到，鞭炮声响，锣鼓喧天，唢呐声声，喝彩阵阵。在众人的劝慰之下，难分难舍的母女分开，准备“发新妇”。新娘上轿前不能穿鞋，不得踩娘家土地，又称“踏秀”。俗传新娘若踩了娘家的土地，会带走娘家的好运气。新娘上轿前须由兄弟或择族中命好的人抱出家门。首先将其抱送至祖堂辞祖。

辞祖时，将新娘抱立于祖厅里的绢筛上，向祖宗跪拜辞行。辞行礼毕，新娘又被抱出门，出门时，“扶身娘”将新娘胸前的铜镜翻转，镜面向外，表示新娘从此为外向，一心从夫；另外，镜面光芒四射，沿途避凶趋吉。

新娘被抱至花轿，先由“扶身娘”整理好轿衣、轿门，新娘坐好后，再由新郎将轿门锁好，并用红纸系好的十双竹筷，轻轻敲打轿身四周的竹竿和木梁，意为梁祝姻缘，生死与共。过去，新娘需由伴娘搀扶并打红伞，寓意开枝散叶，其他姊妹也须边走边撒米及红豆、绿豆、金纸碎片，俗称“喂金鸡”，据说可防止金鸡啄新娘。现在，众人一般撒花瓣和彩带。

箩担、花轿、乐队出门后，嫁妆队伍出发先行，新郎由男方媒人引领向在场各位送嫁观礼之人行一个鞠躬礼再返身而行。

（二）嫁妆

旧时嫁女，以妆奁多为荣耀，都昌俗称“上等人家赔钱嫁女，中等人家养女嫁女，下等人家赚钱嫁女”。男方准备彩礼，女方置办嫁妆。嫁妆的多少，在古代直接决定了女子日后在婆家的地位。

女方父母一般要准备很多陪嫁物品，古时和现代的嫁妆大相径庭。在都昌古代，平民嫁女的嫁妆为“三盆两桶”（面盆、澡盆、脚盆和马桶、提水桶，也有用痰盂的）、一铺一盖（上下被褥），外加衣物若干。有钱人家置办“全副嫁妆”，除箱、柜、四季衣服、金银首饰、各种日用品和化妆品，箱子底下还放有“压箱钱”。富商豪绅等还陪嫁田地、耕牛、丫鬟等，这一般根据家庭条件和男方行书下的聘礼来定。比如男方压书钱为 64 块银圆，女方的嫁妆就是 32 块银圆。在古时候的都昌，“全副嫁妆”包括房子、田地、牛、犁、种子、家中床桌锅碗等，凡是家里需要的一切都办齐，有的甚至买一口棺材陪嫁。当然，“全副嫁妆”普通老百姓是办不起的，一般人家即便是有钱人家也只办半副，不过哪怕再贫穷，也要“一头”（梳头盒）、“一尾”（马桶）。女方还要在作为嫁妆的被褥或箱（柜）桶里放一些红鸡子（鸡蛋）、枣子、花生之类的食物。鸡子有多子多孙之意；枣有早生贵子之意;花生有开花结果的寓意。行书所备压书钱,不是女方全受,只是行来行去,最终全数归男方所得。

20世纪80年代后,随着经济条件好转,都昌县城人对嫁妆越来越讲究,嫁妆代表了新娘家的门庭、地位、财富。那时的嫁妆分为床上用品和生活用品,前者包括两床棉被、两床毯子、两对枕头枕巾,后者包括一对花瓶、两个热水瓶、马桶(或痰盂)。90年代后,嫁妆从初期的衣被、柜箱、洗澡、套盆,发展到手表、缝纫机、自行车,再到彩电、冰箱、洗衣机、组合沙发、摩托车、液化气灶具、落地扇,现在也和城市里一样作兴陪嫁小汽车和房子。

进入21世纪,县城里结婚抬嫁妆、摆嫁妆的过街仪式渐渐消失,取而代之的是婚车。近些年,乡村抬嫁妆穿垅过村的现象也在减少,主要是去外地打工者越来越多,有相当一部分人娶回外地的媳妇,在家里结婚,也只是趁着过年全村人多,摆摆酒席热闹一下,嫁妆都被现金、银行卡取代。

(三)娶亲

男子娶亲是日,天蒙蒙亮,父亲就要带着新郎,用红纸包三炷香至祖堂拜祖。吃过早饭,燃放鞭炮过后,新郎和锣鼓队即动身去新娘家娶亲。出村前,迎亲队伍要到祖堂前,族中长辈领新郎请两媒人升东致礼。礼毕,出祖堂朝门,男方媒人要礼让女方媒人走在前面。反之,迎亲后,从新娘家出来,女方媒人礼让男方媒人走在前面。不过,回到了男方地界,又换成女方媒人走在前面。大多数地方,娶亲的队伍或者车马数量很有讲究,男方去时,人数是双数,回程时,新娘送嫁的人员也必须是双数。娶亲的车马一般为单数,三、五、九辆车。娶亲去的路线和回程的路线一般不重复。

新娘从娘家迎娶回男方家时,首先,要将新娘接到男方祖堂朝门。在朝门前,男方长辈出门迎接送嫁的新舅子,并请两位媒人到新郎家歇息。送嫁的新舅子到男方家后,身上即刻披上红绸带,称之为“披红”。男方另一长辈引领新郎、新娘进祖厅拜堂。花轿至朝门前落轿,新娘在此停步不走,等着男方家人抱至祖厅，意为新娘不是自己主动走上门的，是男方千辛万苦求来抱进家门的，以显示女人的矜持与尊贵。新娘被抱在前面走，看热闹的小孩们在后面跟着，沿路有人将早已准备好的糖果、枣子、花生向新娘头上抛去，新娘头上遮盖头巾。沿路观礼之人乘机抢得喜糖喜烟等。新娘被抱进祖厅后，“扶身娘”把米筛放在地上，新娘两只脚立在米筛里，意为新娘如过筛之米，因为日常生活中用米筛筛米，破碎的米会漏下去，留下来的都是饱满的好米，证明新娘是经过筛选的优秀女人。

新娘站稳后，新郎随新娘并肩立好，在司仪“一拜天地，二拜高堂，夫妻对拜”的吆喝声中进行拜堂仪式后，再按规定路线将新娘抱至洞房。两个“扶身娘”将蒙着盖头的新娘扶到床边坐下。此刻，新郎将盖头掀开，“扶身娘”一只手敏捷地将头盖接住放在床上，另一只手将新郎按住坐在盖头上，意思是让新郎压住新娘的锐气，不让新娘在新郎面前称王称霸。此为旧时男尊女卑的习俗，现已废止。与此同时，做婆婆的要分喜糖、红枣给众位亲朋好友，还要安排专人在大门外面向村民广撒喜糖、红枣。全家沉浸在欢乐喜庆的海洋中！

洞房里，新娘吃过糖水煮蛋，稍事歇息。厅堂里，众亲友陪送嫁的新舅吃点心、喝茶聊天。傍晚时分，男方家喜宴开始。农村通常是在祖厅里举办喜宴，县城一般是在酒店举行。厅堂中间两桌为上席，上席各放四把高靠背椅，其余则为长板凳。席间为营造喜悦的气氛，乐队会吹喇叭、唢呐，乐手吹到哪桌，就会根据这桌客人的身份地位说些好话，讨个好彩头，客人则出些小钱以资鼓励、以表谢意，都昌称这种小费为“让钱”。得到“让钱”后，乐曲声就吹得更欢腾。一般坐上席的人要多出些，坐二席的少出些。在此情况下，再小气的人也会散点小钱助兴。酒过三巡开始燃放爆竹，男方长者带领新婚夫妇挨桌向亲朋敬酒。宴毕回程，除带回一些“回盘”的礼品，还要将披的“红”带回。

喜宴后，大家依然兴致盎然，主人家便请来戏班唱戏（或放电影），都是些《龙凤配》《中状元》《生贵子》之类的好曲。零时之后，曲班子撤帐，到洞房掌彩，有的还继续在堂前闹洞房，或唱小曲，或猜谜语，猜不到谜底的顶鼓、罚喝糖水等，直闹到天亮才停歇。第二天清晨，新娘要梳理端正后向公婆问安。

（四）闹洞房

闹洞房作为都昌传统婚俗的一部分，起源时间无考，但这一传统习俗一直延续至今，相当有趣味性、文学性。由于这一习俗以新娘为主要逗趣对象，于迎亲的当晚在洞房进行，因此闹洞房在都昌又称“逗媳妇”“吵房”。关于闹洞房习俗的来历，民间有种说法是源于驱邪避灾。相传，紫微星一日下凡，在路上遇到一个披麻戴孝的女子尾随在一伙迎亲队伍之后，他看出这是魔鬼在伺机作祟，于是就跟踪到新郎家，只见那女人已先到了，并躲进洞房。当新郎、新娘拜完天地要进入洞房时，紫微星守着门不让进，说里面藏着魔鬼。众人请他指点除魔办法，他建议道：“魔鬼最怕人多，人多势众，魔鬼就不敢行凶作恶了。”于是，新郎请客人们在洞房里嬉戏说笑，用笑声驱走邪鬼。果然，到了五更时分，无望的魔鬼只有逃走。可见，闹洞房一开始即被附上了驱邪避灾的色彩。

都昌县各乡镇民间闹洞房的过程和方式大同小异，据百岁老人回忆，旧时的闹洞房，其内容粗放但不低俗，热闹但不喧腾。结婚当晚，洞房里红烛高照，新娘倚在床沿边正襟危坐，两边各伴一“扶身娘”。闹洞房前，“扶身娘”陪着新娘先躲入帐内，“扶身娘”透过镂花的帐纱观察新房内的动静。喝完喜酒后，大家簇拥新郎进入洞房。几个人轮流说些祝福的话来“掌彩”，但是祝着祝着就不禁开始翻腔走调，言谈举止也变得不正经，变成了恶作剧样的起哄戏谑和调笑。

起先，掌彩的头人喊出一声“聿”（古汉语助词，用在句首或句中，也可用作形容词，轻快之意），喝彩的人们跟在后面叫一声“好”，掌彩的头人促狭地喊出轻快的调子，喝彩的人便笑中有喊，喊中有笑，欢声雷动。旧时的人比不上现在的年轻人，情感较为保守，但即便是平时一本正经的人也会在此刻情不自禁地来点油腔滑调，平日里坐怀不乱、目不斜视的正人君子也会在此刻来点凑乐和荤腥段子。

都昌流传比较广泛的闹洞房的一段逗词和场景有：

聿（逗）——好啊！（捧）

手执明灯进洞房（逗）——好啊！（捧）

照得洞房好嫁妆（逗）——好啊！（捧）

两边摆的香火桶（逗）——好啊！（捧）

中间摆的象牙床（逗）——好啊！（捧）

象牙床上盖锦被（逗）——好啊！（捧）

新娘嘚新郎嘚结成双（逗）——好啊！（捧）

好男生五个（逗）——好啊！（捧）

好女生一双（逗）——好啊！（捧）

大孩儿头名状元（逗）——好啊！（捧）

二孩儿征战疆场（逗）——好啊！（捧）

三孩儿富贵圆满（逗）——好啊！（捧）

……

闹洞房时还有一个节目叫撒帐。新婚之夜，新人对拜坐床后，众妇人向床帐内撒各类果子，如枣子、花生、桂圆、荔枝、核桃、栗子、莲子等，以祈富贵吉祥、多生贵子。撒帐歌是配合仪式唱的，每一段歌配合着一个方向的抛撒仪式。撒帐歌具有规定抛撒程序的作用，唱完所有的歌，便完成了抛撒仪式。完整的撒帐仪式，应是歌与动作的有机组合。由于有了歌的配合，撒帐的祝福意义也更加明朗化了，主题仍是祝愿早生贵子。都昌撒帐时边撒边唱的歌谣有：

谷米撒帐东，喜字映得烛影红，床里床外郁葱葱；

谷米撒帐西，红色锦带腰间系，郎君心里好着急；

谷米撒帐南，明月春风庭户爽，好男好女合团圆；

谷米撒帐北，芙蓉帐间度春宵，嫦娥缠抱蟾宫客。

伴着撒帐歌，众人喝彩声连绵不断，洞房的气氛很快就被带动起来。一会儿工夫,大家嚷嚷着要求新娘出罗帐露面。在众人不停的要求声中,“扶身娘”就掀开罗帐,新娘犹抱琵琶半遮面地被“逼”出罗帐。

如今,一些令新娘、新郎尴尬的粗俗的闹洞房陋习都被摈弃了。大家推行结文明婚,行文明礼,闹文明房。但是,时代小青年闹洞房仍然花样百出,各种逗乐形式层出不穷。给新婚增添了无比美好的回忆。

四、礼包

男方娶亲的前一晚上设宴款媒,酒席结束后,请女方媒人上座,商议第二天娶亲时给女方家包礼包之事。按照都昌的老规矩,男方要包13个项目的礼包:男女双方的媒人、主厨、帮厨、开容、扶容、扫地、烧火、烧茶、煮饭、挑水、打托、打杂。除两个媒敬礼包,其余11个项目分技术、工种、工夫劳累等情况定礼钱,或以参与帮工的人数多少而定。礼包上写着主厨礼、帮厨礼、开容礼、扶容礼、扫地礼、司火礼、司茶礼、司饭礼、司水礼、司托礼、司杂礼、媒敬礼,男方请女方媒人过目得到许可后,将钱装入礼包并封口。

中国历来有“无媒不成婚”的说法,因媒人的特殊地位,媒敬礼不公开讨论商定,由男方根据情况确定数额,并且媒敬礼包不封口。根据都昌约定俗成的习惯,媒敬礼男女双方都要包,原则是男方一担,女方配一头(男方的一半),即假如男方包了600元,女方则要在礼包里再加300元,而且男女双方都不得收取媒人的结婚贺礼。随着社会发展,礼包品种名目越来越多样,早就不止13项了。是日晚,礼包之事议定后,男方要安排女方媒人睡在洞房里,既表示对媒人的尊重、客气,又意为让媒人保管好验收过的箩担礼物。

五、回门

自古至今,都昌都作兴婚后的第三天上午新夫妻回娘家,俗称“回门”。回门之前的清晨，新娘要系上布衣裙下灶做饭，开始扮演贤妻良母孝媳的角色。如今，有的新娘只是围个围裙到厨房问候一声婆婆，帮婆婆打打下手就好，有的长辈也不会真的要新媳妇做事，新媳妇到厨房行下礼，做个做饭的样子就行。不过在旧时期，女人的一生几乎与“从”字紧密相连，男方的母亲好不容易媳妇熬成了婆，为了显示自己的地位，免不了从这天开始对媳妇颐指气使，从此过上享福的生活。新媳妇也从此要开始慢慢熬，熬成婆婆才能提高地位。

吃过早饭，新婚夫妇便踏上回门的路。新郎要带些酒菜和糕点，女方娘家要准备酒席迎接新婚夫妇。女儿出阁了就是婆家的人，从今以后她是娘家的客人，第一次上门做客，宴席上新郎要上座，同时宴请一些至亲作陪，还要宴请出嫁日的帮工者，以感激他们在婚礼当天的劳累辛苦。赴宴的至亲位下，每户都要端一碟爆米，上面放着糖果、鸡蛋、手巾或袜子之类的物品送给新娘。女方娘家一般要准备一对喜字坛，坛内装些爆米、糖果等食物带回婆家，其中的少许爆米染成红色。

六、做满月

女儿出嫁到婆家满一个月后，娘家当天要从婆家接女儿回娘家，形式和回门一样。

七、做周年

女孩出嫁到婆家满一年，是日，娘家也要将之接回，形式和回门、做满月一样。俗话说“转脚一年大道理”，意为周年内女儿既属婆家人，也属娘家人。这一年中，女儿可在娘家、婆家两边住，或是在两边干活。周年期满，女儿便完全属男方的家人，嫁娶环节就此结束。

八、都昌乡村特殊婚姻

(一)花轿迎亲

花轿的来历源远流长。轿子,最早称为“舆”,是古代的交通工具,经过历代不断发展,历史悠久。据专家考证,将轿子用于迎娶始于宋朝,后渐成风气,大为流行,当时就将轿子称为花轿、喜轿、彩轿。都昌传统婚礼习俗中的“花轿迎亲”流传于都昌大港镇、周溪镇、左里镇、徐埠镇、万户镇、多宝乡、南峰乡、芗溪乡、大沙乡等,尤以大港镇繁荣行政村小埠村、大田村、岗上村和漂水自然村居多。

都昌大港镇《石氏宗谱·世系》第24页记载:经琮公的简介中记有“子嗣承袭婚艺”。宗谱里老艺人石经琮的“婚艺”指的就是“花轿迎亲”。石经琮生于清光绪十六年(1890年)。1910年,他在都昌大港民间组建了一支花轿迎亲乐队。那时一些大户人家用的是八人抬的“暖轿”(暖轿:四方封闭式,用上等木材雕刻而成,轿门上挂铜锁)迎亲,普通百姓家用的是四人抬的“凉轿”(凉轿:用树藤编扎而成),再配上乐队、媒人、“扶身娘”等。1943年,石经琮之子石书意开始跟随父亲打理“花轿迎亲”,1945年他正式接手父亲一手创办的迎亲队伍,并随着时代的进步改革,取消八人抬轿,不分贫富之分,统一使用四人抬轿,热热闹闹、吹吹打打为四面八方的群众服务。

都昌大港镇大田村“花轿迎亲”第三代传承人谭春荣自1985年开始跟随叔父石书意学习打理“花轿迎亲”,1987年正式接手叔父传承下来的“花轿迎亲”习俗。因为当时经济落后,家境贫寒,这个传统习俗逐渐淡出人们的视线,很快被汽车迎亲和其他新生的迎亲方式所代替。

为了能将“花轿迎亲”民俗发扬光大,谭春荣在2012年重新自发组建花轿迎亲队伍。他陆续购置了所有道具、服装和马匹,并分别租了排练及养马场地,经过日夜苦练,在继承民俗“花轿迎亲”的基础上,结合现代迎新方式,终于打造出了专业的传统花轿迎亲队伍。一支花轿迎亲队伍通常由28人组成,主要包括媒人、丫鬟、“扶身娘”、马夫、轿夫、乐队人员、旗手等。花轿迎亲队伍通常使用的道具有：大花轿、凤冠霞帔、古装礼服、迎亲旗牌等。乐队里有唢呐、号（大、小号）、竹笛、箫等乐器。花轿迎亲队伍采取四人抬轿兼表演民俗歌舞的形式，均是古装打扮。目前，都昌“花轿迎亲”一共有四支队伍。

都昌花轿迎亲

（二）童养媳

童养媳，又称“待年媳”“养媳”，就是由男方家抚养一名女婴或幼女，待到成年和自家儿子结婚。旧时，都昌有不少童养媳，其主要原因就是当时社会贫穷落后，老百姓生活水平低下，相当一部分民众因家境贫寒而娶不起媳妇。旧时结亲聘礼重，婚礼浪费大，为了面子，嫁妆又得丰厚，这些习俗普通百姓既无法承担又无力抗拒。而养一个童养媳可以大大减少这种开支：一方面男方抱养童养媳不需要彩礼，等到正式结婚，不要花多少钱，仪式比大娶简单；另一方面，女方家减少了养孩子的负担，出嫁时也不要嫁妆，没有破家嫁女之忧。

一些家庭渴望生男孩传宗接代，结果事与愿违，接二连三地生女儿，导致子女较多，养育负担增重。为了减轻抚养困难，他们就把女儿送给别人做童养媳，解决女儿的生存问题。也有极少数人家因生活所迫，在大街上插草标卖女给别人做童养媳的。亦有一些被收养的女孩为了报答养父母的养育之恩而自愿当童养媳的。还有一种是本身没有儿子，希望借收养童养媳，为自己带来儿子，继承香火，都昌称这种童养媳为“等郎妹”。这些童养媳一般都比男方年纪大，可以照顾未婚夫。在都昌当地，稍微富裕的家庭在当地抱养童养媳，会适当地给女方家一些礼金，作为对女方母亲怀胎十月的补偿和慰问。而一些贫穷家庭，没有余钱，但又要解决儿子娶媳妇的问题，大部分从外地或灾区抱养，有的甚至从道旁路边捡回被遗弃的女婴当童养媳。

这些女孩被抱回来抚养，从小就要操持家务，不送去上学读书。如遇上恶婆，她们还会经常遭到百般虐待，受尽打骂，过着极其悲惨的生活。婆婆待女孩长到十四五岁时，就让她同儿子“圆房”。如小女孩不肯，就采取强迫手段“圆房”。这些童养媳，从小就被迫扮演了一个小媳妇的角色。

中华人民共和国成立后，国家颁布《婚姻法》，抱养童养媳的问题在都昌终于得到了彻底解决。

（三）入赘

入赘，指男女结婚后，男到女家成亲落户的情形。这种婚姻多是女家无兄弟，为了传宗接代，招女婿上门。旧时期有一种陋习，男到女家成亲落户要随女家的姓氏，常常被人耻笑为“倒插门”“小子无能，更姓改名”等。所以，旧时期入赘的不多，中华人民共和国成立后，为了改变男尊女卑或女尊男卑的观念，大力提倡男女平等，享有平等的权利。入赘的婚姻仪式通常比较简单，不事铺张。到了婚娶吉期，家中照样安排新人上厅堂行交拜礼，同样鼓乐喧天，大宴亲友和宾客，用热闹的场面把入赘形式加以掩盖，使男子堂而皇之地娶亲，女儿照样坐花轿“出嫁”做新娘。

“计划生育”实施以来，虽然有相当一部分家庭只生有女儿，但是男女平等的观念已经深入人心，入赘的现象很少。在都昌农村还有一些纯女户，有的还采用入赘的形式招亲。

（四）改嫁、守寡

旧时，女子遵从“三从四德”的传统道德观念，倡导“男尊女卑”“从一而终”“烈女不嫁二夫”等，男子丧妻后可以续弦，女子死了丈夫后，绝大多数要终身守寡。若订婚后未婚夫早夭，则被迫与“亡夫”牌位完婚，俗称“守节”。清康熙版、道光版、同治版《都昌县志》中记载了大量的节妇、烈女，可悲的是，这些守节的女人用终身的孤单换来的只是志书上记载的丈夫的名字和“某氏”几个文字，甚至没有自己的姓名。

旧时，都昌寡妇再嫁，必将受刁难。有的寡妇，身体不好，儿女成群，难以抚养，不得不改嫁。改嫁的女子一般称“下堂”，要遭受世人的鄙视。这样的女子嫁到新夫家，一般不举行任何仪式，悄无声息地到男方家落户。寡妇再嫁带去的子女叫“带头”。改嫁后的女子还要不时地回来孝敬原来的公婆，原公婆去世，还得披麻戴孝。改嫁后的女子，即便再婚后没有生儿育女，也不可以回到以前的子女家，死后也不能葬在前夫的祖坟山上。

在都昌的改嫁中，还有一种特殊的现象：有的女人在丈夫死后，家庭比较穷，而丈夫的兄弟难以娶妻，于是她们有的会嫁给小叔子或大伯子为妻，称为“转房”。

（五）包办婚姻

旧时，男女双方都必须尊重父母包办婚姻、明媒正娶的婚姻观念。男婚女嫁按“父母之命，媒妁之言”，从订婚到结婚全过程由父母通过媒人包办完成。在订婚前，父母迷信儿女“八字”合不合，还讲究门当户对，追求金钱财物，不顾儿女终身利益，不由子女选择。都昌当地有句谚语：“嫁鸡随鸡，嫁狗随狗，嫁给狐狸满山走。”有的男女双方还是父母指腹为婚，还有些人直至结婚当日，才认识配偶。

第四节　丧葬

人去世了，后人吊唁，将之安葬，称为办丧事。过去，都昌人活到七八十岁算是高寿，高寿者去世后吊唁、安葬，民间称之为喜丧，又称“白喜事”或“白喜会”。在农村，老人在家中亡故，多行棺葬（也称土葬）。虽然现在推行火葬，但在农村还是很排斥，只有公职人员才实行火葬。无论是棺葬还是火葬，丧葬习俗大同小异。丧葬礼俗通常比较复杂，从送终开始，一直到满三年上堂，丧葬礼仪程序才算完。丧葬礼仪程序大体上可分为备丧、送终、下床、把信、守灵、入殓、买水、出殡、安葬、关三、做七、做满月、拜大年、做满年、满三年上堂等。都昌人认为，从出生到上堂，人的一生才算是圆满终结。

一、备丧

备丧，都昌俗称“准备后事”，就是给年事已高的老人准备送终的衣物、棺木等。过去，老人过了六十岁，儿女就要为长辈的终老之事准备寿衣、寿材来“压寿”。此时，老人对死亡也不忌讳，备一副上好的棺木，让老人有一个好的归宿，心满意足，心情舒畅，也许还会让老人更加长寿，老人即使去了也无须担忧自己的身后事。备丧主要是做寿材，缝制寿衣、寿鞋，做女儿的备好倒头纸，请风水先生选好墓地。

（一）寿材

都昌人将棺材称作寿材、寿枋。制作棺材要用耐烂的木料，柏树棺材最好，一般多用杉木。寿材档次依照木料的根数来定，多为十二圆，所以又有称作“圆木”“圆寿枋”。寿材就是用十二根两米来长的粗大的木料加工制作成上下左右四个面,每面三根,俗称三墙。根数越多,木料越小,档次越低。至于厚度,民间讲究“三五”材,即材底三寸厚,材帮四寸厚,材帽(材盖)五寸厚。寿材外形一头高高隆起,一头较小。寿材制好后,要请漆匠用桐油拌石灰刮灰,里外填缝,全部打一遍桐油,再刷土漆,呈深黑色,有的黑中杂以红色或棕色,最外层还用生漆加熬光油,显得光滑清亮。大头正面写有“寿”字。“圆寿枋”是一件大事,开工之日要备办酒席,亲戚要送礼。除了正常的工钱,还要包喜钱给木匠师傅。如果是购买喜棺,上面要披红搭彩、鸣放喜炮,有的还请吹鼓手热热闹闹地运送回家。棺木打就后,过去通常置放于中堂的倒楼上或其他空闲的屋内,保持通风干燥。

无婚配、子嗣的青年男女和少年儿童、男女婴幼死亡一般不举行葬礼,多是用几块普通木板钉成长方形木匣,将死者收殓。早上死,下午即抬上山挖坑埋葬。婴幼儿死后被装入土筐,多起丘掩之。

(二)寿衣

只有年过七十者,子孙才可预做寿衣。人生七十古来稀,年过七十而亡,俗称“喜丧”。七十岁以下者,只备衣料,临时赶制衣服。也有年过五十者,可自行裁剪预做。过去,寿衣所用的材质是老粗布,以粗针大线缝制,不缀纽扣,缀布带系着。寿衣讲究穿单不穿双,俗言道“上四下三,世代做官”或“上七下五,子孙做知府”,今多为“上四下三”。寿衣为蓝、藏青、灰色均可,忌用黑色。贴肉衣为白色,封建迷信说法是白色可以迷惑阎王,让阎王把衣服当肉吃掉。衣外系一条白色棉线腰带,称寿带。棉线的根数与死者的年龄相同。男性还要有黑鞋皂帽,女性有包头、裹脚巾,忌用皮革衣物。如今,特别是火葬,对寿衣也没有特别要求,穿一身高档的绸缎锦衣就行。

(三)料理丧事

人死后,家人要料理丧事。此时,孝子悲痛之余,无心、无力过多操劳具体、琐碎的丧事，一般要请一位有威望且熟悉丧事礼仪的长辈来主事，同时请多人帮忙料理丧事，分工负责。主事者则安排记账、管钱、接待和帮厨的，还要及时派人去请喇叭、锣鼓乐队等，还要请地仙看日子。孝子还要请人扎制灵屋、祭亭，折金银柜、衣方箱等祭品。丧事通常需要主事一人，总管三名。一个总管负责记账、书写等事项；一人负责接待、祭礼等事项；一人负责后厨等事项。总管再安排具体办事人员。

办丧事，还要请道士、八仙（8 个人组成）和裁缝。都昌将八仙称作“丧夫的”，八仙在丧事中担任非常重要的工作，须由主事者带着孝子亲自上门去请。无论八仙年龄大小、辈分高低，孝子都要在八仙面前下跪，以示诚意。八仙在封殓那天做好分内之事：搓禾秆绳，做龙冠，做孝棍（包括已殁的，按儿子数量做龙冠和孝竹棍，媳妇只要一人一根禾秆绳）。龙冠的两边各吊一只棉球，意思是别人说闲话，棉球塞了耳朵，孝子听不见。孝竹棍也有讲究，死者是男的，用竹棍，在竹棍上头缠一个小棉球；死者是女的，则用油麻（植物）枝做。孝竹棍有三种意思：一是竹棍表示父亲的骨头，油麻棍表示母亲的皮，子孙剜骨还皮报答父母；二是在出殡那天，八仙若抬棺材不平稳，孝子就用孝竹棍打八仙；再一种意思是：竹有节，意味节哀。引路旗也是出殡不可或缺之物，请了道士做道场的由道士做，不然就由八仙做。引路旗有两面，一面写“金童前引路”，一面写“玉女后随行”。出殡还需座旗一面。座旗上写“共故先考”（男）[先妣（女）]××老大人（男）[（夫姓）老孺人]灵位。座旗放在家里，竖在灵位牌旁边，不举到坟山上去。

裁缝师傅也是丧事中的重要一环，其职责主要是为死者开容、洗澡、穿寿衣。死者逝后，如果没有准备寿衣，就要请裁缝师傅上门立即做。不过，寿鞋一般只是由裁缝师傅做出初样，由死者的女儿最后将鞋底和鞋帮合拢，缝制成鞋。合拢时，针脚走线有一定的规矩，鞋是软底鞋，鞋底要用青线钉成前七（鞋的脚掌处第一、第三行两钉，第二行三钉）后八（鞋的脚跟处第一、第三行三钉，第二行两钉)的形式。有的人就简,用墨点上“前七后八”。

二、丧葬礼仪

(一)送终

都昌历来有人老了需要子孙养老送终的传统观念。送终之人七日内(有说五至七日)不可入他人家门,防带去晦气。儿女送终是孝道,没有子孙送终的孤寡老人,被视作非常可怜的人,“无人送终”成了都昌民间骂人最恶毒的话,诅咒人断子绝孙。家中老人生病后,病重难以救治,子孙儿女须在病榻前守候。老人病危即将离世时,子女、媳妇等更应该寸步不离,如子女在远方,知老人病危必须速回家乡为老人送终。老人临终,举家在老人床榻前坐守,送终的子孙越多,证明老人越有福气,外人在此时应回避。待老人咽气时,子女看准断气的时辰,老人一断气,在场的子孙要号啕大哭。据说,这时亲人不哭,死者来世是哑巴。紧接着,子孙要在大门外鸣放鞭炮,如果逝者是高寿老人,还得放三个大铳。老人刚咽气,趁着身体还微热,尸骨还没有僵硬,须将死者嘴唇掰开,将系有红线的金、银箔或银币(现多改为铜钱)一枚放入死者口中,称“口含钱”。都昌西边苏山、左里、徐埠等乡镇一些村落,还作兴在断气前喂一些红糖水,意为让其来世生活甜蜜。

都昌传说,老人临死前要“收脚板印”,即收回自己生前的脚印,死前几天,灵魂会到亲友家或熟悉的街道以及自己经常去的地方走走。

过去,高寿者不多,人类寿命普遍比现在短,亡者年龄在五十岁以上,并且有子孙者,称之为寿终。如亡者为男性,则称寿终正寝。如亡者为女性,则称寿终内寝。

在老人弥留之际,在正屋(也叫堂屋)靠墙用两条长凳搭一门板,门板上垒三块青瓦做枕头,也有用一沓草纸做枕头的。现在一般用冰棺,民间的许多丧葬用品店都有出租。

（二）下床

人咽气后，子女哭了一阵，待爆竹声停下，就得将死者落帐下床。下床由孝子与媳妇端头端脚，抬到门板上（现在用冰棺），放于大厅中。死者头前置供桌，桌上点长明灯。以前，都昌人床上除了棉絮做的垫被，还在垫被下面铺上厚厚的一层晒干了的干净的禾秆，既保暖又防潮。死者下床后，取出一把死者床上垫着的禾秆，再拿一双死者平时穿的鞋，放在大门外或者门口塘边烧掉，同时要放爆竹、烧草纸，即燃引路香，烧送魂纸，俗称"开岸"。如果"打破水"的说日子不干净，就要抓一只公鸡捆好，放在死者身体底下，意为让死者带走晦气，保家里顺遂平安。死者躺在门板上或放置入冰棺后，放在屋堂前的东边（都昌传统观念东边为大，死者为大，所以放于东边），脚靠鼓皮。

死者下床停放好后，家人要用破锅或脸盆烧三斤四两草纸，然后把纸灰包好，在封殓时，让死者带去。当晚至封殓那晚都要安排房下人守夜照看香火，在香火将要点完时立马换一根，一直点到封殓前为止，不能断，意为这炷香替死者照明阴间路。有的地方到了半夜子时，家人还要泡一杯茶放在小桌子或案几上，媳妇或女儿要边哭边数，对死者说："您喝清茶，在阴间不要喝迷魂汤。"喝清茶的说法是，死者到了阴间，会被孟婆灌迷魂汤（孟婆汤），一旦喝了迷魂汤，阳间一切事都会忘却。都昌县城及周边等乡村的"哭数"时间则在天亮之前，俗称"接气"。

（三）设灵堂

死者下床后，家人要搭建灵堂，灵堂一般在自己屋里搭建，棺柩停在老厅里。都昌习俗，不是在家里断气的人，尸体不可以停放在家里，也不能进老厅封殓。都昌县城一般在屋里搭建灵堂，在屋外搭起宽阔的灵棚。灵堂的布置庄严肃穆，大门口挂一个白纸花球，名"孝球"，门外贴孝联，门楣有书"奠"字的，也有书"寄托哀思"的。

在门板或者冰棺前方，靠死者头部位置放一张小桌子或案几，桌上置灵牌一块，将红纸折叠成筒状，书写故显考×公×老大人之灵位或故显妣×氏×老夫人之灵位。桌上面摆放死者的遗像，桌上还供三牲、水果、茶以及一碗半生半熟的米饭，又称“告老饭”，饭上插燃香，又叫“子孙香”，燃香不能熄灭。灵桌上再摆一尊香炉、一盏长明灯。在灵桌之后悬挂大孝幛，也称寿幛。灵桌下放小凳一个，凳上点一盏油灯，灯盏两旁放亡者布鞋一双。桌前铺个草墩，为吊唁者施礼跪拜之处，草墩用禾秆扎编成圆形。

有的人家还会请道士在白纸上用毛笔将“忌生”（都昌有的地方称之为“依生”）的属相与忌讳事项写清楚贴在墙上，什么样的属相犯冲，什么日子不能动（忌哭、忌放爆竹、忌乐队等声响）等，使来客一看就明白。

（四）把信

待将逝者在厅堂安放好、灵堂布置妥当后，即将噩耗告知亲友，谓“报丧”，都昌俗称“把信”，就是人去世之后，派专人专程去各亲戚家告知，将死者的亡故原因、亡故时间简略向亲友说明，然后告之分孝情况以及开吊、送葬日期。“把信”的对象一般为女儿家、外婆家、姊妹家、姑姑家、侄女家、孙女家、堂姐妹家、母舅家、姨娘家等血缘至亲者，也有非血缘亲戚的，则是儿女亲家，朋友等不需要派专人“把信”。“把信”的人要遵守规矩，都昌东边人“把信”，不管晴天雨天，一般会在腋下夹把雨伞，把伞头朝上柄朝下，路上行人只要看到天晴日有人夹把雨伞，行色匆匆赶路，就会明白此人是“把信”之人，一般就会避道让其先行。“把信”的人到了亲戚家，要将雨伞放在门外，有的放在门角落里，亲戚一见雨伞所放位置，就知道有凶信，赶紧让座，煮点心。“把信”人须吃完点心，不能剩下食物，否则亲戚会不高兴。如吃不完，要事先打招呼，叫亲戚少煮或不煮。现在亲戚招待的方式有所不同，适当给些烟、鸡蛋等物品，或是折合成现金，现金为人民币 30 元至 100 元不等。

（五）参躬奔丧

亲朋好友得知死者去世的消息之后，要在封殓之前，备香纸、爆竹赶往逝者家里奔丧，都昌谓之“参躬”。“参躬”时，悼念者不一定要送礼，封殓的当天亲戚朋友才正式送礼。关于“参躬”两个字，都昌民间流传着很多写法，且各自有理有据，有“参躬”“川凶”“参凶”“串凶”“探凶”“穿凶”“穿胸”等。写作“川凶”的解释是：死为凶信，川指川流不息的人来悼念。说“穿凶”则是认为来悼念的人穿过噩耗进而雄起，奔往美好的未来。其余写法不一一赘述。笔者写作“参躬”有几个理由：首先，说人死后是凶信，这和都昌自古以来的风俗相悖，都昌历来有“红喜会”“白喜会”之说。都昌人将高龄老人去世后办丧事称作“白喜会”，认为人老了，是升天了，是到天堂享福去了，是人生顺其自然的事，不能认作是凶事，所以首先否定“凶”字的写法。其次，取音都昌方言：cān jiōng，躬在都昌方言中读作 jiōng。再次，取其字义：此参为参与、参加丧礼之说，古代有“参鞠揖躬”之词语，参鞠：拜见、参拜、弯腰之意；揖躬有弯下身子揖礼的意思，意指为死人弯下身子作揖打拜。“参躬”为“参鞠揖躬”之简称。同时，还有一种是取义于参商星中的参星和商星，参星和商星不能同时出现在天空，喻为人死后阴阳两隔。故从方言读音与字词本义上似乎写作“参躬”稍微合理。

“参躬”时，来客需带一封爆竹、一捆香、三刀草纸。旧时，送草纸也特别讲究，如果夫妻中还有一人在世，则只能送一刀纸，夫妻双亡则不论，但是不能是双数。有的村庄，也有带一捆草纸的。亲友送殓的当天还要再次祭拜死者。现在有的人将“参躬”和送礼一并进行。

死者临终时，未能送终的女儿、侄女、孙女或比较亲近的女晚辈得到凶信后，要立即来奔丧。奔丧临近村子时需且哭且行，以避不孝之嫌，俗称“哭道”。家中女眷平辈或晚辈听到哭声后，围着死者遗体“哭数”迎接。宾客双方在灵前跪叩、哭悼，直到客人过来搀扶劝慰，女眷才停止“哭灵”。

所有来“参躬”悼念之人，孝子孝女均要接待。客人一进门，守灵女眷便要扑在棺材上大哭，细数来客是谁，和死者什么关系，并哭数感谢的话语。此时，来“参躬”的亲朋烧香叩拜。民间“死者为大”，晚辈要下跪行一拜三叩首礼，即手握三炷燃香，先站立供桌前弯腰拱手作揖三下，尔后双腿跪在铺好的草墩上连磕三个头，然后上三炷香，再站立起来，再弯腰拱手作揖，方为礼毕。孝子则跪于棺柩旁，面向祭者复拜感谢，如果是死者晚辈跪拜，孝子只需将其搀扶起身，一般和死者同辈来客“参躬”，只需一拜一叩，不需要跪拜，若跪拜，孝子必须面对跪拜者下跪回礼。比亡者辈分高的长辈，只需鞠躬致哀，孝子万万不可让其跪拜，须搀扶候立。但有些地方回拜仅限于来参躬的长辈、年尊者和重要的祭客，一般平辈及晚辈参躬子孙不回拜。蔡岭镇、三汊港、土塘等乡镇，只要是来祭拜者，即使是死者晚辈，孝子也一律身着孝服跪拜回礼。受回拜的吊唁人礼毕，要前去搀扶孝子。随后对其家人致以问候，关切地询问死亡经过，追述亡故亲人的功德，并安慰家人节哀等。

（六）送殓

主家在封殓当天要会大量的送殡来客，即迎接亲戚朋友前来送丧礼、吊孝、送殓。送殓的来客都要参与“买水”，直至封殓。血脉至亲还要参加晚上的入殓、守灵、游材、做法事等活动，一直到第二天清晨出殡送葬。所有孝子、孝女、孝儿媳都要披麻戴孝接客，所谓戴孝就是：孝子、孝女、孝儿媳身穿麻衣，脚缠麻绳，女眷头上还要戴麻花或者白花，鞋上粘一小方块麻布，侄子辈、孙辈人穿的鞋上粘上一小方块白布，现在也有省事者直接用白色的伤湿止痛膏粘上。长辈不戴孝，夫亡妻戴孝。

过去送礼一般是毛毯、被芯、毛巾、布匹等，“买水”时，将这些礼品用竹篙穿起来，随着“买水”的队伍一同走街串巷，竹篙数量越多，证明主家亲戚朋友多，面子足，排场大。现在一般是用现金代替，但是香纸、爆竹、花圈还是必要的。

“买水”时，除了扛花圈，其他的都免去。父母亡故，已出嫁的女儿是亲友圈中对丧葬之事最看重的人，不仅要送挽幛，礼金也是出得最多的。出嫁的女儿们还要出钱置办下葬用的石灰、上祭用的祭品、办丧事用的烟酒等，俗称办“荤素盒”。乐队也由女儿负责请，有几个女儿就请几个乐队。出嫁了的侄女、孙女、姻亲，要送挽幛，并要及时“参躬”，送殓不可缺席。其他的亲朋好友送殓一般只送花圈、礼金，礼金用草纸包好。

如亡者系女性，来客中，重要的上客是家婆家来吊祭的人，比如母舅、舅母，母舅去世后其儿子，即表弟都属于贵客。都昌有句老话：“爷死扛去埋，娘死等舅来。”家中老母去世，不能随意埋葬，一定要等家婆家的人来商量议事，丧事的步骤与排场以及准备的棺椁、寿衣、陪葬物、酒席等都要征询母舅的意见，如果娘家人不满意，一定要修正，得到娘家人许可才可以办，否则是大错。封殓日，本家早早派人守候在大路口，远远看到家婆家的人领着乐队走来，立即回去报信，孝子、孝女、孝孙出门至村口或大路口迎接。相逢时，双方互相作揖，对方和死者同辈或更长一辈的，孝子、孝女、孝孙还要跪地相迎。尔后，来客在前孝子在后，一同哭入灵堂。同时，双方乐队吹唢呐、小号、长号，奏响大小鼓，燃放长鞭炮。

一般来送殓的亲朋好友则自行走到灵堂，乐手一见手提祭品的客人，立即奏乐。听到乐声，帮工的人立即停下手中的事接客，有负责接来客所带的香纸、爆竹、花圈的人，有收礼金、登礼簿的人，有敬烟、上茶、让座的人，有条不紊地各司其职。来客装香时，负责放鞭炮的人将来客带来的鞭炮燃放。灵堂执事从供桌上取几张黄表纸钱点燃放进纸盆，并点燃三炷香，示意来客叩拜上香。

这天是人们最后见死者尊容，从此生离死别，阴阳相隔，当天的气氛悲切浓郁，而死者的女儿哭得最为悲戚，她们守在灵前长时间放声悲哭，直哭得肝胆欲裂，死去活来，哀号凄绝之声常常使在座主宾泣涕涟涟。

封殓的当天中午设酒席招待四方来客。各地称呼不同,和合乡一带称“豆腐饭的”,桌上备豆腐等日常菜,属于便饭。下午封殓后,晚餐才是正式的封殓饭,封殓饭则隆重丰盛。酒席间,孝女、孝儿媳一直在棺材边守候,不可上桌吃饭。孝儿也不可入席,要穿麻衣、系禾秆绳并插着孝竹棍在宴厅里等候敬酒。酒过三巡,首先由所有孝儿在宴席后方跪地敬酒,尔后由族中长者带领孝长子一桌一桌地敬酒。过去的“封殓饭”不能有大鱼大肉,以素食为主,桌上菜盘为单数,每桌放一瓶酒、一包烟。撤碗和盘子时不能重叠,过去认为重叠碗盘会犯“重丧”也有称“同双”的,意思都是指家中会再次遭遇不测。

(七)买水

中国有句古话“不到黄河心不死”,大致的意思是人虽然死了,心还在游荡。殉葬期,亲友帮逝者“买水”,然后用这水给逝者洁身,洗脸面,送逝者出门上路,这也颇符合古俗遗意“洁净身体,魂归故里”,算是一种精神皈依。

都昌“买水”,按传统习惯要去七个不同姓的村庄的七口塘取水。“买水”时,声势浩大,“买水”人员越多证明死者子孙儿女越旺。“买水”的时间各地不同,有看时辰的,白天、傍晚甚至深夜都有。都昌县城及周边村镇,一般是中午进行丧宴(封殓饭),宴毕行“买水”仪式。左里有些乡村,仅由八仙带着孝长子一人在夜深人静时“买水”。大多数地方“买水”是在午时酒宴后进行,所有送殓的来客都要参与。

“买水”前,八仙将子孙后代的队伍排好。一位八仙鸣锣开道,一位八仙拿一顶草帽,用三炷香将几张草纸钉插在草帽上。孝长子(没儿子就孙子或侄子)垂泪披逝者陪葬的寿衣上装,由两位八仙搀扶着走在最前面。后面跟着次子(孙子、侄子),用托盘托着装水的瓶子,瓶中插着柏树枝。紧跟着的是三子或另一位直系后人,双手捧着逝者瓷板遗像。再随后是四子或第四位直系后人,用托盘托着死者的一双寿鞋。儿子后面跟着女儿、儿媳妇、侄子、侄女,队伍前面的人一律穿麻衣，紧跟他们身后的是其他孙子、孙女及亲属，再往后随行的队伍就没有站位讲究了。走在直系孝子孝孙后面的是各种奏乐的乐队。“买水”者按辈分戴不同颜色的拖头，同事、朋友等非亲戚只需胸前佩戴小白花。所有“买水”者手中执一炷燃香，可以插在塘岸边。随行帮工者扛祭幛、花圈，以撑排场，以人多、祭幛多为荣耀。都昌很多年事高者，子孙后代繁衍众多，“买水”队伍延绵数百米甚至上千米。每到一处池塘取水时，队伍停下，直系孝子孝孙五体投地跪着，八仙们烧纸放爆竹，从孝子所捧托盘里拿瓶舀水，然后扔枚硬币到水里，这才算是买成了。如遇池塘干涸无水，那还得预先盛水放在池塘里备用。和合乡一带，所有随行“买水”人员均得下跪，待舀好水再起身前行。

“买水”的路上，锣钹、乐队、爆竹声不能停止。返程时，不可走重路。

（八）封殓

1. 小殓

“买水”之后，看准时辰就要封殓。封殓分大、小殓。小殓在家里做，封殓时，在祖厅面对大门处摆放一把靠背椅，孝长子披着死者将要穿着的衣服背对厅堂面朝大门外端坐。小殓前，八仙把“七芯灯”点着放在门板底下。“七芯灯”就是在一个装满菜油的灯盏里放七根灯芯，其作用是给在场的孕妇辟邪，避免婴儿不能出世。

小殓时，全场寂静，不得出声，更不能哭泣。死者头部前方，一位八仙点燃火把，一直照着。首先是给逝者洗澡，即将棉球用买来的水沾湿，在死者身上点几下。八仙将主人家准备的金银戒指分别置于逝者的左右手心，穷苦人家只能放两枚硬币，过去为铜钱和银圆。规矩是左手金，右手银。洗完澡后，裁缝师傅要替逝者卷丝绵，即用丝绵将死者全身上下包括头部全部包裹在白色的丝绵中，不能露出一丝缝隙。此过程在前面备丧和后面丧葬物品中均述及，此处略写。卷绵的顺序是：先卷两脚绵，后从下到上卷一个正身绵，再穿两手绵。卷好身体四肢的丝绵，头部依然露出。若为女的，更衣以后还要让女儿跪在地上用折断的半把木梳为娘梳头。先用梳子背梳三下，再用梳齿把头梳好。头发梳理得纹丝不乱后再卷头部的丝绵，最后从上到下穿一个正身绵。此时，逝者全身上下严丝合缝地包裹在雪白的丝绵里。丝绵卷好后，卷绢穿衣服。卷绢先缠两脚，后两手，再正身，穿袜子，穿裤，并将穿裤留下的一根多余棉线剪下，分给死者的孝子们系在纽扣上做标记。接下来的步骤是穿上衣，穿衣的时候要在死者腰间绑一些纸钱，穿衣人会反复叮咛死者，要钱花从腰里掏。现在还有的人家放置锡箔纸制的手机、摩托车等仿制品，大概是让死者在阴间仍能享受现代化。死者的上衣处也要预先留一根长棉线，将棉线串一串纸剪钱。衣物穿好后，将已包好的两包三斤四两纸钱灰放在死者最外层棉衣里面的两旁腋下，逐层扣好扣子。此时，逝者的头部还被丝绵包裹着，五官封闭。最后一步，裁缝要给逝者"开容"，即由裁缝用剪刀在头部丝绵处剪出一道缝，再慢慢撕开丝绵，露出死者的面孔，把剪开的绵扎在耳边。有的地方开容时，死者的女儿、孙女、侄女等要包喜钱给裁缝师傅，裁缝再动剪刀，有的师傅没得到喜钱，就会一声不吭地放下剪刀，停顿下来，有的把剪刀轻轻拍拍，暗示子孙给喜钱。开容后，裁缝师傅再给死者戴上帽子，并将鞋挂在逝者脚上。裁缝师傅不替逝者穿鞋。各地的穿鞋风俗也有不同，穿鞋时要两个人各穿一只，有的地方是由女儿或媳妇穿，还有的地方是孙女或晚辈均可。在靠近都昌县城的大树乡等地，只能由逝者亲人中未结婚的"毛面女"穿鞋。穿鞋时两人要轻声"打叫口"，即互相提示，鞋要同时穿好，不能一前一后，即使穿的时候有快慢，也要等都穿好后再同时系鞋带。否则，封建迷信认为会拖住死者的脚步，不能一路顺利地到达阴间。大树乡一带，还作兴当裁缝师傅装容完毕，主人家立即端上一盆清水，搭上一条新毛巾，让裁缝师傅净手。

衣物鞋帽全部穿戴完毕，即将逝者抬到祖厅大殓入材。爆竹一响，两个孝子分别端头端脚，八仙用白布带从死者身下穿过，左右各两个八仙将白布一头搭在肩上，打着叫口“起啊”，六人一同把死者抬向祖厅。路上，最前面的两个八仙打油烛火，并负责点燃沿路人家门口的禾秆，据说此举可以熏蒙死者的眼睛，不让鬼魂进入旁人家。油烛火后面紧跟着打锣钹的人，之后是抬尸体的，然后又是两人打油烛火，为随行拿筛、灯、牌位、压甑饭、沤水、香纸、爆竹等的人照明。出门时，还要用伞遮住死者头，因旧时作兴逝者不能见天面。人们要按祖先传下来的生死路线走到祖堂。逝者从家里抬出门后，即可安排帮工的人，立即将安放逝者的门板放进村前的池塘里，等“关三”之后再拿回来。另安排人将家里的卫生打扫干净，并在家里四处“打檀香”，即将一块瓦在灶里烧好，趁热倒些酒，用火钳夹着在堂前四处熏，旧时认为此举可以熏走家里的晦气，实则是有消毒的作用。

2. 大殓

大殓俗称“下材”，也叫“入木”，在祖厅里进行。大殓时，全场鸦雀无声，特别忌讳叫别人的名字，怕逝者听到名字将之带去阴间。“忌生”的人不可以到场观看。盖棺的时候，如与死者属相相冲的人一定不能靠近，传说属相相冲的人可能被棺盖压住魂魄。

入殓前，先将备好的棺材置于祖厅右前侧放稳，下面垫四块砖。棺材内部脚抵的一侧板上，贴着纸剪的莲花墩，俗传死者在归土后第三天才知晓自己已亡，醒来后，清晨站在莲花墩上望家人。棺材里垫好了料，用白线在中线画一下，以确保死者位置摆正。

八仙在棺材头前高举燃着的三叉火把“射煞”，不让活人影映进棺材。时辰一到，人们将死者放入垫好白纸的棺木内，两侧塞入与死者岁数相等的石灰包，之后，把草纸卷好放在四旁空隙位置，再放入逝者生前喜爱的物品，总之将棺材填塞得满满当当。所有物品放好后，八仙用白线比画一下，看逝者在里面的位置是否周正，无偏差后，再放红绸布或者红被单做盖棺被。之后，子孙添酒，称“奠酒”，又称“团酒”，意指“子子孙孙，天长地久”。添酒由子、媳、女、孙女、侄、侄女等添，一般亲戚朋友不添。添酒时，每人都跪在地上，从八仙托着的酒碗中沾一点滴入逝者的口中。

添酒完毕就要行盖棺仪式。此时为生离死别的最后一面，亲属号啕，扑向棺材，闻之凄凄。之后，盖上棺材盖，锣钹声停止，木匠师傅在棺盖上钉子孙钉，男的钉左边，女的钉右边。然后，木匠师傅用斧头割下孝子身上一段麻系在子孙钉上，再拿压甑饭从棺材头拖到棺材尾，以避煞。接着，烧纸点香，孝子穿麻衣，同众人在死者棺前行跪拜礼。大殓之后，众人可以离开祖堂，直系子孙后代一直在棺材旁陪到天亮出殡。至此，封殓、送殓仪式完毕，人的一生也盖棺定论。

封殓时请来的人均要付工钱，一般是给裁缝一担（一天工钱）、木匠一头（半天工钱），由孝子支付。如果临时做棺材或临时做衣服，则工钱另算，实际一天则按两天（翻倍）计算工钱。木匠做棺材圆工（圆材）时，或是裁缝小殓着衣时，出嫁的女儿或是孙女要给师傅包红包。

（九）做道场

在都昌，死者盖棺定论，众宾客吃过封殓酒后，全屋场男女老少聚集在祖厅，围着棺材守夜。守夜最主要的活动就是做“闹乐（音译）”。“闹乐”一般请道士做道场，都昌又叫“做斋”。做七天七夜的道场称“门板斋”，做一天一夜的叫“夜工斋”，都昌大多数是做“夜工斋”。请道士“做斋”有大小之别，“大斋”有好几个道士。“做斋”前的准备工作包括：挂上十轴圣像，写牌位，用斗装米，把写好的牌位插在斗里，点上灯，一轴圣像点一盏灯，将祖宗牌位用几尊大佛遮住，牌位面前摆一踏板，踏板上放一个草墩。之后，道士负责做好灵牌、引路旗、莲花墩、座旗。“做斋”从封殓后开始，由一个孝子跟着道士，本房中配一人打锣,道士双手执钹,腋下夹着座旗,口里念念有词,有节奏,有动作。道士头低一下,孝子就要跪拜一下,要连续进行好几个仪式,一个仪式完毕,歇一袋烟工夫又接下一个仪式。

晚上,孝子、孝孙们要全部来到祖堂前,进入劝亡、过桥、破血盆(女亡者专做)、破地狱门、十月怀胎(女亡者专做)等仪式。劝亡也有一番摆设,摆一把椅子,牌位放在椅子中间,椅子背披着死者生前的一件大褂,椅子面前放一个装火用的空钵,钵上放着火钳,火钳上放着一双死者平时穿的鞋。道士在亡人面前念着什么王侯将相也会辞世之类的话,并劝死者安心地走,孝子们跪拜。

做道场时,还有一个很重要的环节是"游材",俗称"游丧"。封殓的当晚,道士口里念念有词,领着死者的子孙后代,围着棺材一圈圈地游走。

有的地方还作兴"过亡人桥"。"过桥"时,隔着几尺距离竖一条凳,共竖三个,用一段长长的白布铺在凳头。两个孝子,一边一个,扶着牌位,每走一步,道士就唱一段,唱完在凳子下面烧纸,慢慢走。

女死者一般做"破血盆",中间放一个红纸扎的"血盆",把预先泡好的一碗"血水"(用红糖水代替)放在"血盆"里,孝子们团团围住"血盆"。道士念完一段词后,孝子们就喝"血水",长子先喝,按顺时针一人喝一口,最后一个要把剩下的都喝完。喝完后,道士用锡杖打破碗,然后烧纸并把"血盆"烧掉。

"破地狱门",这个仪式较长,相传人死后如果进了地狱门,不但来世很难投生,而且会变成虫、蛇、畜生等。佛教故事《佛说盂兰盆经》中有一个目连救母的传奇故事,孝子目连的娘死了,为了不让娘变成其他动物,目连赶往十八层地狱门,但还是迟了一步,他娘变成了一只狗,目连为此痛不欲生。所以,人死后,为了其来世投生不变畜生类,要"破地狱门"。"破地狱门"前,道士将石灰装在钵里,用熟练的手法托着钵在地面画一个圆圈,然后顺着圆圈用香穿 18 个小牌位(意为十八层地狱),每个牌位点上灯,并在每个牌位面前离灯一些距离处,放少许纸和短爆竹。然后，孝子们穿麻衣，其他人披着拖头，团团围着。道士头戴道冠，身穿道袍，手执锡杖和座旗，带领众人转圈，走一步念一段，每走到一个牌位前，道士把座旗一展，锡杖一顿，孝子女们哭诉、烧纸、打爆竹，然后道士就收起一个牌位，如此这般，直至十八层地狱门破完。祖堂里，道士将所有仪式完成后又唱曲撒花。若是女死者，道士则唱十月怀胎，让子女后代知晓做母亲的怎么受苦受累。如此，道场便算做完了，东家付给道士一斗米、过桥的布以及议定的价钱。

（十）出殡

封殓的当夜安灵位，次日出殡。出殡就是出丧，绝大多数是在早晨进行。以前的东山乡（今大树乡）还作兴“偷丧”，即在天未亮之前就出殡。

早晨，八仙连同孝子去安葬地挖墓穴，谓“打井”，并在墓地里先放一串爆竹，烧一些黄表纸。之后，孝子开土，又称“破土”，即跪在定好的地上挖三下，开始两锄头轻轻地挖，第三下用力挖，锄头不要拔出来。尔后由八仙接着“打井”，没有打完的话，早晨出殡后再接着打完。

出殡时依次有请棺、烧香、拦棺、路奠之仪。请棺，即把棺材请到祖厅门前指定的空地上，空地上放两条长板凳，孝子在棺头扶棺，女儿、儿媳等在棺尾痛哭，“丧夫”分两边，用手托棺底，将灵柩移（捧）至长板凳上。停好后，八仙忙着扎杠，又称“夹杠”，即将“龙杠”与棺材用“茼索”绑好。“龙杠”是抬棺材所用的两根长木杠，平时藏放于祖厅偏房，不可随意搬动。两根杠各夹在棺材两旁，扎杠原先是剪刀眼，现在一般为献杠。扎杠时，棺材托在杠上面，绑成胡椒眼。年轻死者，不扎剪刀眼或献杠，而扎“牛嗍”，四人抬，前两人后两人，像抬轿子，另四人轮流换着抬。

杠扎好后，再祭龙杠。孝子、媳、女婿跪在棺前，喇叭、唢呐齐鸣。祭棺者高站在棺旁垫棺的凳子上，旁人递上装有茶叶、米、一壶酒的托盘，祭者手执酒壶，分别在灵柩的前后左右筛酒祭棺，八仙附和。祭有十祭，全系祝愿亡者后代财昌盛、人兴旺、福禄寿全之词。在棺上铺盖红色绒毯，系上一只纸扎的公鸡或白鹤，俗称“引路鸡”，意为驾鹤西去。另有纸扎金童玉女和彩色花，有的在棺材上盖龙凤棺罩，所有血缘至亲最后燃香祭拜。

祭棺还有一种叫“路祭”。在场的亲友，每人拿着燃着的三炷香，由敲锣钹的带路，围着上、下塘，将棺材顺转、反转各三圈，每转一圈对着棺材拜一下，插一炷香，意为转晕死者。每转一圈，道士便在棺材前唱一段经文，经文劝死者不要再过问阳间事，安心上路。所有祭棺仪式完毕，又要向逝者敬酒，按辈分从大到小，两人一组向逝者敬酒。

临动身时，儿子再行“跨棺”仪式。跨馆，即起棺前，孝子孝孙在棺材上来回跨过，以前女儿不能跨棺，随着现在独生子女居多，没有儿子的家庭，女儿也可以行跨棺之礼。

出殡时辰到，随着“丧夫”们的一声吆喝，并力抬棺。是时，鼓乐齐鸣，哭声一片，起棺上路。打锣的、打爆竹的、丢买路钱的在前引路，抬棺材的八仙走在中间，孝子执孝棍（男亡用竹棍，女亡用桐木）、端牌位，孝孙举引路旗扶棺而行，儿子扶着棺材同行，媳妇、女儿等人哭随棺材后头，其他亲友随后。走至村口，女眷们停下脚步，和孝子们相对跪拜三下，尔后女眷回程，儿媳妇端牌位，有字或像的一面向外，按封殓路线回家，将牌位反转放于桌子上，并点上长明灯。土塘、杭桥、三汊港一带，送殡时，棺材上还绑着一匹长长的白布，叫“拖头布”，子孙后代扯着白布随八仙前行，意为想留住逝者，舍不得离去。

起棺后，八仙必须一口气送至墓穴，中途不准落地，抬时须十分谨慎，切忌发生事故，否则便是对死者不敬，对主家不吉利。因此，出殡时还要安排两个人各扛一条板凳，一边一个，负责在途中小歇时安插在棺材下，以免棺材中途落地沾土，都昌俗称“插马”。县城里的人死后，丧事一般在县城办，但用车运棺材回乡安葬时，车上也要放两条长凳，托着棺材。棺材扛到安葬之地后，孝子下跪，然后八仙停椁解绳，没打完井的继续打好，井打好后要“吊井”，“吊井”时用太平绳吊放棺材于墓井中，而且要和正确方位略偏一点，一切就绪，等时辰“下肂”。“下肂”时，孝子穿麻衣跪在井前。时辰一到，八仙把棺材拨正，使之处在正确方位，再掌彩曰：“伏启，天地开张……”之后，放爆竹，打锣，同时放石灰，然后掩土，做成坟堆形。新坟上要用装石灰的谷箩盖几个印记，意为封印，野鬼不得扰乱其安宁。最后，将引路旗插在坟头上，孝竹棍、龙冠、禾秆绳放在坟前。逝者入土为安，生命在凡间的一切就此结束。

死者刚入土，人生地疏，为了避免死者害怕，安葬当天的傍晚要点着一个火把放在坟的左边给死者做伴，火把用干禾秆围成圆圈，一岁一个箍，死者年龄多少围多少个箍，箍缠松些，紧了烧不着。第二天傍晚，再点着一个火把放在坟的右边。第三天，再在坟脊的中间点一个火把。

（十一）立碑

每座坟冢前，家人都要为死者立碑，有成就者还要在碑上树传。但是，过去也不是每个死者都有墓碑，常常是亡故者有过一定功绩，或在乡邻中有较高的名望且经济条件又较好的家庭才立。而今，几乎所有的逝者，子孙后代都会为其立碑，都昌传统的墓碑是竖立的椭圆形青石板碑，上面篆刻铭文。

墓碑铭文书写的格式，一般行文从右向左，分为四段，直行刻写。第一段写逝者的生殁年、月、日、时；第二段是碑题，写逝者的姓名；第三段写立碑人，立碑人按辈分竖写，第一行写儿子名字，下方对应是儿媳，儿媳不写全名，只写某某氏，再下方对应写孙子；第四段写立碑时间及葬地方位，旧时碑题用词，头一个字一般用“故”，故父用“显考”“公”“太公”“大人”“府君”等词，故母则用“显妣”“母”“太夫人”等词。后来人一般不拘格式，而通俗地写“严父”“慈母”。有的还在背面刻写逝者的简历、功德。除了正规的青石碑，还有水泥碑，旧时还有砖碑。

立碑的时间，一般在死者安葬之日。如果在安葬之日没有刻碑，则只能在之后的清明节安碑。孝子为亡故的老人立碑，一般不举行仪式。

（十二）关三

死者安葬后的第三天，子孙清晨上山为死者烧香纸、衣物，是为“关三”。死者入葬后的第二天，家人就要做好关三的准备：做一盆米粑，都昌又称“打狗粑”；蒸熟一个鸡蛋，带壳横切，挖掉蛋黄，留蛋白和壳，作为死者的碗；还要备好三牲福礼，以及死者生前没带去的衣物等。葬后第三天，天未亮，子、媳、女及侄辈等血脉至亲，穿着孝服，将准备好了的物品摸黑带到死者坟前。先在死者的“左邻右舍”坟冢前后周围烧些纸钱，意思是给左右墓地里的先逝人烧点纸钱，让他们关照新亡人，不要欺负新亡人，不要抢新亡人的钱。再将米粑向周围抛去，将蛋制的碗摆在坟前。然后点燃爆竹，在墓地烧纸、上香，并将逝者生前的衣物烧毁，返回。

“关三”的人去时按扛棺材上山的路线走，返回时抄近路走，不走同样的路线。回程时不能空手，每人折一根青柴枝，到家后把柴枝丢在门口，然后把牌位或相片翻转，长明灯点一个月，每日三餐供饭。凡是办丧事借了人家的物品，在“关三”当天送还，中午设宴感谢所有帮工者。

（十三）印七

人死了要印七，从咽气到第七天，为头七，以此类推，做第七个七日时，叫“做满月”。七个七日本为 49 天，但实际上只有 30 天，即一个月。头七是 7 天，从二七开始，一个七扣除一天，即二七为 6 天，三七为 5 天，四七为 4 天，五七为 3 天，六七为 2 天，七七为 1 天，至七七满，共 30 天，为一个月。每满一个七日，家属便要在死者牌位前烧纸，放爆竹。到了七七那天，家属要给死者买纸做的箱及其他用器，箱里面放折好的纸锭，把一张草纸裁成方形的四片，卷成圆筒，一头往内捏一下成元宝状。然后，关上纸箱，贴上封条，写×××收×××寄。还有“闭包袱”的做法，即把一张草纸粘成信封，里面装上纸锭，再封口，采用竖式写法。正面右边写荐上，即晚辈对上辈。中间一行写：故先考（指父亲）××老人冥中受用，或故先妣×母×××老孺人冥中受用。左边写孝男（或孝媳、孝女）×××寄。反面写一个“封”字。如果上辈写晚辈的包袱，右边写“上荐”二字，中间行直接写×××收，左边一行直接写×××寄。在当月内，每天早、中餐时家属都要到死者牌位跟前供一下。俗传一个月内，死者在家没走，烧的纸钱也可收到，过月后才不在家，归阎王管。箱、包袱的数量由家人定。满月一般是孝子、孝女、孝媳们给死者做，这天吃过中饭就要去坟前烧纸及其他供品。由于烧的东西多，怕周围死者抢走，孝子还会拿着钢叉在火的周围不断敲打，意为惊走欲抢夺供品的闲杂野鬼。等所有物品烧完后，家属才能离开坟地。死者去世后第一年的正月初八为“拜新年”（拜大年）的日子，较亲近的亲友上午来坟前祭拜，家里设午宴招待亲友。此风俗在拜年习俗中详写。

（十四）周年、上堂

周年也叫忌日，是先辈去世的日子。这天，由子女和亲属为已故亲人上坟烧纸。都昌有的地方要烧三年“忌日纸”，三年后改为常规烧纸，以后每十年做阴寿祭祀，到百岁为满。死者未满三年都称为新亡人，每逢时节，子孙要在牌位前点上灯并祭奠。过年的那一天和正月十五日傍晚要在坟前点蜡烛。每年的农历七月十三日、十四日，要给新亡人烧纸，传说新亡人先走两天，满三年之后才同其他祖先一样在农历七月十五日烧纸。

做周年、做三年与做满月的纪念方法差不多。不过在满三年那天，吃过中饭，孝子们把家里的祭帐取下，到坟前烧掉，再到祖厅“上堂”。“上堂”时把死者的名字竖写在木板上，先查好男死者或亡妻在家族中所属的派行位置，再写上亡人的具体名称。“上堂”时，死者的子、媳、女要用红手巾披在背上跪着。死者"上堂"以后,在祖厅同其他去世祖宗一样日后接受子孙们逢年过节的祭奠。

"上堂"写法有一定的规定,一般写法是:夫妻只能占一竖格,写在一起。例如男的先死,死者派名 AA,号 BB,就写"AA 字 BB 老大人位"。其妻子后死,只要加个女的姓,即在"字"的左边写姓,在"大"字旁边加个"孺"。如果女的先死,就写夫 AA 字,旁边写女的姓,再空些,写"老孺人位"。

附:祖宗牌位写法(一般设五个牌位)

最上一位:一般姓氏都写"天地君亲师之位",有的也写"天地国亲师之位"。在封建社会,君,指国君,即皇帝,或指"国家"。

第二位:中间写 A 氏堂中历代先远神主位(如果他姓,只要改姓便可),在这个牌位中间的右边写左昭,左边写右穆。昭,明的意思。穆,恭敬之意。

第三位:写两世,即远祖(指祖宗的父亲没有迁到这地方来)、迁居祖(指迁居此地的祖宗)。

第四位:写两世,格式与第三位相同。左边写本村祖宗的儿子及分支,有几个写几个;右边写本村祖宗(有的是多屋共一个祖宗)。

第五位:写两世,指直接在本村繁衍的祖宗。

必须注意:右边为大,或高一辈或高多辈,在世系中还有很多层不能一一写尽,统归在第二位内。写牌位或写碑位,中间一行字,一定要用"生老病苦死"五个字去衡量,一定要接到"生""老"任意一个字,不能用"病苦死"三个字,如果赶不上"生""老",就在中间一行字中增字或减字。或增之灵字或减派之灵字。

(十五)守孝

过去,父母去世,孝子、孝媳须守孝三年。三年中只能着素服,三年忌日在父母坟墓旁边将孝衣脱掉,换上色布衣服,称之为"换孝"。三年间,孝子不得举办婚庆。春节,大门只能张贴素联。第一年贴白色对联,第二年为蓝色,第三年才可以换成红对联。出嫁的女儿孝期为两年,侄儿、侄媳、侄女孝期一年。孙子戴孝百日,若长孙之父已亡,则孙按子戴孝。女婿于殡葬后即除孝。传统观念里,丈夫新亡的年轻寡妇居丧更要求“守孝”,三年之内不能改嫁、再婚,即使现在,最起码也要守够一百天才能谈婚论嫁,否则会遭到众人谴责。

总之,都昌丧葬礼仪繁杂细致,现在除旧式传统,还增加了一些仪式,使用了“冰棺”,使死者尸体存放时间延长。以往,常常是有钱人家或高寿者去世,家属才请道士念经超度,俗称“散花”,现在普遍都请。奔丧者,除备香纸、爆竹、毛毯、丝被,现在还流行送花圈,在“买水”的队伍中,随行人扛花圈,花圈多为荣耀。20 世纪 90 年代后,都昌新出现了铜管乐队,宾客前来吊唁时,乐队要奏乐,在“买水”、送葬时,队伍前后的乐队均奏不同的乐曲,以示隆重。乐队有时有很多个,除本家请的乐队,女儿均得请乐队,还有的是娘家人带乐队来。

三、丧葬物品

(一)死者衣物

会客的那天,裁缝师傅把死者的寿衣做好,根据东家(即孝子)或死者生前的安排,或上七下五,或上九下七。根据衣服的层数,上七就是上身七层,夹袄算两层,棉袄算三层,单衣算一层,丝绵不算层;下五就是下身五层,分层数同样。把衣服整理好,套好。若卷丝绵的话,发好丝绵,裁缝发七个丝绵:头一个,两手各一个,两脚各一个,正身从下到上一个,再从上到下一个。卷丝绵时,正身从下到上穿在两手肩上,然后从上到下在下部打个结,接着用白布撕成宽约两寸的布条(以前是用丝绸绢),用线缝好接头,缠好团形放在一起。备好死者戴的帽、长袜子、布鞋。同时,东家要将死者带去的物品整理好,如衣服、手巾、牙膏、牙刷、肥皂、扇子(剪下半边)、梳子(打断一截)、镜子,还有死者生前喜欢的衣服、鞋等,将这些物品用筛子装好,还要装上咽气时烧的纸钱灰,放在棺材里。放不下的物品,等到“关三”时带到坟前烧毁。东家还要准备破草帽、艾草、三枚硬币、草帽上需插的三炷香、竹纸、面盆、雾桶、七星灯等。木匠师傅在会客那天做好棺材闩、子孙钉、牌位脚，现在大多人家用相片当牌位，并备好一些花布条，用来缠在子孙钉上。

（二）孝服

都昌将穿孝服称之为“戴耗”。“耗”分麻衣、白衣、麻头花。着麻衣者，为死者儿子、儿媳、女儿、侄子、侄媳、侄女。从死者去世到上山，孝服一直要穿在身上。这些直系亲人在丧葬期间不可以梳头、洗澡。死者妻子、女儿、儿媳还需戴麻绳制作的头花。腿上还需扎麻绳，鞋上粘贴白布。一直等送上山后，才可以将麻衣、麻绳解下来。但是头花不可以摘除，旧时，要等守孝期满才可摘除。

（三）拖头

“拖头”是系在头上的。其具体做法是用白布撕成五寸宽一块的长布条，分发给死者的至亲，包括房下的至亲，或共尊公的、共家家的至亲，以及死者支藤下来的孙子孙女、侄孙侄孙女、外孙外孙女、外甥外甥女等。女死者还包括娘家侄子女、侄孙子女等。拖头以布色分层次：子侄辈拖白布，孙辈拖黄布，曾孙辈拖蓝布，玄孙拖红布。媳妇娘家的父亲和女儿婆家的公爹等亲家，用一块白布系在胸前“挂白”。如今，死者其他普通的亲友，都胸前佩戴纸扎的白花，以示悼念。

四、其他祭奠方式

（一）道士散花

死者盖棺定论，众宾客吃过封殓酒后，全屋场男女老少聚集在祖厅，围着棺材守夜。首先节目是道士“散花”。道教的“散花”，并不真的抛撒鲜花，只是诵唱。“散花”主要是由道士将逝者生前的经历编成歌词清唱出来。有的人生前吃苦耐劳、艰辛劳作，有的人品质优良、深得人心，道士将其一生的经历编成唱词，借着错落有致的鼓点，娓娓地诉说。这时，听者就会跟着难过，不禁想到死者的音容笑貌，顿感人生如梦，如过眼烟云，于是无不长吁短叹，悲从中来。

“散花”有点像山歌，但又完全不同于山歌。山歌一般是比较明快和欢乐的，“散花”则是低沉和悲哀的。“散花”时，道士右手拿一块小竹板，面前放一面小鼓，唱完一句便有节奏、有韵律地用竹板在鼓上敲击。唱词由一人起，一人承，一般二三人，可以是道士，也可以是道士与别人对唱。道士嘴里一边哼唱一边甩手跳脚，全村老少齐聚在一起打牌、拉家常，不时有笑声刺破夜空。无论是何种方式，大家都在这一夜牺牲睡眠时间，陪亡者度过他在尘世最后的时刻，超度其早升天国。“散花”的对象只有孝男孝女。道士端着盛放红花的盘子，缓缓踱到孝子面前，针对各个孝子的实际情况，编唱或发财或升官等美好的祝词。这时候，孝子、孙，侄子、女，外甥，外甥女等在盘子里放上一些钞票。

会“散花”的道士能把死者生前所有经历的苦处，以及对后人的劝世哲理糅入其中，用哭腔、拖腔的形式有板有眼地演唱表达出来。“散花”的音色凄楚、哀婉，把人带进一个悲悲凉凉、冷冷戚戚的伤感世界。

道士“散花”的唱词有很多，现摘录两段女性老人去世的唱词如下。

（一）

鼓板一打闹洋洋啊，

诸亲六眷听我唱，

虽说自古谁无死啊，

失去亲人好悲伤……

生下一女五个男啊，

好娘一生苦断肠。

咬牙送书儿长大呀，

谁知无命把福享。

也是阎王心太狠啰，

也是老天瞎了眼。

半天云里陡然暗啊，

白发人送黑发人……

（二）

怀胎正月正：忽然头发疼，忽时烧来忽时冷，想是娇儿上了身。

二月花朝乡：外人把我笑，年轻人说我被猫子咬，年老人说我怀娇娇。

怀胎三月三：茶饭不想沾，口里清涎漫，一心只想酸大蒜。

怀胎四月八：想得无办法，心想老母鸡煨黄瓜，恨不得一把抓……

（二）做夜斋

“夜斋”的说法出自道教文化。在都昌民间，年事高的老人去世，出殡日，死者家属请道士来为死者举行超度，称之为“做夜斋”。“夜斋”是都昌家乡土语，别名“关灯”，是指出殡以前所有的道教礼仪。“夜斋”活动开始，先由道士连舞带唱地做上一段长时间的法事，亦称“破地狱门”。道士头戴道冠，身穿道袍，手执一柄桃木剑，时而画符，时而飞舞，口里念念有词，发出那种含混喑哑谁也听不清楚的咕哝之音。孝子则穿着麻衣，拿着哭丧棒，跟在道士的后面绕着棺材缓缓地移动脚步跟着转圈，是谓“游材”。厅堂里，忽明忽暗的烛光映着那纸糊的灵堂，阴森森的令人毛骨悚然。

（三）过亡人桥

“夜斋”的活动行将尾声时，天快放亮。夜斋的最后一个环节是慰亡曲。道士用三个条凳在庭院中高低相接，下放一盆水，上放一块布，然后边唱边舞地用扫帚在上面拂来拂去，引领亡者过“亡人桥”，这场景就好像奈何桥那端此时正站着两个手拿铁链、青面獠牙的判官小鬼，死者哭哭啼啼，难分难舍，步步回头。

一过“亡人桥”，道士便领着众人来到田野，将那纸扎的草人、纸钱全部烧掉，包括一些死者生前穿过的衣服，以及家人和族人乘这机会搭寄给其他已亡人的“邮件”和冥币。这个过程称为“化箱”。“化箱”的时候队伍一定要鸣锣和响铙，但是不允许有人哭泣。

过“亡人桥”的风俗源自道教鬼文化，一方面用迷信的方式接引死者到达阴间，另一方面又劝死者莫恋红尘，甘赴黄泉，同时也让活着的人们面对死者深刻反省，因而也就有着积极向上、利世利人的教育意义。

图4　过亡人桥

第二章　衣食住行

每个人都离不开衣、食、住、行，它们共同构成了日常生活中的每一个环节。从衣食住行的变化可以清晰地看到各地的风土人情。衣食住行能最直观地体现当地的民风民俗，也一步步见证了地域的经济发展和社会变化。

近代以来，都昌人民的服饰发生了重大变化，由拘谨、保守、呆板、等级森严，逐渐向美观、适体、方便、平民化转变。都昌人民的饮食习惯受鄱阳湖自然环境和生产方式的影响和制约，具有强烈的传承性。住，都昌人民也从简陋的茅草屋泥巴墙向宽敞舒适的水泥楼房转变。行，轿子、马车逐渐减少，人力车、自行车成了常见的代步工具。改革开放后，都昌在交通方面更是有了翻天覆地的变化，全面完成"村村通"工程。县城有公共汽车、出租车，城乡人民的交通工具有自行车、电动车、摩托车、电动小汽车、小轿车，还有高速公路和铁路连接着其他城市。人们逐渐打破了过去封闭的生活环境，走出家庭，走出本乡、本县。

第一节　服饰变化

在“衣食住行”中，“衣”即“服饰”居首。“洗浆缝补”是对都昌当地百姓服饰和生活习惯最好的描述。服饰文化渗入人们的日常生活之中，一定时代的服饰文化显示着一定时代物质生产和科学技术的水准，并在一定程度上影响着时代的社会意识形态乃至整个社会风貌。都昌百姓的服饰从古至今有其地方特点又适应地理、气候及时代的特征，随着社会的发展日新月异。

一、衣料

清末民初，都昌贫富之别从衣料上就可以区分，普遍家庭做衣服的布料是棉布、葛布、苎布、麻布等家织土布，都昌百姓称之为“家机布”。富贵官宦人家的衣着则为绫罗绸缎、毛皮、夏布、香云纱布等，布料多为县外购买的黄丝绢、白丝绢、排纱绢、香云纱、土绸。民国中后期，城乡居民少有各色“洋布”进口，县城有张氏开布铺，专卖各种“洋布”，洋布衣料质地较优，花色品种较多，只有富有人家购买。

中华人民共和国刚成立时，都昌人制衣的面料多是机织的“洋布”、粗棉布、麻布。20 世纪 50 年代，由于轻纺工业的发展，服装质量不断提高，服饰面料也不断更新，棉织品、丝织品、毛织品、线卡、纱卡、涤卡、府绸、洋布、涤纶、灯芯绒、卡其等均占据都昌百姓市场。20 世纪 70 年代，都昌城乡居民还流行一种叫作“劳动布”的深蓝色布料。为了好看，姑娘们会把布料放到开水里烫，让布料掉色，变成浅蓝色。用烫过的布料做成衣服后，再把没有烫过的布料剪成方方正正的补丁,缝在裤子的膝盖和臀部位置,既美观又耐穿。20 世纪 80 年代始,衣服面料也呈现多元化,大众衣料由棉布、灯芯绒发展到涤棉、尼龙、涤纶、呢绒等。20 世纪 90 年代,丝绸、棉麻、真丝、棉织品、麻纱、毛织品等舒适的面料越来越受大众喜爱,年轻人流行穿牛仔衣,款式多样的牛仔衣、牛仔裤几乎占据了一大半的青年市场。

进入 21 世纪后,服饰面料有棉质、真丝、羊毛、羊绒、莱卡、天然彩棉等。

二、款式

清末民初,都昌居民多着长袍、马褂、背褡。上装分大襟和对襟两种款式。大襟有长袍、马褂,对襟多为马甲。上装中无衫袖的称为背褡。长袍马褂按季节变化而有棉、夹、单三种。男装有长有短,劳动生产时多穿短装;女装则多采用中长式样。不论男女,下装都穿前面折叠的宽腰大裆裤,俗称便裤。妇女外系褶裙,罩齐脚跟,老年人为了护膝,则多穿小脚裤。

民国时期,都昌县城居民均以斜襟布衫为主。布衫圆角竖领,布条结环扣,夏短冬长。少数士绅着长袍马褂也有的着当时最流行的中山装,女眷仍着旗袍、罗裙。裤仍多为宽腰大裆长裤,西裤鲜见。农村男子一般穿中式的对襟短衣、长裤,妇女穿左边开襟的短衫、长裤,有的还穿一条长罗裙。20 世纪 50 年代初,服装开始改制,都昌城镇男子盛行穿学生服、中山服和西装,妇女则穿紧身旗袍或罗裙;乡村农民多穿短装布扣便服,只有老年人仍着大襟长袍和短褂。

二十世纪五六十年代,我国实行计划用布,定量供应,按家庭人数,计划分发布票。做一件大褂比较费料,所以长袍也逐渐没落,取而代之的是一些方便节约的衣着形式。当时,都昌也流行列宁装、中山装、学生装。特别是列宁装,这个烙着时代印记的"革命时装",深深地影响着都昌城镇居民。这种服饰款式由一些从大城市来都昌支援三线建设的技术人员首先带来。列宁装为西服领、双排扣,双襟中下方均带一个暗斜口袋,各有三个纽扣,腰中束一根布带。都昌县城一些家庭条件好的年轻人才有能力制作一件列宁装，成为潮流的象征。其时，包括列宁装在内的衣服，颜色都比较单一。20 世纪 60 年代被称为三原色的年代，方圆不到一平方千米的都昌小县城，以灰、黑、蓝为色彩基调，彰显了艰苦朴素的时代风气。

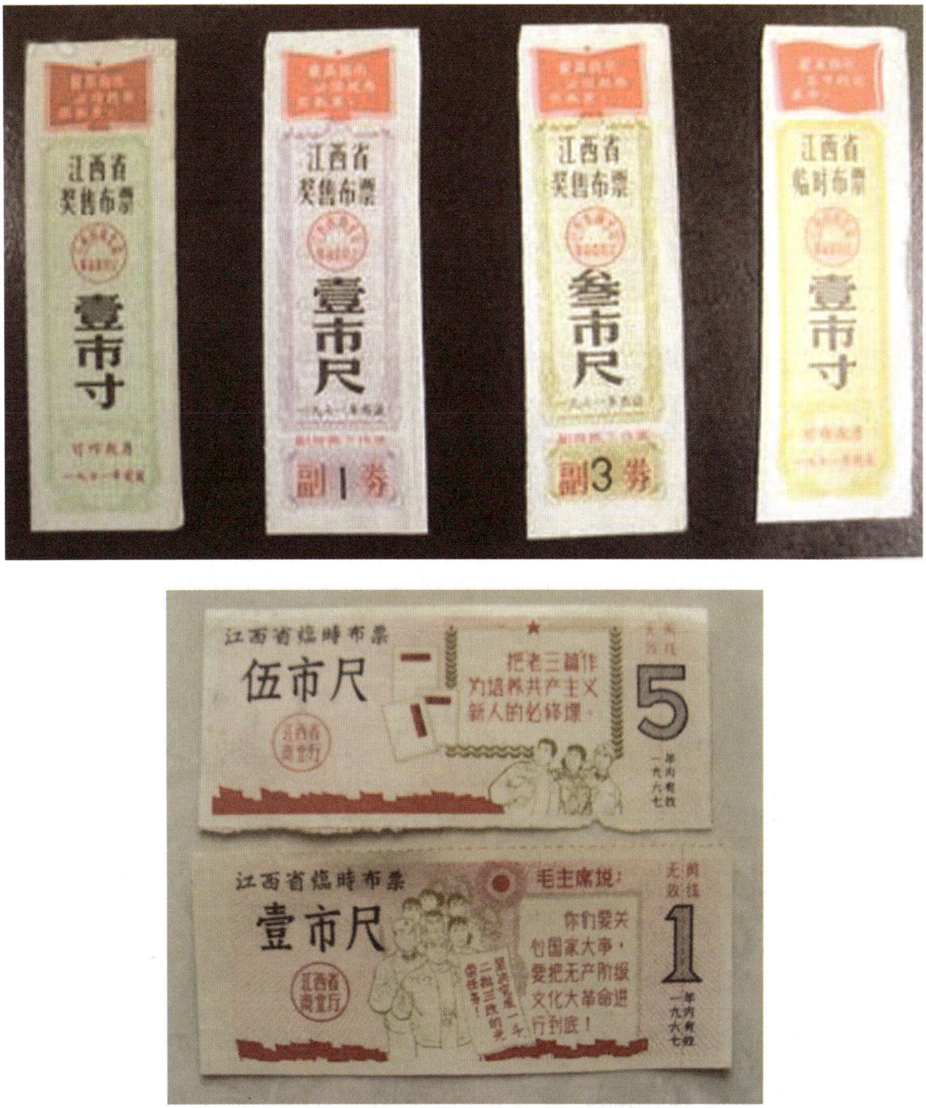

图5　二十世纪五六十年代江西的布票

“文化大革命”时，两用衫和军便服盛行一时，拥有一套军装是那个年代无数年轻人的愿望。都昌这一时期典型的服装有：海军服、军便服，当时最时尚的装束莫过于穿一身不戴领章、帽徽的草绿色军装，扎上一根棕色武装带，胸前佩戴毛主席像章，斜挎草绿色帆布挎包，胳膊上佩戴着“红卫兵”袖章，脚蹬一双草绿色解放鞋。那个年代更加注重节俭，正所谓新三年，旧三年，缝缝补补又三年，寻常百姓都穿着打补丁的衣裤。

1976年岁末，寒冷的冬天终于过去，服饰单一的坚冰逐步消融了，人们的服饰也开始从单调统一向绚丽多彩转变。都昌县城的人们追求美的意识逐渐苏醒，慢慢地走出那个“灰蓝黑绿”的时代。

当时都昌最大、最集中的娱乐休闲场所就是新建的电影院，每天座无虚席，新时代的电影蕴含着启蒙、探索、多元，都昌的服饰也开始仿制电影中主人公的服装款式。同时，都昌当时有一些从广东、福建等地的部队退伍的年轻军人，他们紧跟了沿海改革开放的潮流，在都昌第一批穿上喇叭裤，成为时尚、离经叛道的象征。

20世纪80年代后，都昌街头流行西服、夹克、羽绒、牛仔服、喇叭裤、直筒裤、蝙蝠衫、连衣裙、短裙等。这个时期比较突出的服装有：健美裤、滑雪衫等。当时，“假领子”在都昌风行一时，它由前襟、后片、扣子、扣眼构成，只保留了内衣上部的小半截，穿在外衣里面，足可以假乱真，露出的衣领部分完全与衬衣相同，所以美其名曰“假领子”。

20世纪90年代初，随着改革开放的深入，外出打工人员和大学生越来越多，眼界也越来越宽广。受中国台湾、中国香港文化的直接影响，婚纱自然也受到年轻男女的热捧，一度成为婚礼上的亮点。其时，普通百姓的服装款式颇多，西服、牛仔衣、运动衣、休闲装、各式裙装涌现。当时县城特别流行双排扣西服，面料不太讲究，多以化纤为主。颜色清淡，有玉白、灰白、浅蓝色等，款式多为双排扣，有一个扣眼或两个扣眼之分。上边左侧有一兜，无兜盖，下边左右各有一兜且有兜盖;背后有中缝线,中缝线下端开叉,约 15 厘米,穿起来笔挺、整齐、美观,在男青年中广泛流行。县城女性几乎都有一步裙。90 年代中期,全县一度又流行中山装,男女均着,各种颜色都有,不到两年又被淘汰,只有西服经久不衰。

进入 21 世纪后,衣服穿着转向舒适、软和,颜色丰富多彩,款式新奇各异。世纪之交时,都昌一度风行唐装,金都步行街各种品牌专卖店逐渐涌现,商铺繁荣兴旺,人们开始追逐“品牌”。

三、衣物制作

20 世纪 80 年代以前,都昌居民衣服制作一直是以裁缝缝制为主,一般逢年过节,就会请裁缝师傅上门为全家老少制作新衣。80 年代后,有的裁缝师傅不再上门做工,而是在临街租家店铺开起裁缝店,裁缝店备好各种服装款式图样,顺带卖各种布料,以备客人挑选衣料和制作自己喜欢的款式。

改革开放后,随着外地服装厂的兴起,服装店成品的款式越来越复杂多样,购买成品衣服的时间短,穿衣效果立显,购置成品衣服的人越来越多,裁缝店慢慢萧条,只有极少数店铺还加工老人或者小孩的衣服。在乡村,裁缝大多数只制作寿衣,或者为死者封殓时卷绵、穿寿衣。80 年代末,居民百姓开始流行在店铺和摊点上选购成品衣服。县城百货大楼专门设有服装柜台,男女老少各式成品衣服都有。“去百货大楼!”是当时农村人进城说得最豪迈的一句话。

第二节 饮食习俗

一、日常餐饮

都昌位于长江以南,属"饭稻羹鱼"的水田稻作地区。境内居民遵循典型的南方饮食习惯,历以大米为主食,辅以红薯、芋头、萝卜、粟米、荞麦、麦子。1949年以前,贫者多一日两餐,且以瓜菜代者居多,只有农忙时才吃几餐米饭。1949年以后,居民确保了"两干一稀"(早餐稀饭,中餐、晚餐干饭)的一日三餐,菜肴以素菜为主,间食荤腥。

(一)早餐

旧时期,都昌人的早餐一般很简单,以粥为主,没有辅食。贫困人家基本没有早餐,富有人家也仅仅只有很稀很稀的白粥喝,偶有红薯粥、薯丝粥、南瓜粥等。都昌称下饭菜为"渗饭菜",有炒薯丝、压水菜(都昌特产,将青菜用重物压在盐水中浸泡一夜后掏出,再晒半干制作而成)、霉豆腐(豆腐乳)、辣椒酱、萝卜干、针公鱼(真贡鱼)、小餐鱼等。

三年自然灾害时期,都昌人民基本没有早餐。改革开放以后,随着经济条件好转,都昌人民的生活水平也逐渐提高,早餐品种也丰富起来,传统的馒头、包子、油条是当时早餐(粥)的主要辅食。条件较好的家庭,还能吃到牛奶、麦乳精、清汤(馄饨)、面条。

20世纪90年代初,都昌人民的生活条件越来越好,饮食品种繁多。早餐除传统的包子、馒头、油条、粥,新增了饺子粑、炖粉、凉拌粉、炒粉、小笼包、煎粑和豆浆、鲜奶、八宝粥及各种汤类。

2000年后，南昌瓦罐汤、福建沙县小吃、重庆砂锅、东北饺子、湖南汤粉、兰州拉面、河南大馍、安徽煎饼、云南过桥米线、西安凉皮等地方风味食品也进入本县。下饭菜有各类农产品制作的干菜，比如：干萝卜丝、干茄子、干南瓜、干豆角、干马齿苋等，水产品有针公鱼、红鱼、咸鱼、刨花鱼、小餐鱼、干虾等。

（二）消夜小吃

旧时的消夜，一般是坐月子的产妇或者做夜工的工人或者师傅才有。整个都昌县城，夜晚只有东街一家老清汤铺和西街转角处一家面馆，以及老船码头的滨湖餐厅营业。

随着经济条件好转，都昌夜生活越来越丰富多彩，晚上熬夜玩耍的年轻人也热衷于吃夜宵。都昌的消夜摊是20世纪90年代初期兴起的，久盛不衰。在空旷的街头，摊主用四根钢管支起一个十平方米左右的帆布雨棚，四周敞开，像一把巨型的长方形雨伞。消夜摊不像大餐馆有大鱼大肉，以传统的风味小炒为主，都是一些普通的家常菜，其中田螺、龙虾、炒米粉为每个摊位必备。进入21世纪后，为迎合年轻人的喜好，各种甜点如奶茶、奶昔、果汁、蛋筒、冰激凌、蛋糕等相继出现。时下，大街小巷的油炸食品车、烧烤店也日渐风行，有新疆羊肉串、南昌水煮、正新鸡排、炭烧店、口味独特的广州肠粉店、桂林螺蛳粉等，一年四季均有。

二、传统宴仪

（一）喜宴

1. 安座

都昌历来民俗淳厚，举办婚、丧、上梁、寿诞等各种筵席，都要遵循约定俗成的礼仪规范。各种宴席均由司仪主持，主要环节有安座、敬酒。筵席安座妥当与否,标志着村庄、家族的礼节、礼数。所以,安座郑重其事,不能出现差错。入席前,首先由司仪主持安座仪式,最需慎重安排的是本主庭四位上座。出席筵席的人,他们大概也知晓自己应坐的位子而不会越位。主人家若是错安了主客的位置,客人就会非常气愤,有的人甚至当场大发雷霆罢宴离去,与东家从此断交不来往。安座出错,严重的会给东家、村庄带来负面影响。若安座者因情况不熟错安,知晓后要立即道歉,重新安座,或是东家亲自出面说好话,或打爆竹甚至下跪赔礼道歉,重新正确安座。

一般来说,安座顺序为先长后幼、先新(亲)后老(亲)、先友后亲(朋友为大)、先大后小。比如:大家入座前,司仪在宴厅大声宣称:“各位亲戚朋友,今天是×××之日,欢迎各位光临寒舍,薄酒一杯,不成敬意,东边的龙口请×××上座,西边虎口请×××上座,东角请×××入席,西角×××入席。”待上面两桌主席安好后,司仪又会客气地说:“请各位来宾自行就座。因本人才疏学浅,礼仪不全,若有不周,敬请谅解。下面宴席正式开始,请大家开怀畅饮。”

下面就不同宴席具体说说都昌安座的风俗礼仪。

(1)结婚宴

婚宴酒席摆设,座位很讲究,桌子平排摆,桌缝不对主客。整个宴厅摆放凳子,只在首席安放四把靠椅,分别是龙口、虎口、东角、西角。如果是在大酒店,都是准备圆桌、靠背椅,那在上席的椅子上铺垫红绸缎椅套,突出显示这四个席位。婚姻中,男方家首席座位是:东边龙口新舅(新娘的兄弟)、西边虎口舅公(新郎的母舅)、东角女方媒人、西角老舅公(新郎家婆的兄弟)。女方家首席座位是:龙口新郎、虎口舅公(新娘的母舅)、东角男方媒人、西角老舅公(新娘家婆的兄弟),有些地方风俗不同,也有虎口安置男方媒人,东角安置舅公的。媒人坐虎口的原因,说是天上无云不下雨,地下无媒不成婚,媒人为大,所以座位仅次于新郎。首席和二席以下(或转堂)座位上座的安排是:姑公、姨公、姑爷(姑父)、姨爷(姨父),以此类推。姑爷、姨爷虽是平级,但姑爷为主系排前,姨爷则为旁系排后。以上座次安排,参宴者不论年龄、辈分、大小,均按家庭代表安排座次。

对于平级,也要正确区分大小。如姑爷与姨爷,儿媳妇之父与女儿的公公,姑表与舅表,姐夫与姨夫等。虽说他们都是平级,但也有先后大小之分:姑爷大,因为他是主系,姨爷为旁系。媳妇之父大,媳妇的父亲尊称其家人为"斗笠"。女儿的公公一般称为"蓑衣","蓑衣"在"斗笠"之下,所以小。"斗笠"家族的舅表为大,"蓑衣"家族的姑表小。姐夫(妹夫)大,他是主系;姨夫(妻子姊妹的丈夫)属于旁系,所以小。姑公、姑家家,也是这样区分。不论年龄大小,按称呼从大到小依次安排。本主堂前不够安排,就转堂前,如果牵涉往来的妻子、媳妇的娘家亲戚,只能转堂前安排座次。如果有很多姑公、姑爷、姨家家、姨爷,只能选一个代表安主座。

上面是一般情况,还有些特殊情况要特殊处理。例如,父亲再娶,一个老婆生了小孩,另一个没生小孩,或两个老婆都生了小孩;还有父亲娶了一个老婆,但老婆有两个娘家。对于以上情况,按封建传统,前妻为大,后妻为小。再婚家庭的儿子结婚,母亲、继母娘家送了结婚的正脊对联,沿正脊屋柱对半贴,即前家婆家贴上边,后家婆家贴下边,或是家里贴一副,祖堂前贴一副。如果只生了女孩,就把女儿放在家里坐堂,招夫养子。其后女儿生了子女,子女成婚,就安老家婆坐虎口。女儿的子女拜堂就由老家婆家里写正脊对联。

如果要安座两个家婆家,事先请酒时就应与这两家商量好,商量不成时可提议:两个家婆分别在本次和下次外甥拜堂时,轮流坐虎口正位。还有种特别情况,即孩子过继给他人的,生父母和养父母互不相让座次。生父母说:我家不生,你家哪有人养,根在我家;养父母说:你家虽生,我家不养怎能活。都昌有句老话"养身父母大如天,生身父母丢一边",即以养父母家为大。但其实无论哪种说法都有理，这就需要两家父母事先协商好座次。万一说不通，就按旧俗做法转堂前安排：前头家婆坐正屋虎口，后头家婆坐另屋龙口。

（2）新居宴

都昌上梁、进恭的新居宴，座位排置又有不同。上席依然是两桌。新屋首席的四把椅子：若是家婆、嫲嫲的娘家还互相来往，则龙口为嫲嫲娘家，虎口为娘的娘家，东角为妻子娘家，西角为姑公或姑爷或媳妇娘家。如果嫲嫲娘家不再来往，则家婆家坐龙口，虎口妻子娘家，东、西角姑公或姑爷或媳妇娘家。也有的地方习俗不同，由新屋造主的妻子娘家坐龙口。匠人则转堂安排上席座位，不与直系亲戚宴席混淆。

（3）其他喜宴

儿子订婚或结婚后，接新媳妇过门，首席设一张桌子，东边新媳妇，西边新舅婆。如新媳妇家有人陪伴，那么首席用三把椅子，中间新媳妇，东边新舅婆，西边德高望重的女长辈陪伴。洗三、试周、满月、洗澡宴安座也有规定，若生孩子的媳妇娘家、婆的娘家、嫲嫲的娘家都来往，首席一张桌子设三把椅子，中间新家婆（生孩子的媳妇娘家），东边婆的娘家，西边嫲嫲娘家。嫲嫲娘家不来往了，用两把椅子：东边新家婆，西边老家婆。男女寿宴，首席也是设一张桌子，中间寿星，东边寿星老婆娘家或女寿星娘家，西边男方家婆家，夫妻双寿，首席平排设两桌，男的坐龙口，女的坐虎口，东角老婆娘家，西角娘的娘家。如果“老巴茅兜”做寿，在二席上先安几个媳妇娘家的座位，如安不下就转堂安二席，按照姑公、姑爷、姨家家、姨爷这样的顺序安座。

（4）丧宴

按照旧习俗，倘死者为男性，封殓晚宴时，首席安座为：龙口坐死者的家婆家，即母舅或者老表（表兄弟），虎口坐死者妻子娘家人。裁缝东角，木匠西角，因裁缝、木匠是手艺人，这种安法算是对手艺人另起高尊的待遇。出殡早宴对调，木匠东角，裁缝西角。新习俗则有所不同：龙口坐死者妻子娘家人，虎口坐死者母亲的娘家人，东角、西角按旧习俗未变。旧习俗中，地仙为八仙头，在八仙桌上坐首位，新习俗废除。有的地方还安排龙口裁缝、虎口木匠。如果用圆桌设宴则摆三把椅子：正中坐死者家婆家人，东角裁缝，西角木匠。还可以用两个堂前安座。亲戚坐主堂前：龙口老家婆家，虎口少家婆家；师傅坐转堂前：龙口裁缝，虎口木匠。女死者宴席安座也是同样。若遇“红梅不落青梅落，白发人送黑发人”，按死者为大安座：男的死了，他的妻子娘家坐主位；女的死了，依然是其娘家坐主位。新习俗的封殓晚宴为正席，出殡早宴设便餐，一般不安座。

2. 宴席仪式

安座后，打爆竹开席，菜陆续上桌、宴席进行一半时，主人要给来客敬酒。喜宴中，由家庭长辈率长子或新郎新娘挨桌敬酒，敬酒前要燃炮。若丧宴，所有孝子戴孝跪在座席后面的空地上敬酒，孝子敬酒后，将酒洒在地上。宴间，喜筵空碗盘可叠放，丧筵则忌，只能单层放，不可叠放碗筷盘子。过去，等上席龙、虎口客人离桌，其他人方可退席，现在不作兴。

都昌农村做酒宴，称为做“烟头酒”。笔者认为称之为“烟头”，是因为过去大家族子孙繁衍众多，各房从大家庭分门立户，每个小夫妻自己开火做饭过日子，都昌俗称“分家嗑烟”，嗑表示分开的意思。如此以烟囱为单位计算户数，一户称为“一烟”。

“烟头酒”就是每户人家派一个人参加宴席，这种酒不要送礼。乡村摆酒都是在老厅里，酒席前，事先安排赴宴的人带桌椅板凳和盅牌，盅牌即碗、调羹、酒盅各八个，筷子八双，准备的人家将这些用品洗干净装在淘箩里，拎到老厅里备用。餐毕，各自收拾自己的物品回家清洗。

如今，大多数村庄按男丁数目出钱新建老厅，同时村里制备了桌椅板凳和碗筷碟杯，做“烟头酒”就少了很多琐事。还有专门的厨师上户帮人做酒宴，自带桌椅板凳和盅牌以及帮工，更是省时省力。

3. 酒水菜肴

都昌各乡村的筵席大同小异，红白喜事（俗称"做红白喜会"）时，县城附近通行"十碗头"，因主要用料为肉、鱼、蛋、薯粉，又俗称"三荤搭一杂"。筵席以炒茶豆、乌豆、黄豆、压水菜等冷碟，后相继为生汆碎肉嘚（细肉为都昌方言，即切碎了的瘦肉）、"碌圆"、熟汆碎肉嘚、色子粉、蛋羹（以上为下酒菜）、青菜汤、大肉、红鱼、红烧肉（大肉）、菜汤十碗菜肴。其中碎肉、大肉均为回锅肉，前者将煮熟的肉（瘦肉为主）切成细长条，杂以蔬菜、高汤做成；后者将熟肉（肥肉为主）切成一寸见方大块，杂以大蒜之类红烧。"碌圆"以薯粉与熟芋头揉泥做成球状（肉丸大小）以开水汆水。色子粉以薯粉煮熟摊开，待冷却后切成半寸见方小块，再分别加高汤、佐料烹制而成菜。三汊港等地通行"硬席"，将猪肉、猪杂碎、海带、黄花之类切碎，杂以薯粉做成羹，因主菜每样两碗，又有"双喜席"之称。以上为都昌通行大众筵席，薯粉为主，每桌有肉三斤即很丰盛，纵富有者也不得摆阔，如在"十碗头"的基础上再加上一碗碎肉即被视为大方，再加反受众人谴责。宴请贵宾，方可奢华，县城称办"大小酒"，三汊港等称"软席"，菜谱中常见的有白切鸡、皮蛋、水果、瓜子（冷碟）、清蒸鸡、香菇煨鸡、黄花煨鸡、清汤丸子、狮子头、扣肉、木耳炒肉、香菇炒肉、炒肚片、炒猪肝、银鱼炒肉、八宝饭、甜汤等，菜肴10盘以上，但必双数。牛（忠）、鲤（孝）、雁（节）、狗（义）肉，不得上席。如今的宴席上，喜宴冷碟增加了蛋糕、饮料、罐头、果冻、喜糖、烟等副食。正菜品种较之过去更加丰盛，甲鱼、螃蟹、龙虾及各种海鲜层出不穷。主食则有汤圆、水饺、泡饭、蒸馒头、南瓜饼、春卷、鸡蛋饼等，花样百出。都昌人举办丧筵曾经忌讳大鱼大肉，现多不忌。

在农村，上菜的顺序也有规定。首先上一碗点心，通常为葵花籽或茶豆，然后上十道主菜。第一碗菜为酸菜或压水菜；第二碗菜为炒米粉；第三碗菜为生氽“细肉嘚”；第四碗菜为色子粉；第五碗菜为熟氽“碎肉嘚”；第六碗菜为“碌圆”；第七碗菜为蛋羹，第八碗菜为红鱼；第九碗菜为红烧肉（大肉）；第十碗菜为菜汤。上蛋羹时，要放爆竹，准备敬酒。敬酒的同时，第八、第九道菜会紧跟着呈上来，这时帮忙的也把饭甑抬来，意味着酒宴差不多结束，要开饭了。

图6　都昌农村筵席及上菜顺序

三、传统食品点心

(一)米粑

都昌地处长江南岸,为水乡泽国的鱼米之乡。自古以来盛产大米,而以大米加工做成的米粑,更成为民间传统食品。

俗话说"北方有饺子,南有蒸米粑",米粑在都昌人民生活中盛行最广,用途最丰富。都昌又称米粑为"包心粑"。逢年过节、生儿育女、生诞寿辰、祭祀上供都离不开米粑。都昌传统米粑分两种,一种是实心粑,一种是馅心粑。从形状来分,米粑有扁形的实心印子粑和馅心的圆粑、饺子粑;从味道上来分有甜粑和咸粑。

图7 都昌米粑

实心印子粑制作比较简单,用木质的印子模具,里面雕刻各种动物图案,把揉好的米粉填满,磕出来,上蒸笼蒸,点上红印即成。馅心粑制作比较复杂,首先将上等籼米淘洗后,用清水浸泡一小时,滤干上甑蒸,严格控制在七成熟,因为过熟的话,磨时不易粉碎成条,不到七成,虽易粉碎但蒸成的粑易裂开。将蒸好的米冷却后细磨成粉,再用开水泡半小时。揉粉时须用力,一直揉到粉团不粘手为止。在擀粑皮时,为使粉团不粘手,可用手沾点粑粉或菜油。粑馅可根据上市的时蔬取用,一般以白菜、萝卜、瓜类、豆角掺入适量肉丁、豆干、粉丝、黄花、香菇,拌上油、盐等作料炒熟。做粑时,先将米粉揉成一寸左右的粉团,用手掌捏成半分厚的圆粑皮，包好粑馅，做成饺子形或圆形，或捏成各种动物形状，再将粑入笼蒸熟。

米粑的用途十分广泛，祭祀方面可用于清明节上坟，七月半祭祀，给亡人做满月、周年、三年等，以及土地庙、寺庙里求神拜佛的贡品；做礼品则用在孩子满月、百日、周岁、十岁，老人做寿等；逢年过节更是家家户户做米粑庆贺。如今的早餐店里，很多老百姓也把蒸米粑当成馒头、包子一样的早餐主食。

（二）打糖

“打糖”是都昌的俗称，实为麦芽糖，是都昌人民在过年期间制作的一种食品，原料有麦芽、大米、红薯、甘蔗等，可以制成米糖、薯糖、蔗糖。其制作方法是将麦芽切碎，放进米、红薯或者甘蔗里面，放入铁锅中慢慢熬12小时左右，使铁锅里基本成液态物质，之后滤得糖浆，再将糖浆用文火慢慢熬制，其间用棍棒拍打调匀，防止煳锅，称作“打糖”便是由此而来。

图8　制作打糖

待“打糖”温度稍微降低点会慢慢凝固，在还有一定温度时，制作者将之捞起来，放在扯糖的木棍上，再将木棍固定在木档上，以前有的放在洗干净的木楼梯上，也有的放在椅子背后的木档上，慢慢拉扯成条状，有点像北方的扯面。扯了一段时间后，糖基本冷却，再也扯不动了，就将“打糖”制作成圆堆状，或者将糖锉成筷子长短、拇指粗的棍状，此形状的“打糖”又被称作“锉子糖”，大概是因为糖的形状像锉一样。制作好后，待温度逐渐降低，“打糖”会慢慢变硬。

20 世纪 80 年代以前，经常有人挑着货郎担，装着“打糖”，走门串户叫着“换打糖哦”，破铜烂铁、头发等废旧物品都可拿来换“打糖”。换“打糖”的人通常用锋利的小铲子或锤子敲一小块“打糖”给居民，因此也有人说“打糖”，是因其被敲打成碎块而得名。

“打糖”既可空口吃，又可作为都昌很多土特产的原材料。大多数都昌土特产是在“打糖”的基础上再加工制作而成的。如过年时在“打糖”中掺入芝麻、爆米、花生等制成的糖糕，以及将成块的“打糖”熬制成液态状，混进熟大米、芝麻磨成的粉，将粉末揉成团，制作成的一个个乒乓球状的酥糖。

（三）爆米糖糕嘚（牛毛糕嘚）

“爆米糖糕嘚”简称“糖糕嘚”，是都昌家庭过年必备的待客食品。无论贫穷、富贵，都昌人在小年过后，家家户户都开始制作爆米糖糕嘚。糖糕是用爆米花和“打糖”、芝麻掺和在一起制作而成。在都昌，芝麻通常被称作“牛毛嘚”，爆米糖糕嘚因此又被称作“牛毛糕嘚”，但大多数人还是叫“糖糕嘚”。糖糕嘚吃起来薄脆香美、甜而不腻。

做糖糕嘚，首先得炒爆米嘚。爆米嘚有两种制作方法：一种是将糯米炒制成爆米。首先将糯米在水里浸泡一夜，然后洗干净上蒸笼蒸熟，并沥干水备用。将锅洗干净，用大火烧热，将干净的沙粒炒干水分，再把沥干水分的一小把米粒倒入锅里，用木槌不停地翻动，直至水分完全蒸发，米粒处于干燥的状态。待米粒稍微变黄并膨胀时，立即起锅，和沙粒一起装进小铁筛，轻轻抖动铁筛，让沙漏进大锅，干净的爆米花就制成了。农户炒制的爆米花比爆米花机制作的爆米花颜色稍微黄点，米粒稍硬，吃起来有嚼劲，但是火候很难把握，温度稍高，米花就会烧焦。后来，随着爆米花机的出现，很多家庭不再自己炒制爆米花，而是让手艺人用爆米花机打爆米。

大概在20世纪70年代，到年关时，有一些打爆米花的人走村串户来寻找业务。这些手艺人，每到一个人口密集的村庄或者街市，就支好家伙。首先是生炉，在乡村野外随处捡点干树枝做柴火棍，点上火，再将爆米花机架在炉子上，将干玉米装进爆米花机，将出口封严，爆米花机在火炉上慢慢旋转受热。打爆米的人一只手摇着装有糯米的金属桶，让火来回烤着它，另一只手拉风箱助火，其间要不断向火炉内添加木头以确保火势强度。同时，要预先将麻袋平整好放在旁边，在麻袋口放置一块木枕和一块树皮垫，用于爆米花机"放炮"时的平衡支撑和缓冲。过了八九分钟，师傅观察爆米花机上安装的压力表，利索地将爆米花机出口对准麻袋口，用铁杠撬开爆米花机头，随着"砰"的一声，瞬间白烟和热气升腾，爆米花和热气将麻袋撑得鼓鼓的，周围弥漫着浓浓的香味。用爆米花机打制的爆米花，色泽明亮洁白，颗粒大且膨松，口感更柔和，用其制成的糖糕嘚更酥松，适应老年人吃。

图9　切糖糕嘚

备好爆米花，就要开始炒芝麻了。将黑芝麻放在锅里翻炒，与此同时，将"打糖"放在锅里溶化成液态。最后，将芝麻、爆米花、"打糖"放入锅中，有的还加入桂花、花生，在大锅里将这些材料搅拌均匀，使他们完全糅合在一起，等凝固后装入木盆，事先在盆内抹上一层猪油，以免粘盆。装好盆后，在木盆上盖上干净的棉布，站在盆上两脚交替踩踏，待盆里的物品踩得平整结实还有点余温时，将木盆倒扣在案板上，轻轻敲打盆底，一块厚实的圆形的糖糕映入眼帘，圆形有着全家团团圆圆的寓意。这时候，人们都会请邻居来帮忙切开，先切成两寸宽的条形，再切成半厘米厚的薄片。切糖糕时，快刀"咔咔"的声音清脆悦耳，旁边的孩子常常闻着香味流口水。糖糕嘚的储存也较有讲究，不可以暴露在空气中，需要密封，保持干燥。

以前，只有过年的时候，每家每户才会做些"糖糕嘚"。随着经济条件好转，平日里也有人做，在县城农贸市场还有专门的店铺长年累月制作"糖糕嘚"。现在嘴馋了，不必等到过年，随时都能吃到这充满乡味的土特产。

（四）芝麻月饼

都昌特产很多，芝麻月饼是每年中秋必备的传统糕点。芝麻月饼又叫"麻间饼"。之所以叫"麻间饼"，估计是因为月饼的表皮撒满了芝麻，月饼的馅是用芝麻和冰糖搅拌制成的。芝麻月饼香甜可口，风味独特。

图 10　芝麻月饼

二十世纪七八十年代，都昌每个人民公社都有供销社，供销社基本都有自己的食品加工厂，几乎所有的加工厂都制作芝麻月饼。

都昌芝麻月饼的制作方法是：先和面制作饼皮，将面粉加水搅拌发醒，和面时还得在面粉里加点油，猪油或菜油都可以，也就是酥皮点心的油皮部分。制作饼馅则将芝麻磨成粉末，加点枣泥、素油、绵白糖、碎冰糖、花生、瓜子仁、甜红丝拌匀备用。将发好的面粉制成薄薄的圆饼，里面放馅，收口，再擀平。最后在芝麻堆里打个滚，使圆饼的两面都沾上芝麻即可。最后一步是放入烤箱烤25分钟左右，等到表面泛黄，芝麻月饼就做成了。

一块好的芝麻月饼为圆形，饱满平整，芝麻分布均匀，无凝结糖块，表面呈棕黄色，边缘为浅黄色，底部黄色，无焦斑，皮薄馅多、馨香味素。

都昌芝麻月饼按照每斤的个数，分为四头、六头、八头。过去包装较为简单，月饼制成后用牛皮纸包扎，并在包装上覆盖一张红纸，红纸上印有制作单位的名称。那时候过年送节，一包月饼是必需品。

众所周知，左里镇的芝麻月饼颇负盛名。与市面上许多月饼不同，左里镇芝麻月饼制作简单，用材也简单，主要原料为面粉、白砂糖、黑芝麻、白芝麻，制作工艺也是传统手工制作，配以独门炭火烤制而成。其特点是口感酥香，它也是左里镇人过中秋节的必备食品。

（五）排饼

排饼，主要用于生育后的洗澡、洗三、周岁，因其是由一个个小圆球排列而成，犹如子孙繁多的大家庭，故得名。排饼的主要原料是面粉，纯手工制作而成，其制作程序是先将面粉搓成长条，然后掐成一个个的小圆球，再将小圆球一排排地码在一起，通过发酵，最后放入烤箱烘焙而成。排饼像刚出炉的面包，香甜松软，入口即化，非常适合老人和小孩食用。其口感最佳是刚出炉不久，放置久了，排饼会慢慢变硬，影响味道。

（六）红鱼

红鱼是都昌老百姓喜爱的传统食品。红鱼的制作比较简单，把草鱼等大鱼剖洗后，切成三厘米见方的小块，控干水，用盐、酒浸泡，拌上一种红米制成的红曲，然后封口，三四天后，就可取出食用。腌制的红鱼，块块体积相似，鲜艳红彤，香气扑鼻，煎炒不易粘锅而色不变，吃起来没有腥味，酥嫩可口，是下酒的上乘佳肴。逢年过节及各种宴席，红鱼是必不可少的都昌传统菜。特别是入冬后，蔬菜稀少，红鱼便派上了用场，成了各家应冬的佳肴美馔。正月里走亲戚，主人端出一盘红鱼待客，更显亲切。

如今，为了四季都能尝到美味的红鱼，都昌人把腌好的红鱼放进冰箱保鲜，口味尤佳。红鱼一般可以保存较长时间，是都昌群众发挥聪明才智，通过不断地摸索实践，发明的一种食品加工技术。

（七）粉皮（豆折嘚）

都昌各乡村盛产“豆折嘚”，顾名思义就是将材料一层层折叠而成，有荞麦豆折、苦槠（一种大山里面树上的果实）豆折和纯米豆折。都昌将加工豆折称之为“烫豆折嘚”，包括淘米、机浆、调浆、烧火、摊饼、起锅、折饼、切丝、晾晒等诸多工序。首先要将大米和荞麦浸泡一晚上，第二天将米、麦淘起来沥干水，一勺勺放进石磨，边放米边推动磨，随着“吱呀吱呀”的转磨声，一股股细小的米浆从磨盘的缝隙间缓缓流出。另一边的灶房里生好柴火，烧火用的柴也很有讲究，最好的燃料就是松树上掉下来的干丝毛或者小树枝，用这些燃料，会使火苗很旺，而且大火时间不长，使得煎的豆折皮会瞬间凝固。将研磨好的米浆，舀入铁锅，在米浆下锅的同时，烧火的人迅速加一把茅柴，煎豆折的人在米浆下锅后，立即用蚌壳的背将米浆轻轻、快速地摊开，铺成一张2—3毫米厚脸盆大小的豆饼，像一张面膜，又薄又圆。待豆饼凝固成形，要立即起锅。起锅时，一手捏着豆折，一手捏着大蒲扇托着豆饼以免碎裂，然后将豆饼摊在大晒篮里晾晒。晒至半干时，就可以将豆折饼卷起来，再切成回形针状（也可以手撕）。如果需要长时间储存，必须彻底晒干，直至将豆折晒得用手一碰就脆裂。干燥的豆折，不容易霉烂，变质。

都昌大港镇豆折全县闻名，家家户户都在腊月闲暇时煎制豆折。是时，各村落的摊场上，摆满了大大小小的晒篮，能干的巧媳妇托着豆饼像燕子一样穿梭在晒篮之间。切豆折的刀声此起彼伏，熟练的刀法令人眼花缭乱。繁忙的景象充分展现了农村一派迎新年的浓郁乡韵。

豆折可以刚烫好出锅时吃，也可以晒干后保存，像面条一样炒着吃，煮着吃。刚煎制成的豆粑用猪油和猪肉炒制，加上姜、葱、蒜、辣椒等配料，香鲜至极，令人食指大动。干豆折还成为都昌百姓送礼待客的传统食品，更是土生土长都昌人对本土文化的一种继承和回味。

第三节　造屋建舍

对每一个人来说，只有“居者有其屋”才能安居乐业。房子是每一个人的安身立命之所，在都昌百姓观念中，房子即代表家，有房子才有家，没房子的人常被人视作“连家都没有的人”。

都昌的房屋建筑历经了代代更迭，境内现保存最早、最完整的古代建筑群有苏山鹤舍古村的清代建筑。从一个地区的建房结构，我们可以看出当地的经济变化。1949 年以前，都昌百姓几乎都居住在茅草屋里。中华人民共和国成立后，都昌的房屋建造又历经了 20 世纪 50 年代的土墼墙、破草房，60 年代的斗子墙、水泥梁，70 年代砖瓦房、带走廊，80 年代的扁砖墙、盖楼房，90 年代的小洋楼、落地窗。如今，县城还建有电梯房、大飘窗。

一、传统住宅

古时候，生产力发展水平低下，人民生活十分艰难，常常食不果腹、衣不蔽体，除商贾官宦，几乎大多数人家居住在简陋的茅草屋里。都昌地处鄱阳湖之滨，旧时渔民靠捕鱼为生，常年漂泊在鄱阳湖上，陆地无寸土安身，只能靠在渔船中央安装木板、竹片做成三至四尺高的半圆形篷顶支架，用竹篾或芦苇编制成席子覆盖，作为全家人的栖身之处。

明清时期，随着资本主义萌芽的产生，我国生产力逐步发展，居民生活有所改善，都昌商贾官宦人家开始讲究屋舍的建造，他们在家乡兴起建屋造舍的风气，都昌始出现了符合长江流域居住的棋盘屋和印子屋。

棋盘屋，多为都昌商贾和财主所建。棋盘屋做工讲究，雕刻工艺精湛，整个屋内到处雕梁画栋，造型别致精美，是集建房、雕刻为一体的建筑。所用建筑原木在50—80立方米，屋脊高度为一丈八尺八寸到二丈五尺，分上、中、下三个厅堂，下堂与中堂之间有一口天井，左右两边是房间，分为正房、偏房、厢房、暗房，带栋房屋的房间为6—10间不等。外部墙体和屋顶为青砖青（灰）瓦，墙体基础均用红石凿成一尺八寸或二尺一寸长、七寸宽、二寸一分厚，合斗而成。采八寸长、四寸宽、五分厚青砖和石灰浆砌成“共”字或“卍”字斗，在斗内灌满泥土或泥浆，用红石凿成。厅堂立柱下面的磉墩均刻有各式各样的花草或鸟兽图案。厅堂内部均有圆木立柱，并用杉树板做成门壁股皮。房间内六尺以上为阁楼，后堂有游楼，房间地面为杉树厚板做成，厅堂屋顶瓦下部为顺水板或栈板。厅堂的下堂为三根主柱加过弄，中堂为五根主柱加过弄，后堂为三根主柱加过弄（有的只有过弄），天井两边挂厢房。离磉墩六七尺高的桐墩（立在穿枋上的短柱）和穿枋均用樟树板雕刻成各种图案。此类房屋都昌现存不多，保留完整的仅苏山鹤舍古村、石树围屋等一些老祖厅。

印子屋又称“四水归堂”，结构大体同棋盘屋，正厅板壁后另有小厅，称“反朝堂”，小厅倚壁建有天井，称“海眼天井”。外墙无山墙，四壁同高，观之不见瓦顶。印子屋的名称源自它的外形，像一枚印章一样方正，而且一定有天井。这类住宅布局原则上与“四合院”大致相同，只是房屋转角处互相连接，组成一颗印章状，故又名“一颗印”式住宅。建筑为木构架，土坯墙，多绘有彩画。其特色为敞口厅及小天井，即组成庭院的四面房屋皆相互联属，屋面搭接，紧紧包围着中间的小院落。天井内一般皆有地面铺装及排水渠道。每幢住屋前皆有宽大的前廊或屋檐，以便雨天时行走。同时，一部分住屋做成敞口厅等半室外空间，与天井共同作为生活使用空间。其结构多用穿斗式构架。这种形式的民居在湿热的夏季可以产生阴凉的对流风，调节室内气候；同时有较多的室外、半室外空间来安排各项生活及生产活动，如敞厅就成为日常活动中心，不受雨季的影响。厅井式民居是长江流域及其以南地区的通用形式。

1949 年以前，都昌农村放眼望去是清一色的泥巴墙茅草屋。这种民居就地取材，墙体四周用红黏土或黄黏土和卵石筑成，横条放在土墙上，用稻草、茅草或芦苇盖顶。以前全县不分湖区、山区或丘陵均有这种茅草屋，现基本绝迹。

随着中华人民共和国的成立，都昌的社会经济发生了可喜的变化，人民生活水平得到了进一步提高，民间的居住条件也在不断改善和创新，传统的民居建筑习俗也发生了重大的变化。在新建的村落中，传统茅草屋被新式瓦房所取代，最典型的是青砖灰瓦房屋。

青砖灰瓦房屋以金字墙 5 树 3 间、7 树 3 间较普遍。屋脊高度为一丈三尺六寸至一丈九尺六寸，长二丈七尺至三丈五尺，宽二丈五尺至三丈一尺一寸。这种房屋由厅堂和房间组成，中间是厅堂，分为前堂和后堂，前堂俗称为堂前或客堂，后堂被称为中房。左右两边是房间，每栋屋子有房三至六间不等，房屋内离地面两米高左右均设有放杂物或柴火的阁楼，屋顶用的是青(灰)瓦。房屋四周墙体均以红石片或乱石为基础，青砖石灰浆砌成"共"字斗，也有少数用乱石或土坯作为墙体，但大门两边的门墩、门衣、门照和立柱子用的磉墩，均用红石凿成作为装饰。内部结构均为原木做成，所用木材以杉木或株木为主，一般都在 20—30 立方米，以厅堂一边的屋柱计算，三根主柱、三根梁俗称"三柱"屋，四根主柱、四根梁俗称"四柱"屋，以此类推。厅堂屋柱两米左右以下部分均用杉树或松树板精心组合刨制而成，叫股壁，有较好隔热和隔音效果。此类房屋在农村较多。

改革开放后，民居也更新换代，钢筋混凝土结构的楼房相继出现，造型亦花样翻新，但仍保留和延续下来了一些民居建筑习俗和风格。

20 世纪 90 年代初，县城居民住房以私建房、单位宿舍或县直管公房为主，室内无装修，私建房结构多为两层砖混，人均住房面积 15 平方米。此时，都昌兴建私房，单家独院，房屋大多是 2—3 层的钢筋混凝土建筑。厅堂、卧室、厨房、卫生间配套。简单室内装修也出现，多采用泡沫吊顶、涂料墙裙、红丹漆地和铺设地塑。1994 年以后，随着住房制度的改革完善、居民收入的增多、住房消费观念的提升，城镇居民住房消费发展较快，商品房开发悄然兴起，室内外装修也日渐繁多。室外墙多贴瓷砖，室内多为石膏吊顶、瓷砖墙裙、瓷砖地面。随着移民建镇活动，农村建房也以钢筋混凝土二层楼房为主。

进入 21 世纪，随着城区的扩建，新开发建设了县府路、白洋路、人民路、芙蓉路等。道路两侧，五六层的私家高楼鳞次栉比，临街底层为商铺，有的富人还建造成欧式风格的别墅，造型美观。私建房屋多为三层以上，砖混、框架结构均有，部分私房还配置了车库。绝大多数私房对内、外墙都进行了装饰。

随着建筑业的发展以及县城规划完善，居民私建住宅得到控制。都昌县商品房住宅小区蜂拥涌现。居住户型主要为三室两厅，大客厅、小卧室的布局，楼下多配杂物间。居民住房多进行环保化、个性化装修。室内装修材料有大理石、原木地板、复合地板、地毯等，房屋结构出现了大、小客厅和大、小卫生间等。同时，商品房开发渐盛，出现了花园小区等建筑群。以前的房子，要么是泥地，要么是水泥地，一般去别人家做客穿着鞋进门就行，现在随着装修流行，家家户户地面铺设地板、地砖、大理石，越来越多样化，脱鞋进屋或者穿鞋套的习惯也逐渐产生。

二、建屋造舍

都昌历来流传着一句俗语：“人生有三大喜事，做屋、结婚、生儿子。”结婚、生子是传宗接代的大事，建基造屋更是被视作创世业的特大喜事。建房做屋是成就千百年巢穴，为人世间第一大事。一个人一生一世也许能生很多儿子，但有的人一辈子也许就只建造一栋房子，有的人一生也许都不会建屋。故，民间建屋慎之又慎，讲究颇多，禁忌也多。都昌民间建房一直沿袭着古代不少的习惯和礼俗。

(一)选址(看地)

都昌私人建房,事前多请风水先生择基定向,俗称“看地”。风水先生拿着罗盘在现场左测右量,左挑右选,根据风水八卦定位、定向。“看地”讲究形与气的聚和固,归纳起来,主要有以下一些讲究和禁忌:忌地势前面高后面低,认为这样的地形,主出孤寡,不宜建房;有劲风吹过的地方不宜建房,认为这种地方会耗散财气,使家宅不旺;位于斜坡顶会使家人漏财,位于斜坡下,则又会使人损丁;后有马路直冲或有直排房屋直对,形如箭矢飞射,被称之为“暗箭煞”;位于衙前庙后,主家人伤亡,不宜建房;有尖角冲射,主家败人亡,不宜建房。还有很多林林总总的风俗,总之,择基看地是非常重要的环节。

(二)架马

地基选好、屋向定准后,接下来便是确定奠基日期和时辰,谓之“下墙脚”,大部分房屋墙脚都是用石头垒基。选择开工吉日,主要有两大忌讳,一是忌破日,一是忌犯太岁。此外,还得查看所选日期是否与屋主的生辰相冲、相害或相克,如无此现象,那日子便定下了。

房屋主体开工,都昌俗称“架马”。风水先生定好“架马”开工的时间,当天要摆“架马酒”,请石匠、木匠师傅商议,比如东家提出建房要求,确定工价,师傅们发表意见。“一人做屋,满门沾光”,族人、邻里及亲戚都主动帮工。而屋主于“架马”兴工、定磉竖柱、挂彩上梁时,亦应设宴招待木匠、石匠及帮工人等,也叫“架马酒”。

开工的日子,木匠和石匠当场钉好屋盘子,开工时辰一到,立即燃炮,房主亲自挖第一锄土,然后帮工的人开挖墙脚,再看日子下墙脚石(亦可提前在不妨碍施工的地方下一个太平石),以后看日子排磉、竖碟,然后是上梁。

(三)上梁

上梁为做屋之至喜,亲朋好友都主动带着鞭炮、匾额、礼品前来祝贺,礼仪最为隆重。上梁吉时大多定在零时之后，一般用四季常青的松树、柏树、杉树做梁，也有的地方用枫树（谐音风水，顺风顺水之意）。做梁之树（梁树），都昌作兴“偷”，谓“偷发”。屋主看中他人山上适宜做屋梁的大树，可事先向树主告知，也可趁人不注意时上山砍来，砍完之后在树蔸上放个红包。树的主人便知道是做屋梁用，就不会追讨也不会咒骂。选定做梁的树运回家，系上红绸布，然后进行加工，谓之“出梁”。“出梁”须在祖庭或偏房（无梁之屋）内进行，只允许木工、屋主父子在场。大梁加工完毕，上梁的当天晚上，屋主及其长子即脱贴身内衣将两头包住，叫“暖梁”。尔后给梁披红，即梁中间用一条长红布包着，由屋主父子各抬一头，在爆竹及鼓乐声中抬到新屋堂中，放置在中间的八仙桌上，谓之“接梁”。随即又行“贺梁”之仪，或请唱师傅唱曲，或放电影“闹梁”。旧时，屋主要请戏班子唱戏、演戏，有黄梅戏、采茶戏、鼓书等。现在农村上梁，依然会请剧团演出，新屋四周顿时成为一片喜悦欢腾的海洋。

上梁前首先要祭梁。祭梁时，木匠、石匠等师傅各司其职，两位石匠分立于大门外两侧，两位木匠在屋里候立梁的两头。吉时一到，爆竹声喧天，木匠师傅开始掌彩。

师傅掌一句“伏启”，在场所有人附和一句“好哇”；师傅掌一句“天地开张”，众人附和“好哇”……接着，师傅掌彩的内容有：做梁的树长在什么地方、怎样运来、如何加工等。

梁的来龙去脉清晰后，又燃放一挂鞭炮，正式祭梁。木匠师傅手执酒壶，接着掌彩“伏启”，众人附和“好哇”；师傅掌彩“天地开张”，众人附和“好哇”；师傅掌彩“酒祭梁头，拜相封侯”，众人附和“好哇”；师傅掌彩“酒祭梁尾，子子孙孙在朝里”，众人附和“好哇”；师傅掌彩“酒祭梁中，子孙世代在朝中”，众人附和“好哇”。之后，再次打爆竹，木匠师傅手提一只公鸡，掐破公鸡头上的冠，让鸡冠的血滴在梁上。木匠师傅边祭边掌彩：“伏启，天地开张，日祭时梁，手捏金鸡似凤凰，金鸡生得头高尾又长，此鸡不是凡间鸡，王母娘娘报晓鸡，一更不乱叫，二更不乱啼，三更四更正是祭梁时。鸡血祭梁头，拜相又封侯；鸡血祭梁尾，代代子孙在朝廷；鸡血祭梁中，考进状元进皇宫！”木匠师傅祭完后，石匠师傅同样用酒、鸡祭门梁。

图 11　祭梁

吉时将临，着手“请梁”。是时，木匠师傅用红布把主梁升至栋树上。木匠事先在梁的两头系好红布条，请人用人帮忙在栋的两头搭好板，抬着梁往上送，在梁上面慢慢拉，梁徐徐上升。待吉时一到，正点定位上梁，将梁搁到上端凤口上，门梁和正梁同一时辰上，有的先上梁后圆工，有的先圆工后上梁。这时，屋主得兜正梁和门梁的粑，都昌俗称“兜宝”。上梁粑和节日粑有所不同，是用粟米包心，称“银包金”，用四方筷子头破小口，嵌小竹片成十字架，将圆圆的粑点上红点。上梁粑一共四个，一条红手巾包一个，用红头绳系着红手巾。东家父子两人穿着长衣跪着兜，先兜正梁，两个木匠慢慢将“宝”放在东家父子两人的衣兜里，再去兜门梁。然后抛梁粑，由木匠将主人事先准备好的米粑从上往下抛，众人在爆竹声中抢粑，认为抢得多的就会多子多福行好运。抛粑结束，在正脊屋柱两磉墩边、大门口两边烧些纸钱，称“接气”。抛梁粑一是热闹，二是怕有煞，随众人的福分去冲破。

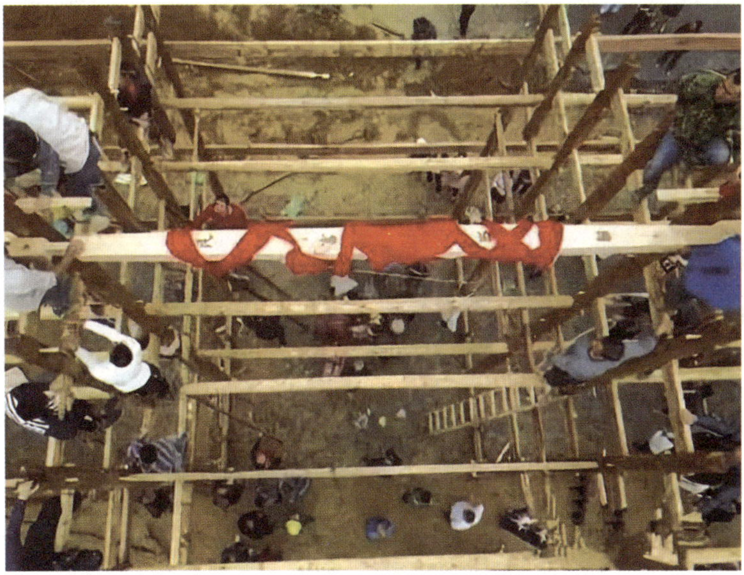

图 12　都昌上梁

为什么木匠在上梁掌彩时开头总称“伏启，天地开张”呢？这里有一个民间传说故事。鲁班是木匠的祖师爷，伏启则是鲁班的徒弟。话说这伏启，长得英俊高大，而鲁班的老婆长得俊俏，两人年龄不相上下，并且师娘处处对徒弟体贴关爱，这就引起了鲁班的疑心，认为自己的妻子可能与徒弟相好，就想害死伏启。有一次，龙王请鲁班为自己建造龙宫，鲁班对龙王说：“还差一个灯台就做好了，我叫徒弟送来。”龙王说：“好，那我叫女儿去接他。”于是，鲁班叫伏启把灯台送去龙宫。伏启拿着灯台走到海边，龙王的女儿早已在那等候，龙女对伏启说：“你把眼睛闭着，我就自然将你带进龙宫。”伏启依言闭上眼睛，只听得耳边呼呼作响，他很好奇，便睁开眼想看个究竟。只见龙女用手分开罗裙，分出一条水路。龙女见伏启在看她，害羞得连忙把罗裙合上，水路消失了，伏启当即落水淹死了。后人称之为“伏启送灯台，一去永不来”。伏启死后冤魂不散，经常缠着鲁班，向其索命，说是师傅疑心，故意害死他。鲁班也觉得挺对不起伏启，就说：“我虽是木匠的祖师爷，但我把这名声让给你，以后凡是遇到做屋、葬棺等事，掌彩时都用你的名字，不用我的名字，总可以吧。”从此之后，凡遇做屋上梁或是葬棺等事，掌彩就先叫“伏启，天地开张”。

梁被都昌人视为至圣之物，自选定即忌人跨，出梁时忌外人观看、触摸。尤其是女人，更不能接触。旧式木屋结构还有“垫磉墩”“竖柱”等仪式，后因房屋建造多为钢筋混凝土结构，这些习俗渐失。

（四）封顶进恭

过去，“封顶”是在屋顶上铺设瓦砾，现在钢筋水泥楼房，“封顶”则是倒现浇。“封顶”意味着该屋的主体工程竣工。屋主在“封顶”时要燃放鞭炮、烟花，抛撒糖果、花生、红枣、香烟等物给前来观看的人，众人一起喝彩，相当于过去木质结构房屋的上梁。

新屋竣工后，即将乔迁新居，旧时称“进恭”。乔迁新居事先要挑选黄道吉日，较为讲究。“进恭”前一天做好发粑，凌晨时家人与诸多贺喜的亲戚，每人手里都拿好在原住处煮好的粥、粑等食物，或是碗筷等用具，主妇拿抓扒、东家主人拿些许柴（财），有的人还端来一盆烧得正旺的炭火，还有人拿楼梯、量米用的升，一路打着爆竹，从原住处搬到新屋里，并将楼梯靠在东边正脊屋柱前。户主手拿着升一步步地上楼梯，把升放在楼梯上端，是为将来“步步高升”。完毕，大家都在新屋吃早饭，中午吃酒，凡是在东家吃饭的来宾，都要买爆竹表示庆贺。

第四节　交通出行

都昌濒临鄱阳湖，三面环水，地形复杂。旧时期，这里属于交通闭塞的地区。古代，都昌以水运交通为主，陆路多靠步行，只有官家才鲜骑马、乘坐轿子出行。千百年来，都昌民众一直沿用马车、木船为交通工具，工具简陋而且古老，到近代才出现轿子和洋船。如今的都昌，卡车、轿车、自行车、电动车等各种交通工具蜂拥出现，缓慢的水路交通逐渐衰退。2018 年，都昌火车站建成通车，加速了都昌与外界的流动往来，掀开了都昌交通史上开天辟地的新篇章。

一、交通工具

（一）水路

1. 竹排

古代，鄱阳湖区都昌港汊河流最原始的水运工具是竹排、竹筏，均由竹类加工而成。竹排排串大小，长短不一，大多数为蓑衣散放排，放到大河口再加工成二层或三层排。为掌握航向，竹排首、尾均装有一“扁档樵”顺水放流，一人或多人摆樵，排上搭起观音舍，供放排者歇息、生炊。

2. 竹筏

竹筏，都昌俗称“篾排”，长条形，采用当地盛产的优质毛竹，刮去青皮，于两端凿孔，多数由十根毛竹以杂木棍横串结扎加工编扎而成。木排可以分为三种：毛排是以数十根木材用篾缆或山藤扎梢而成；孔穿排则是木兜打孔，用一根荆柴棍横穿其孔，再用篾扎结而成；竹钉排是将有孔木棍横放在木梢下，上钉竹钉，再用篾缆（三花缆）绳结扎而成。

3. 木帆船

木帆船是古代乃至近代都昌水运的主要工具，分为无帆帆船和有帆帆船。民间皆以木船或者木帆船运送旅客，也有以商船和官船为运输工具。明清时期，随着生活生产的发展，都昌传统手工业制造品种发展较快，木帆船手工制造是都昌沿湖村民的强项，各村都有木船制作的工匠。木船制作从砍树到船下水有一整套的工序，几乎要各行各业的工匠参与制作，其中所有工序都由打船的主墨师傅安排：首先由锯板师傅砍树、选料锯板，再由打船师傅裁料拼接，铁匠师傅打钉，埝匠师傅填缝，漆匠师傅刷桐油，篾匠师傅织雨篷，裁缝师傅缝制布帆等。都昌当地造出的木船有罗滩船、巴斗船、鸦尾船等。

4. 近代木质机动轮船

都昌近代木质机动轮船用于旅客运输，初始有个体机动客船和客货混装木质机动的货船。木质机动轮船为木质船体，船机为蒸汽机、煤气机。1961 年，都昌县航运公司造船厂建成一艘 45 座的“新都 5 号”木质小客轮。

5. 其他水上交通工具

21 世纪以前，都昌县水上交通主要航线为都昌至南昌。那时候，两层客班船为主要交通工具。1993 年，都昌至南昌卧铺客轮晚班、隔日班开通。1994 年，都昌至南昌每日班快艇客运开通，160 个客位。1999 年，又增开南昌至都昌大型客运快艇，108 个客位。快艇大大缩短了都昌与省城之间的距离，加快了与外界的流通，提高了客、货运输速度，活跃了都昌贸易市场，加速了都昌经济发展。

（二）陆路

1. 土车

都昌地域偏僻，交通不便。旧时，居民出行主要走水路，陆路交通工具几乎没有。自制的陆路运输工具有土车，土塘、蔡岭一带亦叫“把车”。此车于车头前置一根两头尖的横木，形如牛角，又名“牛头车”，因有一个居中的车轮，又叫“独轮车”。推车的汉子当地称“车把式”。车把式除了靠力气，还得非常有技巧，因为土车不容易掌握平衡，特别是一边重一边轻时，很容易翻车。车把式为了保持平衡，还常常在两个扶手中系一根粗绳子，将绳子挂在脖子上，既省力又能稳住车身。独轮车一般用来运输物资，有时候也用来载送一些走累了的老太太、小媳妇、小姑娘。乡间小路上，“吱呀吱呀”的独轮车晃晃悠悠地碾过，带着一股浓郁的乡韵，成了一道抹不去的记忆，古朴又悠扬！

2. 轿子

旧时候，轿子是身份、地位的象征，是官宦、富人的专利品。穷苦人家只有出嫁的女儿一辈子才或许有一次坐轿子的机会，绝大多数即使结婚也只能坐独轮车。如今，轿子在都昌几乎绝迹，近些年，也有一些花轿出现，一部分是作为戏班子的道具，还有一部分是有些乡村重拾传统礼仪，复古“花轿迎亲”的模式举办婚庆，这一古色古香的传统民俗成为都昌一道亮丽的风景。

都昌旧时有四种轿子：一种是官轿，又称舆轿，有两人抬也有四人抬，专供封建社会官吏出巡上任之用。第二种是花轿，又称彩轿，四人抬，供婚姻嫁娶抬新娘用。第三种是凉轿，结构简单，四根立竖三根横梁，一块坐板，一般用来抬行人。第四种叫扎轿，又叫兜子，两人抬，一般是临时用竹椅、躺椅一类篾具扎两根杈杠制成。旧时期，都昌将轿夫称作“轿夫佬”，并非常偏见地认为抬轿工作最为低贱，众人皆不与之结亲，此陋习已被摈弃。如今，都昌民众以人为本，人人平等，和睦之风吹遍都昌大地。

3. 马

都昌惯称有权有势的人为“骑高头马的人”，足可见马在都昌人民心目中何等高贵，非平常百姓可拥有。

旧时，马也是重要且稀少的交通运输工具，长途运输沉重的物资除水路，也有用马代运的。同时，官府也有马匹，作为信使、邮差传递讯息的交通工具。

都昌出现马匹的年代无据可考。抗日战争前，都昌县城李运俊、城郊松峦余家开马行，仅供旧官吏或兵丁租用。乡村养马者，主要租用给他人迎娶新娘。1949 年 5 月 12 日，都昌县解放，解放军首长骑着战马进入都昌城门，英姿飒爽，威震四方。“文革”以后，结婚租马成为“四旧”，马作为坐骑随之绝迹。

4. 现代其他交通工具

共和国成立初期,都昌几乎没有现代化的交通工具,以凉轿、板车、独轮车为主。1957 年,江西省邮电局调拨都昌县邮电局自行车两辆,自此,都昌始出现钢铁制成的现代交通工具。20 世纪 50 年代末,县委始有第一辆公务用车——吉普车。20 世纪 60 年代后,机关单位开始大量以自行车作为下基层的交通工具,民间也开始有人购置。同时,县城到各乡镇之间也有中型班车出现,成为连接城乡的主要交通工具。20 世纪 70 年代,自行车成为城乡广泛使用的交通工具,城镇上班族大多骑自行车上下班,乡干部下村也主要靠自行车。

随着改革开放浪潮涌来,20 世纪 80 年代,都昌人奔赴祖国四面八方,特别是珠江三角洲几乎遍布都昌打工者。为方便都昌民众出行和返乡,都昌汽车站增设到沿海各地的长途卧铺大客车,成为都昌与外省沟通的主要交通工具。此时,摩托车也逐渐在都昌市场投放。20 世纪 90 年代,大街小巷出现了大量人力三轮车,县人将之称为"蹬士"。2002 年起,电动车出现在都昌市场,电动车便捷、经济、适用,备受市民青睐。之后,随着市场经济的发展,小轿车越来越普遍。2016 年后,新能源汽车即电动小轿车成为县人喜爱的交通工具。

图 13　都昌火车站

2017 年 12 月 28 日,九景衢铁路正式开通运营,都昌县结束了没有铁路不通火车的历史。九景衢铁路东起浙江衢州,经景德镇市至九江市,总投资 259.2 亿元,设计时速为 200 千米,为国铁 I 级双线电气化快速铁路,全长 333.3 千米，其中江西段245千米，都昌县境内全长25千米，途经蔡岭、中馆、鸣山等3个乡镇、16个村委会。都昌站位于都昌县蔡岭镇工业园北，距县城39千米。疾驰的火车将载着都昌人民欢畅的心情和美好的愿望奔向明天！

二、出行习俗

旧时期，都昌重男轻女的传统封建思想根深蒂固，女人从一出生就被打上了“从”的烙印。女人在日常生活中有很多禁忌，特别是出行中的很多习俗，都能佐证女人地位的低下。

封建迷信认为，男人早上出远门或做生意，若出门遇见的第一个人是女人，便是兆头不好，要赶紧返身回屋，如果离家很远，则远远地绕道避开女人。若遇到的是一个寡妇，则更晦气，会觉得自己清晨遇到扫帚星，被寡妇冲撞了当日的财运，男人这天就干脆不出门做生意了。此外，早晨出行，开门遇上抬棺材出殡的，对都昌人民来说是好兆头，是喜事，俗称“棺材、棺材，见官见财”。

正月里，都昌百姓作兴的出行风俗更多。新年伊始，很多人都想讨个好彩头，所以说话行事特别小心谨慎。有的地方对女人歧视尤为严重，结了婚的女人初一到初七都不能出门拜年。过了正月初八女人才可以出门。过去，都昌大多数地方不作兴女人拜年，女人只能围着灶台转，只能在后厨招待来拜年的人。都昌还流行着“七不出，八不归”的禁忌，即正月初七不出门，初八不回家。关于这句俗语的传说很多，最简单通俗的说法可以归结为“七上八下”，七意味着走上坡路，八则暗指走下坡路。正月里还特别不作兴正月十六出外打工，认为这个日子是打慌的日子。

第三章　岁时节日

中国民俗学会理事长刘魁立说："节日是历史和文化传统的积淀和再现；节日是民族风尚、民族文化的集中展示；节日是社会群体和谐团结的黏合剂；节日是文化认同、民族认同、国家认同的重要标志。"

节日的起源和发展是一个潜移默化地渗入社会生活的过程，它是人类社会发展到一定阶段的产物，是一个民族或地区的历史文化长期积淀凝聚的过程。都昌传统的节日，大多和天文、历法、数学以及后来划分出的节气有关。春节、元宵节、清明节、端午节、中秋节等这些我国传统节日，无一不是从远古发展而来的，在这些流传至今的节日风俗里，我们可以清晰地看到古代都昌人民精彩的社会生活画面；在这样的节日里，我们才能更多地感受到和谐。这种和谐，是都昌传统民俗与现代生活的携手，是城乡经济与文化生活的交融。

在历史的长河中，历代的文人雅士、诗人墨客，为一个个节日谱写了许多千古名篇，这些诗文脍炙人口，被广为传颂，使中国的传统节日渗透出深厚的文化底蕴，精彩浪漫，大俗中透着大雅，阳春白雪与下里巴人相得益彰。都昌传统节日有着很强的内聚力和广泛的包容性，一到过节，家家户户张灯结彩，老少同庆，这与我们民族源远流长的悠久历史一脉相承，是一份宝贵的精神文化遗产。

一、春节

春节是我国农历的年节，标志着年岁新旧交替。春节始自先秦，定型于汉代,汉武帝颁行《太初历》,将新年定在正月初一,此后历代相沿。辛亥革命后,由于那时改用公历,为了与公历的新年(1月1日)区分,因此将农历正月初一改名为“春节”。1949年9月27日,中国人民政治协商会议第一届全体会议通过使用“公历纪年法”,将公历1月1日定为“元旦”,把农历正月初一定名为春节。关于春节的起源,有腊祭说、巫术说、鬼节说等。广义的春节包括年前岁后两个部分,从腊月到正月,岁前除旧驱邪,岁后迎新纳福,共同构成传统春节的两大主题。狭义的春节,则指正月初一这一天,即大年三十晚上过了子夜十二点至第二天子夜十二点为春节。

在都昌,无论贫穷还是富贵人家,千百年来和千千万万中华大地的炎黄子孙一样,视春节为最重要的节日。迎接春节的风俗大同小异,传统的习俗有守岁、拜年。有的家族发枝众多,家族又“义道”(都昌俗语,指亲戚间团结和睦),子孙们都已分家“嗑烟”,若各家互相拜年,走来走去很烦琐,便商议好轮流做东,宴请“拜年桌”。众亲人每年正月由一家牵头,宴请大家族的亲人,有阖家赴宴的,也有各家派一代表赴宴的。每年聚集一次,每家轮流做东。十几年前,“拜年桌”一般在自家做,如今也渐渐风行在酒店做。

除了以家庭为单位的拜年,都昌机关单位也和我国其他地区一样,在春节期间要进行团拜,领导干部还要集体向军烈属、五保户拜年。

(一)开财门

旧时,除夕有“一夜连双岁,五更分二年”之说。是夜,全家吃过年夜饭,家家户户关上大门,阖家围着火炉守岁。过了子夜十二点,新的一年来临,新年首次打开厅堂的大门,都昌称之为“开财门”。“开财门”的时间有早有晚,大多讲究宜早不宜迟,一般不超过日出前。有些人家为了抢得头财,常常是十二点一到,立即打开大门,并放一串特长的鞭炮,迎财神进门。“开财门”必须是男人,可以是男户主,也可以是其儿子、孙子,不能是女人。“开财门”后,主人是日不能将家里的垃圾扫出门，不能将水泼出去，直到第二天才可倒垃圾、浇水出门，否则就是将财运扫出门。

由于都昌县城人口集中，大街小巷有成千上万家居民，“开财门”的场景比其他零落的村庄更有节日的气势。从子夜至清晨，爆竹声连绵不断，此起彼伏，五光十色的火花直上云霄，驱散了冬夜的寒冷，将天空装点得五彩斑斓、绚丽多姿。

（二）出天方

在都昌，正月初一“开财门”后，晨光熹微，各家各户拜祖年，谓之“出天方”。“出天方”是鄱阳湖畔农村一个历久弥新的传统风俗，至今仍被人传承、延续、发扬。“出天方”极大程度地表达了春节之喜庆、热闹，大年初一的清晨一大早就出了这么一个红红火火的好“方”，为新的一年奠下了一个好兆头。

各地因礼俗不同，祭祖形式各异。在封建社会男尊女卑思想的影响下，“出天方”是男人的专利，女人的禁忌。“出天方”有谒祖和祭神两个环节。

“出天方”前要事先查看历书上所载当年的吉利方位，天还没亮，便要出门并点燃灯笼、火烛，奉香鸣鞭炮。男丁首先拿一封爆竹，点燃五炷香。按照历书新年吉神、财神、贵神方位，各拜三下，以迎喜神到家。再拜不利的一方，以求不利之事远离。每方拜完后，要在地上插一炷香，最后插一炷香在空地正中间，意为东南西北中不漏一尊。此俗为趋吉，祈求神灵保佑一年百事顺遂。

祭神，五花八门，各有所祭。村子的祖上崇敬哪尊神，就敬奉哪尊。有的敬奉关公；有的敬奉屈原、赵公明和杨戬，合称“三神”；有的敬奉龟神；有的敬菩萨。每年的正月初一“出天方”，都给敬奉的神像披红燃炮，顶礼膜拜。

祭神后，大家都聚集在自己家的祖堂谒祖。都昌人民从古至今，一直保持着奉养老人、尊敬长辈、孝顺父母、祭奠祖先的优良品质，祖祖辈辈秉承常念先祖之恩德，谨终思远，做个慈孙孝子的传统美德。谒祖是敬天地之神后的头等大事。各村各房都有自家这一支系的开基祖和近几辈作古的老祖宗。是时，有的到野外瞻拜祖墓，有的到宗祠朝拜祖宗牌位，将祖先牌位依次摆在正厅，陈列供品，然后祭拜者按长幼的顺序上香跪拜。拜祖使得尊祖、敬祖之传统习俗代代相承，家族的凝聚力越来越强，再从对祖先的敬重延伸到对长辈的孝敬，这也是都昌传承得最好的家风。

"出天方"后，全家回屋关门，用扫帚从门口向内扫三下，意为将财宝扫进屋内。

（三）拜谱年

"拜谱年"是都昌民间拜年的重要项目。正月初一清晨，"开财门""出天方"后，同宗同族的房下人便要约好时间集聚"拜谱年"。"拜谱年"一般在祠堂和祖厅进行。过去人少，同宗不同族的各族各房聚集在祠堂里"拜谱年"。"文革"时期，都昌的大小祠堂几乎都毁于"破四旧"。如今，即使留有老祠堂的宗族，由于人丁兴旺，子孙后代枝繁叶茂，祠堂也已很难容纳太多人同时拜谱，便按照房分在各自祖厅里进行，即同一房分的人在自己家祖厅里拜同一房分的家谱。只有族谱大修之年，各族各房才又全部集聚在祠堂中共祭。女人不能参加"拜谱年"，也有人会抱小女孩进祖厅观看，但一般不多见，所以都昌很多女性一辈子都没有亲临过一年一度"拜谱年"的全过程，其过程有：燃炮、谒祖、祭神和上谱。

"拜谱年"仪式庄严隆重，气氛热闹喜庆。正月初一凌晨五六点钟，东方刚泛鱼肚白，就早早地有两人抬着大锣满屋场敲打，寂静的村子在雄浑的锣声中苏醒，家家户户男丁立马换上新衣服、新鞋帽，穿戴整齐焕然一新前往祖厅前的摊场上。家家户户把鞭炮、烟花聚放在祖厅前的空地上。吉时一到，同时点燃，顿时火光冲天，爆竹声响彻云霄。除夕夜的烟花爆竹声，像一条淙淙流淌的河水连绵不断，拜谱年则是锣鼓喧天、鞭炮齐鸣，把黎明前的天空映照得色彩斑斓，如一幅浓墨重彩的画卷。

待鞭炮声歇，所有男丁前呼后拥走进祖厅。祖厅前喇叭高振，播放着新春欢快的曲子。祖厅的香案上摆满了供品，祖宗牌位前点燃香火、蜡烛。香案下面一盆炭火烧得正旺，整个祖厅生机盎然，人人红光满面。桌子前还摆着两个特大的香炉钵，大得足够村子里的人都能插进焚香。

按房分挑选的男丁抬着谱轿从正门走进祖厅。宗族中的长者从轿子中端出谱箱，净手捧出族谱，将之立在铺盖着红布的八仙桌上，然后将谱摊开翻到印有祖宗头像的第一页。

一切就绪，拜谱开始。“拜谱年”的仪式井然有序，长者站在众人最前面，所有男丁脱帽列队站立其后。在这里不分地位高低，不管贫穷富贵，一律按辈分、年龄顺序站立。长者主持拜谱仪式，按照世代祖宗的辈分高喊“某某始祖受拜”，音落，大家对着族谱拜三拜，接着是开基祖受拜，然后是本宗祖宗受拜。拜了远祖前三代后，长者最后统领一句“其他各房分祖宗受拜”，大家又拜三拜。

随后，长者又喊“转身拜天地之神”，大家转过身对着门外拜三拜，长者接着又吆喝“拜土地家公哦”，大家又朝偏西边屋角拜三拜。拜完后，长者就族中有特殊贡献者，有突出成绩者做出一番表扬，鼓励大家在新的一年里以他们为榜样，做出成绩，光宗耀祖。最后，长者还要说些祝愿的话，祝愿大家在新年里万事顺利，身体健康，财源广进等。至此，“拜谱年”仪式才算是结束。

“拜谱年”结束后就要替前一年新添的男丁上谱。男丁上谱，主家要拿烟、糖、红包，由村里的先生将男孩的出生年月、派名、字号等填写在世系表中父亲的名下。

国家实行计划生育政策后，独生子女家庭越来越多，很多只生一个女孩的家庭，女孩也上家谱。因此有一些宗族也顺应社会，对“拜谱年”做出改革，让女子也可参加，但这在都昌并不多见。

“拜谱年”令整座村庄沉浸在其乐融融的宗族氛围中,它不仅仅是烧香拜祖,更多的成了告慰祖先、发扬祖辈优良传统的大讲堂。“拜谱年”这一习俗进一步加深了全村人之间的感情,凝集了宗族情感,延续了香火传承,让族人谨记:割不断的是血脉亲情,叙不完的是宗族情缘。

附:大树龙门吴汝目村折枝求财及赶“焦老鼠”

旧时,东山乡(即今大树乡)龙门大队吴汝目村还保留着大年初一清晨去祖山上折树枝求财以及赶“焦老鼠”的习俗,谓之赶“焦老鼠”。一种说法是:老鼠被人称作财神,此“赶”有赶上之意,所以有赶上财神之说。又一说法是:在命理学中,十二地支之首为“子鼠”。此“子”是滋生的意思,故古人认为“焦老鼠”赶得越多,此人子孙后代将更枝繁叶茂。

吴汝目村“拜谱年”后,男丁从祖厅出来,大家立即去祖坟山祖宗墓前拜祖。祭祖完毕,便在祖坟山上满山赶“焦老鼠”。过去,山上自然资源丰富,生态环境没有被破坏,生物链保存完整,栖息着很多野生动植物,丛林里有一种俗称“焦老鼠”的动物。焦老鼠是松鼠的一种,生活在田地和树林里,灰色的短尾巴,尾巴上有2厘米左右的绒毛。

大年初一一大早,吴家祖坟上,满山绿树丛中都是挥舞着竹篙的男人,他们边叫喊边漫山遍野地追逐“焦老鼠”。平日里寂静的山峦顿时热闹起来,一些躲藏在山洞里、树枝下、泥地中的小生灵被喧闹的人群惊醒四处奔跑。“焦老鼠”成了人们眼中的焦点,一有“焦老鼠”出现,大家一哄而上,整个山峦像沸腾的海洋。在小动物都被赶得杳无踪迹,四处逃窜到其他的山林后,大家才兴趣盎然地回家。下山时,大家都会在祖坟上的柏树上折一段青葱的柏树枝带回家。柏树四季常青,历严冬而不衰,是长寿、不朽的象征。将柏树枝带回家有两层寓意:其一是家中老人长命百岁;其二是农村一般将树枝作为柴火,柴和财谐音,意味着在新的一年里,将财带回家,一年里会财源广进。

（四）出方

拜完谱，再阖家吃早饭，大年初一的早餐一般不吃荤腥，多吃“杂饭”。早餐后，人们在村子里走门串户给长辈、亲友拜年，俗称“出方”，也即拜年。“出天方”和“出方”的意思相同，但对象不同。“出天方”是祭神、谒祖；“出方”则是孝敬身边的长辈和亲朋好友。

都昌“出方”风俗很有讲究又十分有趣。时间从大年初一到十五，日子越早越“加劲”。都昌县城有上午和晚上拜年之习，下午不兴拜年。都昌人在大年初一一般不出村，旧俗的说法是怕新元出门撞上不顺意的事，给整年带来霉运，初二始外出拜年。受旧时男尊女卑传统观念的影响，在都昌，正月初一午时之前，女人是不宜出大门的，只允许男人出门拜年。过去，有的地方还规定女人在正月初七之前不得出门，更不可拜年，以免被“出方”的男人碰见，传说碰见了会给人带来霉运，这都是重男轻女的封建偏见，现在这种传统的旧俗已被打破，女子和男人同等地位。

都昌有句俗话“三十日吵吵骂骂，初一日清清踏踏”。这时，村子里上年没见过面的人见面互相道喜祝贺；有过节的人这时见面也客客气气，团结和睦；债主与欠账者见面也不再言及还款之事。

大年初二开始去村外“出方”。都昌有句老话：“一拜谱，二拜祖，三拜母舅（娘舅）”，还有“天上的雷公，地下的舅公”之说。在都昌人心目中，母舅的地位很高，母舅代表娘家，这也是对母亲的尊重，颇有饮水思源的意味。外出“出方”的顺序一般是：先到家婆家拜年（即新婚夫妇到丈母娘家，老夫妻到外婆家，外甥到舅舅家），拜完这些主亲，再走老师、师傅、姑母、姨母，再是其他亲朋好友、同学同事。拜年的礼品由过去的冰糖、蜜枣发展到烟、酒、果盒、补品。

自正月初二至十五，都昌“出方”者络绎不绝，大街小巷处处红男绿女，家家欢歌笑语。各家也都留有长辈、主妇接待，以免拜年者扑空（都昌俗称“打塌皮”)。每家每户于堂中摆果品盒及土产糕点以迎宾客。亲戚“出方”往往预约好,客至应先“煮茶”,即由主妇给每位来宾煮上一碗荷包蛋面条或鸡蛋肉丸面,同时要留客人吃午饭。至午,主人倾家中所有,摆酒畅饮,漫话丰年。朋友来,也要“烧滚茶”,即糖水荷包蛋。

都昌还有个特殊的传统风俗,如果在过去的一年里家里有人去世,该家庭的子女从初一到初八不可以“出方”。在都昌旧俗中,出嫁的女儿属于夫家的人,生身父母亡故,可以“出方”,但大家一般都认为自己是戴孝之人,也不出外拜年。儿子和儿媳一定不能“出方”,只能待在家里,儿媳也不能回娘家,即使见到熟人也不可以说拜年之类的话,但是外人可以来家拜年。

附:新婚拜年送礼篮

拜年中最有乐趣的要数新婚夫妻首次给新娘父母拜年了。在村子里“出方”后,大年初一上午,新婚夫妻的头等大事就是去新娘父母家拜年。除了时间要尽量早,拜年的礼品也别有一番讲究。一般事先得准备两个特制的长竹篮,竹篮四周贴上大大的红喜字。竹篮里装满拜年的礼品,用大红布盖着,俗称“礼篮”。礼篮里除放一些普通的拜年礼品如糖果糕点,还要给新娘父母家每人准备一双手工布鞋(如今基本是购买各种成品鞋子来替代),鞋里要塞满大大的红枣,寓意“早(枣)生贵子”。礼篮准备好后,还得用一副新鲜的猪肠把两个礼篮连在一起,寓意“常(肠)来常(肠)往”,然后再由新郎和家人用扁担挑到新娘父母家。途中,这对礼篮要尽量保持不落地,如果挑累了,也只能由随行的人互相换着挑,不能把篮子放下歇息。说起这讲究,长辈说是为了表达一路顺利的吉利彩头。另一说法是不能有拖累,常来常往不能停歇。

到达丈母娘家后,新娘父母会邀请家族的长辈及亲戚一起与新人吃午餐,这顿午餐称为“拜年桌”。由于新人首次回娘家拜年,“拜年桌”几乎和年夜饭一样丰盛,菜肴也格外讲究,有很多好彩头的菜名,如甜甜蜜蜜、天长地久等,丰富多样。新婚夫妻还要给长辈和亲戚一一敬酒，并分别给来客送上礼品，来客也常常回赠以红鸡蛋表示谢意。在众多回赠的谢礼中，新娘父母的回赠礼与众不同，除了同样给新郎家人每人回赠一双鞋，还要在回赠的两个礼篮中，分别放上大红鲤鱼和一张小小的渔网，上面再撒些柏树的枝叶，寓意“礼(鲤)尚往(网)来”，四季常青。

随着社会的发展与进步，都昌许多民俗民风渐渐被简化或湮没，但新婚夫妻首次拜年送礼篮的传统却依然保持至今，它充分表现了家乡人民的淳朴情感和对美好生活的无限向往。(陈俊峰)

(五)拜大年

相传，正月初八是五殿阎罗王的诞辰。县城及近郊数乡，作兴为头一年亡故的人拜年，称“拜大年”，也有叫“拜新年”的。都昌人心目中一直认为“死者为大”，习俗之所以将“拜新年”定在初八，是因为初八是个好日子，而将其命名为“拜新年”，是因为是给过去一年新逝去的人拜年，将最好的日子留给逝者，是对故人最大的尊重。

都昌“拜大年”的习俗始于三四百年前，据说当时都昌镇、汪墩、北山、七角(今大树乡)等地的几位乡绅、员外聚在一起商议，觉得过年不能仅是自己快乐，对逝去的人也不能忘却，以勉励活着的人不忘祖，不忘情，因此要定一个日子专门祭奠已故的亲人。大家统一认为应该将最好的日子留给新故的亡人。

这一天特别忌讳，须谨言慎行，不能走亲访友，不能外出，不能去别人家，更不能对路上碰到的熟人说拜年之类的话，最多点头笑一笑。更甚者当天不接电话，以防不知情的朋友打电话拜年。也有的乡镇没有这些礼数，“拜大年”择日而定，有的定在初一。“拜大年”时，一大早，至亲位下、亲朋好友拿着香火、爆竹、草纸和礼包来丧亲者的家中。过去用草纸包好能购买两斤猪肉价格的钱，现在客人自己决定多少。来者首先对着逝者遗像跪拜，丧者儿子穿着孝服回拜。来客吃过点心后,留下来吃午饭,午饭比较丰盛,一般要做酒宴。

等到大年初九,新逝者家人方可以“出方”,顺序按常规进行。

二、元宵节

团圆是中国传统节日的一个重要主题。中国人的尚圆心理和重聚合轻离散的观念是传统节日中团圆主题形成的重要原因。众多的传统节日凝聚着世世代代中国人期盼团圆的永恒情怀。

古书中,正月为元月,古人称夜为“宵”,元宵称为“上元”,其夜称“元夜”“元夕”或“元宵”。每年正月十五是一年中第一个月圆之夜,也是一元复始、大地回春的夜晚,又是庆贺新春的延续,故“元宵”被国人视为一年中第一个重要的团圆节日。汉文帝下令将正月十五定为元宵节,汉武帝时,“太一神”(汉代祭祀的天帝)的祭祀活动定在正月十五。司马迁创建“太初历”时,将元宵节确定为重大节日。元宵有张灯、看灯的习俗,民间又习惯称之为“灯节”,都昌俗称“过灯”。

正月十五入夜,街坊华灯四起,客厅、卧室、厨房、厕所、猪圈、牛栏皆张灯结彩。是夜,家家户户灯火通明到天亮。元宵节还有拎龙灯、踩高跷、猜灯谜、舞龙、赏花灯、舞狮子、跑旱船等风俗。在都昌,拎龙灯是元宵节最盛行的传统项目。

都昌俗语“吃得元宵酒,各事都动手”,元宵节晚餐兴吃“元宵”,元宵即汤圆,是用糯米粉做成的实心或带馅的圆球,可以煮着吃,也可炒着、蒸着吃。汤圆象征着团团圆圆。

(一)拎龙灯

都昌俗语“三十夜更个火,元宵夜更个灯”。关于元宵夜的灯有一个本土传说:很久很久以前,元宵夜是一年一度的老鼠嫁女之夜,老鼠其他日子不宜婚配。老鼠繁衍极快,是夜嫁娶,即日就“生儿育女”,且多子多女,以致鼠疫猖獗,粮食、衣被无不遭老鼠祸害。为了阻止老鼠嫁娶,是夜,黎民百姓在所有角落张灯点火,待老鼠出洞人人喊打,同时满屋场敲锣打鼓,并舞狮子威吓老鼠。自此,元宵之夜张灯结彩,拎灯笼舞狮子的习俗就流传了下来。

晚饭后,大家都到祖厅里“起灯”。首先从祖厅里开始拎灯笼。各族人举着自制的“龙灯”“狮子”到本族及亲戚家。龙灯队前面有两个人举着标有姓氏的小灯笼作为领队,这一年要结婚的男青年抢着举龙头,意为讨拜堂就生子之吉祥。

飞龙进门,据说能令该户人家飞黄腾达。龙灯队伍每到一户,主人就要放鞭炮“接灯”,将龙灯队迎进大门。拎龙头人首先迈进厅堂吆喝:“龙头进门笑嘻嘻,拿把剪刀剪龙须,剪得龙须生贵子,生得贵子穿朝衣,穿得朝衣骑白马,骑得白马做皇帝。”拎龙头的人每吆喝一句,拎龙身、龙尾的人便齐声掌彩高喊“好喔”。龙灯队在屋里楼上楼下各个地方转上一圈后再走,临出门主人要拿烟、酒、糕点、水果和“红包”酬谢龙灯队。待队伍走出门,主人还要放爆竹送灯。

龙灯挨家挨户拎了一圈,最后要收队。收队叫“落灯”,又俗称“下马灯”。都昌人以起灯为喜,落灯为讳,故不能在百姓家里“落灯”,只能拎到祖厅结束,在祖厅前的旷野“下马”。过去,当年拎的龙灯不能留存,就地点燃烧毁,来年又扎新龙灯。所有“下马灯”不得在外村或村民门前的摊场烧,否则会导致宗族纠纷甚至械斗。

龙灯队一般在本族中拎,也有到关系好的外村拎,还有的到出嫁的姑娘家拎,离县城较近的村庄,也会将龙灯拎上街,到同姓的居民家里走一圈。凡是有龙灯入家门,无论是本族还是外亲,无论是贫穷还是富贵,家家都会笑脸相迎,做好迎接的所有事项。

(二)放烟花

自2000年元宵节起,都昌县居民对放烟花情有独钟。是夜,阖家吃过元宵饭,成百上千的居民自发聚集于县城街心花园十字路口的高杆灯下燃放烟花。大家围成一个大圈,中间留出几百平方米的空地,将自己购置的烟花摆放在空地上,有序地燃放。霎时,“嗖嗖嗖”,一束束耀眼的光线飞上天空,“啪啪啪”,那一束束光线突然炸开,金色的、银色的、红色的、绿色的、蓝色的,星星般的花朵向四周飞去,光彩夺目。它们有的像流星徘徊在夜空,有的像菊花傲然怒放,有的像蝴蝶飞舞,有的又似被风吹散的蒲公英,还有的像摇曳多姿的仙女散花,铺天盖地飘洒。此刻的都昌县城上空俨然如春天盛开的百花园。此景持续三个小时左右,这也成为一年中都昌县城最绚丽多彩、热闹喜庆的一夜。

(三)散灯

从古至今,都昌人民逢年过节从不忘记用各种纪念方式表达自己的霜露之思,吃元宵时,要在神位前面燃上两根蜡烛,而元宵节的“散灯”亦是其中独特的一种。是日晚饭前,各家各户提着准备好的供品,到先人坟前“散灯”,为先祖、已故亲人送去元宵节的祝愿。“散灯”时将大年三十下午从新亡人坟上带去的土又带回坟冢,同时,在墓前插上两根蜡烛,点个纸花灯,摆上米粑、水果。花灯通常就是用纸做一个很简易的纸筒,其上用笔写上“大闹花灯”,在墓碑前用四根小树枝撑开插在地上,然后把点亮的蜡烛插入其中。现在集市上一般有制作精美的塑料电子花灯。

(四)赶瘟神

元宵之夜,都昌有的乡村还进行“赶禓殇”的活动。古时候,都昌人将不吉利的东西,如瘟神、妖魔鬼怪、灾异以及不正经的东西称作“禓殇”。禓殇两字暂无从考据,笔者根据民众的俗信与传统做法,觉得这两字较为贴切合理。《现代汉语词典》中对这两字的解释为:禓,古代指强鬼,死于非命之鬼;殇,常用于指重大的灾难、事故。两字组合多为灾难、不祥之意。都昌民众在元宵之夜游神、逐瘟、驱疫、禳灾,即赶走“禓殇”,此举带有浓郁的古代释与道的宗教色彩,也蕴含着古代都昌人民与天地抗争的自强精神。

"赶禓殇"大都以宗族为单位。元宵半夜子时，本族本房的人聚在一起，挨家挨户敲锣击盆巡视。前后有人举着火把，令禓殇无处躲藏。大家一手拿木棍，一手拿脸盆等金属物品，边走边敲；小孩子则拿着小木棍敲打搪瓷杯或者碗。夜幕笼罩的村子，随处可闻一阵阵激烈的"叮叮当当"敲打声，伴着男女老少一声声"呵嘻，呵嘻，赶禓殇哦，赶禓殇哦"的吆喝。

"赶禓殇"必须遵循一定的次序、规定，各村之间都有界定，不得越界。若越界，邻村人便会斥为"把瘟气赶到我边来"，势必惹起争端或械斗。这一习俗如今已渐渐消失殆尽，成了都昌百姓心目中一个久远、神秘又古老的传说。

三、花朝（zhāo）节

花朝节，都昌简称"花朝"，又称"花神节""百花生日""花神生日""挑菜节"。老百姓认为这天是百花生日，值得纪念，故称这一天为"花朝节"。清代蔡云《吴歈》云："百花生日是良辰，未到花期一半春。红紫万千披锦绣，尚劳点缀贺花神。"花朝为二月，但具体日子不定，各乡村按照祖上传统沿袭的日子庆贺。一般是在公历3月，大致在"惊蛰"与"春分"之间。有的地方在农历二月初二过"花朝节"，都昌大部分地区以二月十五为花朝，据说这是与八月十五中秋节对应，称"花朝"对"月夕"。也有的地方在二月初八或初十或十二或二十二过花朝节。

都昌在明朝以前还作兴花朝节。那时，各家做花朝粑，焚香敬花神。妇女不动针线、不扫地、不担水、不出户外活动，以免伤花神；文人多于这天聚会饮酒、吟诗、踏青；花农在这天要在各种花树上粘贴红纸，称为"赏红"，或者把三角小旗插在花盆中，围上彩布，给花祝寿；幼女在花朝节这天打耳洞；农民于田间击鼓，晚上举行张灯赛神的活动。

岁月的尘烟历经千年淘洗涤荡，不知从何时开始，都昌这一传统的节日如行走在天际的云烟，如今已消失殆尽。

四、接春

“立春”是一年二十四节气之首。一年之计在于春，国人历来看重立春，民间习惯把这一天作为春季的伊始来庆贺，久而久之，“立春”就形成传统的节日。同治版《都昌县志》记载：“立春，各备春菜盘陈设天祖前，候时至焚香拜荐。近城者看官‘迎春’，以米豆撒牛背祈禳，鞭春后争取其土以归。”

从古至今，在立春前一夜，都昌无论是县民还是村民，家家户户均会做好迎春接春的准备。每户人家大门口或者窗台上会摆上一棵长势特别好的油菜或青菜，春天来临的那一刻，所有家庭都点燃爆竹，有的地方还按照预先安排好的先后顺序燃放爆竹，一家鞭炮差不多燃尽，另一家接着尾声点燃。那一刻，鞭炮声不绝于耳，像海浪一波连着一波，春回大地的喜庆和喧腾此起彼伏。

都昌民间将农历一年当中无“立春”节气的年份称为“寡妇年”，当年忌结婚、做屋、砌灶、迁居、发蒙（旧时指教儿童识字读书）等。立春这一天，也有一些禁忌，如当天屋前屋后不劈柴、不打桩、不动土，怕惊动了土地神对人畜不利，凡出嫁了的女儿这一天不能在娘家吃饭和住宿，怕坏了娘家的气数。

五、过社

都昌有很多传统节日逾年历岁，有些节日慢慢淡化及至消失。如古代很受重视的“过社”，现在几乎消失。

“过社”即社祭，是古代最重要和最隆重的祭祀土地神和谷神的传统节日，是农家祭社祈年的日子。社节分春社和秋社。春社在甲骨文中就有相关的记载，距今已有两千年以上的历史。一般将立春后第五个戊日叫春社，即立春后

40 到 50 天，清明前 20 到 10 天。立秋后第五个戊日叫秋社。春社接神，秋社送神。过去都昌习惯过春社。

都昌大多数农村在春社节祭供土地公。县城一带祭供的是陶公菩萨（即陶侃），本土流传的傩舞也是为了纪念陶侃，据传都昌曾有桓公庙（因陶侃谥号为“桓”）46 座，香火之盛，仅次于土地神。在都昌民众心目中，东晋名将陶侃逐渐被神化，都昌也是全国唯一一个把陶侃当作神崇拜的地方。据都昌一些耄耋老人回忆，共和国成立初期，都昌还沿袭着“过社”的习俗。都昌俗语：“清明不过社，等着菩萨玩社火”，以前每个自然村都有拾社火的习俗，都昌社火是民间传统庆典狂欢活动。社节当天，大家聚在村子里拾社火，一般两三个自然村共建一个陶公庙祭拜，村村建有土地庙祭拜。

社节祭祀品主要是猪，一般在前一年抽签决定哪家的猪当祭品，据说抽到签的人来年庄稼会大丰收。敬土地神的人，在社节前 30—40 天内不得参与红白喜事，女人和家有孕妇的男人均禁止参加社祭。社祭之前，各家交一斤糯米用以酿酒和蒸饭。是日晨，师公挨家挨户求福。早饭后，大家齐聚社坪、社庙，杀猪蒸饭，烧香化纸，祭拜社神，祈佑风调雨顺，五谷丰登，六畜兴旺。祭毕，人们与土地神共餐同乐。社日忌晾衣、下地劳作、上山烧火、挑柴进寨等。

都昌还有个传统习俗：清明不“过社”，意思就是上新坟得在清明节前半个月，如果在这之后上，则算“过了社”。据传，新坟只有在“社前”上了，捎去的哀思和焚烧的纸币，新亡的人才能收到，否则那就是白上了。据说刚去世的人到了另一个世界举目无亲，难免会孤苦无依，每次“寄”去的“财物”总会被别的孤魂野鬼哄抢，而“社前”估计是冥界的“法定收寄日”，这段时间，新亡的人会期待亲人来探望并“寄”来“钱物”。在“法定”时间所“寄”去的“财物”，新亡人才能悉数收取。但是随着岁月的流逝，“过社”的节日气氛越来越淡。

六、清明

清明节是都昌县民间盛行的祭祀节日，俗称“做清明”。“做清明”作兴“前三后四”，即清明节的前三天至后四天均可扫墓。届时，家家户户做清明粑，备香烛、纸钱、水果、米粑等祭品，去祖坟祭扫。香烛是清明扫墓必备的、最重要的物品，不仅要在先人墓前点燃香烛，旧时候还要奉香给看管墓地的山神土地，祈求山神土地守护好墓地，以佑先人亡灵。纸钱是烧给逝者的，以便他们在阴间有钱花。现在的纸钱几乎印制得与人民币一模一样。还有家具家电、别墅汽车等纸质模型均可以焚烧。

“做清明”可分为“挂纸”和“培墓”。上坟用的是裁剪成10厘米左右正方形的草纸。“挂纸”前，将先人坟墓上的杂草乱枝清除干净，然后将纸一张张铺在坟墓上，用小石头将纸压好，避免被风吹走，俗称给先人的屋顶补漏，为其遮风挡雨。清明时节，坟冢上有人“挂纸”，则表示这个坟是有后嗣的。如果没有“挂纸”，则被认为是无主或者是没有子孙后代的孤坟。现在一般不用小石头压，而是在草纸上插上五颜六色的清明花。一到清明时节，春暖花开，漫山遍野真真假假的花草树木真可谓百卉千葩。

“培墓”又称墓祭、祭扫或上坟，即修墓与祭拜。新坟刚入葬时，一般是圆堆，不建造祭台（都昌俗称“拜垫的”），第二年清明才建造祭台。一般认为，祖先的坟墓和后代子孙的兴衰有很大的关联，富有的人家年年“培墓”，一般的人家除了前三年要“培墓”，其他则视情况而定。“培墓”多利用清明节前夕，将坟上的杂草清除，并加以培土整修。如果墓碑上的字模糊不清，则必须用银朱重新加以描涂，使其焕然一新。年代久远的碑牌上没有后代子孙名字，培墓要立新碑，将后代子孙名字刻上，以彰显子孙繁衍昌盛。

进入21世纪，随着国家将清明节定为法定节假日，都昌人越发重视清明节，绝大多数远在他乡的游子，这一天都赶回家给先人“做清明”。清明祭品花样繁多,各种纸扎的别墅、高楼、家用电器、通信设备、交通工具、存折等应有尽有。整个墓区祭奠的人络绎不绝,坟头上更是花山花海,和青山绿叶交相辉映。为了保护山间林木,预防火灾,都昌实行文明祭扫。南山公墓入口处建造了焚化炉,扫墓期间有武警战士、公安干警执勤,严禁携带香纸、爆竹进入墓区,此举避免了墓区火灾。

清明节期间,都昌学校及机关团体还会组织青少年去烈士陵园缅怀先烈,进行传统爱国主义教育。

七、端午

端午节,都昌又称端阳节,时间为五月初五,是一年中第二大传统节日。从五月初一始,都昌人就开始包粽子。包粽子的工序很多,首先要浸糯米,糯米至少要用水浸泡一晚,然后是洗粽叶、撕粽叶、包粽子。都昌粽子的原材料比较单一,要么是咸的,要么是甜的,里面加点红豆、绿豆或者放点肉。

图 14　都昌糯米红豆粽

端午前一夜,都昌家家户户蒸发粑(面粉发酵制作),煮咸蛋,蒸粽子、蒜头。

一大早，各家门前插上艾条、挂上菖蒲，除饮雄黄酒，还在水缸内、水沟沿、墙边屋角洒上雄黄水、石灰，中午还在室内烟熏苍术、白芷、菖蒲，以驱除蛇蝎、蚊蝇和蜈蚣等，避免瘟疫泛滥。大人还用雄黄酒在小孩额头上写“王”字，并在小孩腰间系香包、胸前挂蛋袋和蒜头囊，以驱邪避瘟。

逢年过节，都昌民众一般是在晚上团圆聚餐，只有端午节是中午聚餐。旧俗中，一般过了正午十二点，人们就把门上的艾条和菖蒲取下来，扔进河里，让其漂走。吃过端阳酒，小孩子用艾叶煎水洗澡，尔后更换新衣，成群结队至湖畔观看龙舟竞渡，俗称“荡节”。农村的孩子多头戴栀子花进城玩耍。以前，在外东湖上，有乡村自扎“龙舟”进行“赛龙舟”，后逐渐消失。赛龙舟一般是临近村与村之间比赛，划龙舟的队员有严格要求，不准外人参与。有些村民争强好胜，比赛过程中偶有犯规之举，往往引起对手的不满，甚至争斗。据老辈们说，乡民之间，除争田执地、越界打鱼捕虾会引起村庄纠纷，赛龙舟也是都昌引起宗族纠纷、村民矛盾的重要导火索。不过，一般情况下大家还是团结和睦。

近几年，都昌有些地方又重温旧时的记忆，将传统民俗发扬光大。2016 年，由都昌县和合乡黎明村委会三房自然村村民自发捐资的两条龙船顺利试水，该村流失 18 年的划龙船民俗活动得以重兴。三房村有 1200 多人，因地处鄱阳湖畔，祖先是渔民，有 200 多年划龙舟的历史。过去每年端午节，该村都会举办划龙船民俗活动，最多的时候有 48 条龙船参加。2016 年，当有人提议重办划龙舟活动时，立即得到全体村民响应，村民自发捐资近 6 万元从浙江新买了两条龙船，端午节期间，在全国各地打工的三房村村民纷纷赶回家里，积极参加划龙船民俗活动。

端午节这天，和合乡及附近乡镇村民慕名来到鄱阳湖边观看划龙舟，现场人山人海。两艘龙船以木雕成，加以彩绘，船身狭长、细窄，船头饰龙头，船尾饰龙尾，上刻鳞甲。除龙头、龙尾，龙舟上还有锣鼓、旗帜或船体绘画等装饰。鼓声响起，龙舟便如离弦的箭，在平静无波的湖面上疾驰而去。湖岸看龙舟的人都大声呐喊，有的还把家中的锣鼓都拿出来敲打助威，更有的年轻人把事先准备好的“连环响”鞭炮挂到树上点燃。一时间，呐喊声、锣鼓声、噼里啪啦的鞭炮声交汇在一处，在湖面上回荡，震耳欲聋。

图15　都昌赛龙舟

此次活动的顺利举办轰动了全县，也激发了其他乡镇村民重振龙舟赛的热情。以后每年端午，都昌县沿湖地区陆续都有划龙船的船队出现，增添了节日的气氛。

八、过半年

都昌大部分农村保留着“过半年”的习俗。“半年”是相对于大年三十而言的。尝新、敬天地神是“过半年”主要节目。旧时，黎民百姓靠天吃饭，风调雨顺便五谷丰登，天地大灾则粮食歉收，民众就衣食难保，生活困苦。农历六月初一，麦子收割完毕，夏种也基本结束，正是农事稍闲的一段时间。作物新获，人们尽情享受夏收的喜悦与欢乐，紧张劳累的心情也得到了放松，于是人们选择在此时进行庆贺，感谢上天神灵及祖先的庇佑与土地神的赐予等，都昌称之为“敬天地神”。

六月初一这天，人们便把新打的稻谷机成米粉，做成米粑以“尝新”。从时间上推算，农历六月三十应为“半年”，但根据地域不同，祖上沿袭下来的“半年日”有定为六月初一也有定在六月初四的，暂无史证。

湖边一带有这样一个传说，光绪年间，都昌瘟疫流行，死人无数。一位老神仙指点，说只有过了年瘟疫才能停止。时值五月，为让瘟疫结束，人们便于六月初一这天提前过年。此后相沿成习，于六月初一这天“过半年”，以求免灾。不过，有的地方并非每年六月初一都“过半年”，也有的地方将“半年”和社日并在一起过，比如苏山乡过半年就叫“坐社”。

都昌“过半年”也要吃团圆饭，一般定在中午，热闹重视程度几乎和春节一样，在三汊港、阳峰一带尤为隆重。三汊港镇尹家村“过半年”非常热闹。是日，外出打工者、求学者尽可能回到家里，中午，整个村子沉浸在节日的气氛中，家家户户张灯结彩，贴上门神对联。年饭酒席更是水陆杂陈，应有尽有。半年酒和年夜饭除了酒宴时间不同，最大的不同是大年三十一般是自家人团圆相聚，外人不可以来家里过；而“过半年”是邀请的外人越多越热闹，谁家邀请的客人多，谁家面子大。每年六月初四，平日人声鼎沸、热闹繁忙的三汊港镇大街，家家户户店铺紧闭，以往川流不息的人群无影无踪。原来，他们都被尹家村好客的乡亲们邀请到家里“过半年”。在三汊港工作生活的人，无论是外乡还是外县的，无论是上班的还是经商的，只要是他们的熟人朋友，都会被热情好客的港头人邀请到家里喝酒吃饭。还有的外来人认识很多乡民，同时被多个老乡邀请，谁家都不能推辞，只好挨家挨户走一圈吃流水席，有时候熟悉的人多，要连着跑十几家。他们都被好客的乡亲们感染，跑得再多，喝得再多，大家都兴高采烈。

乡亲们对学校的老师尤为尊敬，如能将自家孩子的老师请来家里“过半年”，那是极大的荣幸和快乐！

九、天贶节

都昌有句俗语：“六月六，日头晒得鸡蛋熟。”六月六，在民间被称为“天贶节”“翻经节”“姑姑节”。“翻经节”的说法起源于唐代，相传高僧玄奘从西天（印度）取佛经回国，渡海时，经文被海水浸湿，于六月初六将经文取出晒干。所以，六月六也是寺庙里的僧人晾晒经书的日子。这一天还留下了乾隆皇帝“晒龙袍”的传说。据说乾隆皇帝在扬州巡游时遇上大雨淋湿了衣服，又不便向老百姓借衣服，便只能等雨过天晴将衣服晒干后再穿，而这一天恰好是六月六。“晒龙袍”的另一种说法是，皇宫内于此日为皇帝晒龙袍，此风俗传入民间后，家家户户都于此日在大门前曝晒衣服。

天贶节的民俗活动虽然已渐渐被人们遗忘，但有些地方还留有余风。梅雨时节，光照奇缺，阴雨绵绵，雾霭重重，到处都很潮湿，食物容易变馊、霉烂，衣服也湿漉漉的，衣柜里、抽屉中的衣物都发霉长斑。六月初六一般为公历的七月上中旬，这个时候，江南的梅雨天已经结束，谓“出梅”了，天气炎热，进入三伏天。每到六月六清晨，家家户户便翻箱倒柜，把棉衣棉被、冬衣秋衣倒腾出来，刷去霉点，放烈日下曝晒。是日，凡是空旷的、见阳光的地方，各种衣物箱柜罗列，铺天盖地，五颜六色，煞是热闹。在农村，竹篙是晒衣物最常用的工具，墙壁靠上两根高高的竹叉（带枝杈的竹子），一根根竹篙上穿满了衣物，像羊肉串一样。除晒衣物，书籍、字帖等各种容易霉烂的物品也在晾晒之列。

六月六，都昌还有一种传统乡俗——在木器上刷桐油。以前塑料、铁质产品很少见，床、桌椅板凳、水桶、脸盆、脚盆等家庭生活用品基本是以木质为主，使用时间长了，慢慢会干裂、开缝。每年六月六，都昌人就会将家具曝晒后请师傅重新涂上几遍桐油，让桐油渗入干透的木质肌理，木缝处还要涂石灰，防漏防腐烂。随着社会进步，旧物品逐渐被淘汰，木质生活用品被轻便的塑料产品取代，刷桐油的习俗也渐渐消失。

十、中元节

农历七月十五为中元节，都昌民间流传着“七月半，鬼乱窜”的俚语，所以又名“七月半”或“鬼节”。俗传七月初一这一天，阴间的鬼门关大开，死去的人可以回家探望，逝去的亡人魂魄回到阳间家中居住一段时间，当年去世的“探亲假期”短一天，七月十四魂魄便要返回，其他魂魄均在七月十五返回阴间。故中元节祭祀活动自七月十四始，七月十五结束。中元节这天，都昌千家万户作兴将“发粑”供于亡灵像前。是夜，“烧包袱”送先人出门。“烧包袱”是当日祭奠逝者的重要形式。

包袱从折到烧有一系列严格的规矩。首先用白纸糊一个像信封样的大袋子，将草纸叠成条状装进去，不能将草纸弄破，否则就是破钱。将包袱封好口，用草纸叠成一厘米宽的细条，折成环状提手粘在包袱上。最后用毛笔写封面，包袱的文字是直排的，从右到左各列内容为：

第一列：中元胜会之期虔备冥资成×封（即：中元节鬼魂胜会之期虔诚准备冥界纸钱并打包成多少封）；

第二列：上奉××（即：恭敬地奉送给××）；

第三列：故××收用（即：已经故去的×××老人收用）；

第四列：孝××祀（即：阳世孝人××祭奠）；

第五列：天运××年××月××日叩化（即：农历跪拜焚化的日期）。

包袱皮背面的交合处应写上一个大大的“封”字，以表示封口，其他鬼魂等不得随意拆看。每位先人的包袱为一担（两袋）。

包袱准备完毕，傍晚前在家门前、村头、路口或者墓前焚烧，烧的时候敬酒肴、果品等。将一担包袱互相撑立，两个环状提手间用一炷香串起来，然后点香，燃爆竹。子孙后代对着包袱跪拜，拜祭要分先后次序，依次为：父亲、母亲、长男、长女、次男、次女……祭拜时嘴里念叨："某某祖宗，拿钱去用哦，祖宗还缺么得，托梦来哈，请祖宗保佑屋里大大细细顺道、平安哈……"

旧时候，"烧包袱"还得另外烧一卷纸钱，用白纸包好，写上"挑夫专用"。"挑夫"即阴间的"邮递员"，如果没有挑夫，冥钱是无法送到的，所以要付给挑夫劳力费。另外，还要在村头、路口、郊外烧些纸钱，给无家可归的孤魂野鬼受用，称为"烧无名钱"。人们视此为做善事，多叫小孩去做，小孩子边烧纸边念叨"孤魂野鬼，领受钱财"等语。

包袱烧着后，不能随意拨动火焰，传说拨动了，钱就随风飘走了，祖宗收不到。旧俗在中元节这天，出嫁之女不得回娘家，亲戚朋友不得登门拜访，小孩禁忌夜晚出门玩耍，怕沾上阴气。

十一、中秋节

农历八月十五，古人认为这是一年中月亮最圆的夜晚，是为中秋节，俗称"团圆节"，又称"八月节"。中秋节的来历无确切记载，一般认为与先民对日月星辰的崇拜敬仰有关。"中秋"一词，最早见于《周礼》。据史籍记载，古代帝王祭月的节期为农历八月十五，恰逢三秋之半，故名"中秋节"。直到唐代初年，中秋节才成为固定的节日。都昌人将中秋节看得很重，仅次于春节，人生中很多大事都选择此吉日进行，如订婚、结婚等。

都昌中秋节传统食品有麻间月饼、芝麻爆米"打糖"。这晚，皓月当空，全家坐在庭院或阳台上，摆上板栗、毛栗、月饼、柚子、大栗、芝麻爆米"打糖"、菱角等食品，边吃边赏月。小时候常听大人们说，月亮不出来不可先吃食品，先吃了就会被月亮家家用宝剑割耳朵。月亮出来后，要先拜蟾蜍公(月亮公公)，月饼要先敬供蟾蜍公。

中秋之夜，月上枝头，村里的孩子们欢天喜地地拿着发饼和麻间饼来到空旷的摊场上排成一排，对着月亮跪拜，齐声喊道："月亮家家，呷饼哦。"小孩子们在摊场上边玩边唱着童谣："月光家家，保护伢伢。肯长肯大，好做买卖。买卖赚钱，捉只奶猪嘚好过年咯。"年幼的孩子，在零食点心匮乏的年代，几乎没有能控制馋欲的。想起小时候的自己，左顾右盼总等不来月亮家家露出笑脸，于是就躲在黑暗中，偷偷掰下一点饼屑塞进口里，或是伸出舌头舔一舔。偷吃的代价就是提心吊胆了一整晚，生怕睡着了，月亮家家把自己的耳朵割下一块来。临睡时，用枕巾或被子把耳朵包得严严实实，清晨醒来第一件事，便是摸摸自己的耳朵。这种掩耳盗铃的行为，一下便让大人知道自己偷食了月饼。不过，在记忆中，母亲总是说是她一整夜没睡觉，守在我身边，抵挡了月亮家家的宝剑，所以耳朵才没被割下来。那会儿觉得娘的身边是世界上最安全的地方，更觉得自己的母亲特别英勇伟大，比月亮家家还骁勇，比宝剑还厉害。

都昌人时兴一年送三节，中秋节是其中必不可少的一节。临近中秋节，女婿要给丈母娘、外甥要给母舅送节。送节的礼品，旧时是月饼、发饼、冰糖、蜜枣。如今，送节的礼品丰富多彩，但月饼一成不变。送节的食品不可以白吃、白拿，晚辈送节了，长辈得"回盘"，"回盘"的东西比较简单，心意到了就行。

1949 年以前，都昌在中秋节还有拖磨、铲缸瓦片、烧太平窑等习俗。

(一)烧宝塔

"烧宝塔"是都昌中秋节的习俗之一，又叫烧瓦子灯、烧花塔、烧瓦塔、烧番塔。《中华全国风俗志》卷五记载，江西"中秋夜，一般孩子于野外拾瓦片，堆成一圆塔形，有多孔。黄昏时于明月下置木柴塔中烧之。俟瓦片烧红，再泼以煤油，火上加油，霎时四野火红，照耀如昼。直至夜深无人观看，始行泼息，是名烧瓦子灯”。

据传元朝末年，人们为了反抗残暴的统治者，于中秋起义时举火为号，后演变成“烧宝塔”。据上高村村民介绍，自元朝开始，都昌北山乡徐中市上高村便有“烧宝塔”的历史，而且一直延续至今。旧时，“宝塔”约为1米高，由土砖和瓦片搭建而成，比较简单。2016年中秋前夕，上高村4位村民花费了一天时间，将土砖和瓦片搭建成2.3米高的“宝塔”。“宝塔”建在祖厅门口，村民以稻草和白酒为燃料，耗费的白酒在4箱左右。“烧宝塔”仪式开始时，两伙村民轮班，每一伙由3人组成，先用稻草烧，到了一定程度再浇高度白酒。当白酒淋上去的时候，火势也越来越旺，附近都弥漫着酒的香味，整个“宝塔”呈现出红色，象征着红红火火。

图16　烧宝塔

（二）烧太平窑

“太平窑”是搭在地上的圆筒窑，它用一只只烧瓷器时垫底的圆瓷渣饼搭成，圆圆的瓷渣饼象征圆满，层层垒叠意为太平。每年中秋节，景德镇人会用烧太平窑的独特方式庆祝佳节。众所周知，景德镇的瓷业工人将近70%是都昌移民及其后代，制瓷业有名的“都帮”几乎遍布景德镇整个烧窑业和圆器业，他们也将景德镇的这一风俗带回了故乡。都昌最早来景德镇的“甲子团”，是南峰、芗溪一带的村民，这些村子地处鄱阳湖之滨，人多地少，十年九涝，谋生不易，离景德镇却只有一日路程，所以大多数人迁徙到景德镇做工。这些瓷业工人每逢中秋，大部分返回故里与家人团聚，在家乡中秋之夜，也不忘烧太平窑以保生意兴隆，出行平安。渐渐地，南芗万一带也开始烧起太平窑，此风俗延续了几百年。1949 年以前，都昌县芗溪乡余村在景德镇有三十几个（陶瓷）作坊，所以烧太平窑的传统在这个家族特别重视并代代相传。每年中秋节一大早，都昌县芗溪乡余姓家族的老少就忙活起来。旧时，太平窑是用圆瓷渣饼搭成，由于当地没有瓷窑，大家就找来砖块，一块块地垒成圆形的大窑。太平窑一般三四尺高，垒得好的有一丈多高，为圆柱形，底部直径有一米多，越往上垒，直径越小，这样就不容易倒塌。这边忙着搭窑，那边忙着准备柴火，而妇女们也没闲着，她们忙着备好晚上团圆的饭菜。夜幕降临，大家把柴火放进窑内，窑内顿时红彤彤一片，全村人围着太平窑祈祷，祝愿大家团团圆圆、红红火火，场景十分壮观！

近些年，随着不少人进城和年轻人外出打工，村子里这个习俗慢慢淡化了。2015 年，村民们觉得还是要把老传统继承下去，于是该村村民相约今后每年中秋聚集在家乡重烧太平窑。是日，无论是远在千里之遥，还是身在故土的余家子孙自发建筑太平窑。中秋之夜，太平之火又熊熊燃烧。老传统回来了，大家围着火窑畅谈在外打工、创业的感受，交流各自的事业发展情况，互帮互助，互慰互贺。夜已深，太平窑里的火烧得正旺，酒桌上的村民依旧把酒言欢。烧太平窑，让原本疏远了的乡情拉近了，浓浓乡情随着太平之火重回余家子孙心里，照亮了全村，永不泯灭的乡情充盈着身心！

十二、重阳节

古人以九为阳数，农历九月初九日月并应，故称“重阳节”，都昌也有的地方称作“同阳节”，因秋高气爽，适宜登高望远，又称“登高节”。此时，秋菊漫山遍野，花香正浓，故还称“菊花节”。1989 年，国家将这一天定为“敬老节”。重阳节早在战国时期已开其端，在汉代比较兴盛，到唐代正式定为节日。都昌旧时关于此节的记载不多，1949 年以前，读书人常于是日结伴登高赏菊，饮酒赋诗，今少见。都昌民间次日有吃酒糟的习惯。

20 世纪 90 年代后，都昌县老干部局及机关团体关爱老人，常于这天召开座谈会或茶话会，组织退休老人登高娱乐或举行门球比赛等，丰富了老年人的生活，提高了老年人的地位。

十三、冬至

冬至是农历二十四节气中一个重要的节气，早在 2500 多年前的春秋时代，我国已经用土圭观测太阳，测定出了冬至，它是二十四节气中最早制订出的一个，时间在每年的公历 12 月 22 日或 23 日。和立春一样，冬至也被当作一个传统节日，冬至俗称“冬节”“长至节”“亚岁”等。

都昌民间常于这天婚嫁、砌灶、建房、迁居、修坟、迁墓等。冬至这天，家家户户做米粑、年糕、杂饭（都昌传统食品，用泡饭加蔬菜一起煮着吃）。冬至吃年糕，取年年高升之意，图个吉利，讨个好彩头。此外，都昌老百姓还讲究冬至进补。冬季是保养、积蓄能量的最佳时机，适时进补，能更好地发挥食材、药材的作用，提高身体的抵抗力。冬至过后，天气进入最冷的时期，还有不少地方在冬至这一天有吃狗肉和羊肉的习俗。

旧时，冬至日是都昌民间敬师、拜师的重要节日，各书院、学院和私塾特别重视此节。冬至日，学生向老师行礼，并宴请老师，同学之间相互交拜。

冬至祭祖是中华民族传承了数千年的传统，都昌对冬至祭祖的重视程度几乎和七月半一样，人们均以祭祖酬神为大事。是日，各姓大宗祠杀猪宰羊，陈设祭品,恭行祭礼,酬谢社稷神恩和祖先;各家也或上坟祭祖,或在家设祭,俗称"冬祭""挂冬至""揽冬"等。遵循都昌习俗,清明节可以修坟不可以迁坟,冬至前三天后四天还可以迁坟。过去,有的人家觉得祖坟的方向和位置不好,影响后人的和睦、财运、学业、仕途,便请风水先生重新选址迁葬,也只有冬至这一天才可以动坟迁墓,其他日子均不可。

都昌还有"冬至大似年"之说。春桥乡凤山黄帮本自然村600多年来就一直保持着这样的传统习俗。黄帮本黄家是理学世家,自宋末至明代,诗书传家,人才辈出,一个村子出了43名进士。"朱门四友"之首黄灏就出生于此。旧时,村子里很多人为朝廷命官,平日公务繁忙,即便过年,也是皇命在身,难得有假期全部集聚老家过年,而血缘亲情又让他们时时思念、惦记故土。于是,他们相约每年冬至公务不太繁忙时,抽空回家和亲人团聚。因此,村民就把冬至作为一种重要的节日延续至今。

冬至前一天,黄帮本自然村门前池塘开禁打鱼,一年当中只有这一天该村的池塘才开禁。如今,冬至当天,该村大部分在外工作的人员回家团聚,祭拜先祖,村民家家户户做好美味佳肴款待亲朋好友,整个村子沉浸在节日的喜庆之中。

十四、腊八节

腊月初八定为腊八节。关于"腊"有种说法,腊就是"猎"。远古时代,人们的食物来源主要是靠原始农业和渔猎。年终岁末,农作物都已收割入仓,田里也没有多少活计。每到这个时候,闲下来的人们便组织起来到野外去狩猎,用猎取来的禽兽和收获的农作物敬报百神,感谢祖先的佑护,并以此祈求来年风调雨顺,农事丰收,人畜兴旺发达。这些隆重的猎祭盛典大都安排在农闲的农历十二月进行。因此,我国农历中的最后一个月份就俗称"腊月"。到了秦汉时期，腊祭活动就基本固定在十二月初八了。佛教传入中国后，关于释迦牟尼成佛的传说逐渐与腊八节联系在一起。后来，为了纪念佛祖释迦牟尼得道，寺院僧侣和佛门弟子就在每年十二月初八这一天用当年收获的粮豆瓜果煮粥进行供奉，这就是“腊八粥”。除了供佛，寺院还把腊八粥施舍给众人。

俗话说，“进了腊月的门，就闻到了过年的味”，过了腊八就是年。迈进腊八，就拉开了欢庆春节的序幕，也意味着很多平常不能干的事情都可以干了，比如讨债、辞退工人等。人们紧了一年的发条也能松一下了，可以好好盘算一下大年怎么过，还有什么需要准备的。

图 17　法师布施腊八粥

都昌各地进入腊月初八，家家户户就着手准备过年的食品，腌制腊肉、红鱼，有的农户还酿制米酒。真正让人们感觉到年节的氛围也是从腊八节开始的。腊八节这一天，家家户户做米粑，熬腊八粥一般在初七晚上便要着手准备，将适量的大米、糯米、花生、红豆、黑豆、绿豆、桂圆、红枣加冰糖用小火熬煮一夜。

每年腊八节，都昌水月庵、莲花寺、大神庙等寺庙的法师便会率领众弟子将亲手熬制的腊八粥，在都昌县城北门路口、西街、街心花园等人流量大的地方布施。

十五、小年

腊月二十四日，俗称“小年”，又称“小岁”“小年夜”，是相对大年三十而言的。因地域差异，各地过小年的日期不尽相同，都昌大部分乡村在腊月二十四日过小年。

都昌作兴从腊八起，家家户户就开始大扫除，直到小年才扫除完毕。故，小年又称“小除”，是年前最后一次全面打扫家中卫生的日子。是日，各家各户掸扬尘灰，俗称“扫尘”，又称“扫房”“扫扬尘灰”，主要是将家里进行彻底清洁，做到窗明几净。女人们要清理箱柜，还要晾晒家里的床单被子，将窗户玻璃、灶台以及家里的角落擦洗得干干净净，除旧迎新，祛除不祥。

小年夜还要祭灶君，即送灶君上天。灶君，又称灶神、灶王、灶王爷、灶君菩萨等。祭灶前，凡是生火做饭有炉灶的人家都要请灶神，即将灶神神像供于神龛内，或将灶神贴纸贴于厨房锅灶上方的墙上，以便一揭开锅，灶王爷就能看到锅里的东西，让灶王爷品尝民间百味，了解百姓疾苦。

都昌民间还有一种说法：小年是小孩的年，又说是小孩挨打的年。相传小孩子不懂事，口无遮拦，恐到大年时说些不吉利的话，所以在小年时，大人严厉教诲，嘱咐其过大年时不可乱说些忌讳的话。以前的老人还会扭一个禾秆在小孩嘴里擦一下，意为小孩的嘴脏，难免说些不干净、不吉利的话，大人替其擦干净。其实，小年之后，小孩真要是违了规，大人一般是不会打孩子的，毕竟童言无忌嘛。

小年过后，家家户户开始购买年货、爆竹烟花，着手准备过大年。在农村，农民不再从事农活，上门给人干活的石匠、木匠等手工艺者以及在外打工的人员都停下手头的活。1949 年以前,窑户、老板辞退帮工也选在这一天。是日,老板备好酒席,请将被辞退者上座,帮工便心知肚明,不用开口,以免尴尬。这一天,妇女们在家里炒爆米、芝麻做糖糕、酥糖、薯片等土特产品,家家户户喜气洋洋,沉浸在迎新年的气氛中。

十六、大年

大年三十是中国人最重要的节日之一。阴历腊月三十(小月为二十九日)是一年中的最后一天,是日,人们洒扫庭院,沐浴更衣。都昌人民的大年三十包括"过年"和"辞年"两部分。"辞年"都是在除夕夜。"过年"的日子有所不同,都昌人过了腊月二十四,天天都有人家过年。大年三十及除夕夜,都昌民众遵循着祖祖辈辈流传下来的各种习俗。

是日,家家户户忙得不亦乐乎。主妇们一大早就准备食物,准备当天祈福祭祖的祭品和年夜饭。男人们则要挑水、劈柴、喂牲口。吃过中饭,男人和小孩子们则忙着贴门神、贴对联、挂年画,前后大院、灶房、鸡窝、猪圈都要张贴春联和门神。过去,村子里的先生们下午最忙。摊场上摆上一张八仙桌,摆好笔墨纸砚,学生在旁边静静研墨,村民们早早捧着红纸排起了长队,等着先生写对联。满腹经纶的先生针对来客即兴编写对联,一副副龙飞凤舞的对联摊放在谷场上晾干,火红火红的一片映出村民们笑意盎然、质朴的脸庞,过年的喜庆充斥了整个村子。待各家各户领回自家的春联,即开始为年夜忙碌。

都昌贴春联非常讲究,一般在祭祖的时候贴,而且贴了之后,家里的水就不能往外倒了,也不能将家里的垃圾扫出去。要债的人也要在欠钱的人家没有贴春联前去要账,贴了春联,天大的事情也要等到明年过了初七再说。

(一)除夕

除夕,又称"大年夜""除夜""岁除",是大年三十的晚上,即春节前一晚。

“除夕”含有旧岁到次夕而除的意思，明日即另换新岁。

1. 团年

大年三十下午，都昌各家各户男丁去祖先坟墓上“辞岁”，又称“团年”。辞岁时，人们在祖先坟墓前先摆好大鱼、大肉、糯米饭，再倒一杯白酒洒在坟墓前，接着燃烧纸钱，点燃香火，燃放鞭炮。之后，长辈在前、晚辈在后依次下跪，两手扶地，恭恭敬敬磕三个响头。接着，长辈向祖先“汇报”一年的生产、生活情况，并求祖先保佑来年风调雨顺、五谷丰登；保佑全家老小平平安安、财运亨通、幸福安康。如果亡人是当年新逝，“团年”临走前还需在新坟上抓一把土，用纸包好带回家，放在神龛下，待元宵节“散灯”再带回坟头。

过去，去坟上“团年”，只能男人去，女人不能去，现在男女平等。

2. 还年福

大年三十傍晚时分，各户将盛有猪头、猪尾巴、猪心、猪脚、鲤鱼、全鸡、白酒之类的“福礼盆”端到祖厅、神龛前祭奠。猪头此时要叫“承福”，在“承福”正中插一根筷子，猪头、猪尾巴、猪心、猪脚象征着一头整猪。然后，集体燃放烟花爆竹，称作“还年福”，意为感恩神灵的赐福。

“承福”的制作有一系列工序。家家户户先将“还年福”用的猪头洗净，烙去猪头上的毛发。然后在灶膛里点燃柴火，锅内放上满满一大锅清水，把整个猪头小心翼翼地置于锅中的甑里，盖上盖。待锅里的水烧开几分钟后，便把猪头捞出来备用。此时的猪头似熟非熟，色泽红润，光滑如镜，油光可鉴，香气扑鼻。

傍晚时分，祖厅摆上大磬，点粗粗的蜡烛，彻夜通明。族里提前安排好村民通村打锣叫唤：“还年福咯。”是时，小孩陆续拿着灯笼、爆竹、纸香走向祖厅。吉时一到，家家户户都端着神福盆去祖厅祭祖，托盆里摆着蒸好的猪头（没宰猪的用一条肉代替）、一条鲤鱼（不去鳞、不扯腮，只把内脏掏干净）、一只线鸡（只把内脏掏干净)、一碗饭、一盅酒、一把菜刀、两根大蒜、一把筷子,并将猪、鸡、鱼贴上红纸。饭碗里插上一根筷子,猪头上插上一把刀。大家把神福盆都放在祖宗牌位前的桌子上,然后烧纸上香。当全族的人都到齐了,大家全体跪拜。高辈年长者列前排,后面子孙层层叠叠伏地一片,一拜天神,二拜地公,三拜列祖,依月数拜,闰月加一拜。此时,如山呼万岁般浩荡。无论子孙天南地北,一年数载不见,但只此一聚便心心相连,宛如一家。大年的“还福”就有这种无以言表的凝聚力。

祭拜后,先敲罄再鸣爆竹,大家都搬出最长的爆竹燃放,震耳欲聋!往往在这个时候,大家心里都在暗暗较劲,鞭炮响得最久、声音最大的,都是赚到钱的主,或是升官了或是生子的,自然要显摆一下,当然也有比较低调的。爆竹鸣过后,祖厅前大地上红艳艳一片,全村来年红红火火。

3. 关财门

“还年福”后,大家各自回家吃年夜饭。年夜饭开席时大放鞭炮,爆竹声越长、越亮,越吉利。爆竹声一停,各家立即将大门紧闭,俗称“关财门”。关财门后,合家吃团圆饭,辞年酒宴不请外人参加,都是自家人一起过。团圆饭的菜名也颇有讲究,称骨头为元宝(吉祥如意),称鸡爪为“拿钱手”。除夕夜吃剩的年夜饭,留放的时候,有的人家习惯在菜盘上摆放一根大蒜。

财门关上后,不能开,小孩不能跑出门,更不能推开他人家的门,否则会把别人家的财运漏出来。年夜饭结束后,小孩可以到外面放烟花爆竹玩耍,出门的时候,不可以打开大门走出去,必须从耳门或后门出去。除夕夜,一般是自家人聚在一起守岁,偶有串门的,但一般不从人家大门进,多从侧门进,现在不兴。

4. 守岁

都昌有句俗语“三十夜更个火,元宵夜更个灯”,前半句说的就是大年三十夜里,家家户户要烧一盆旺盛的炭火。都昌作兴用火盆、熏桶、坐桶烧火取暖。

旧时,有的人家烧不起木炭,就从山上砍树桩来烧。吃完年夜饭后,一家人围着火盆烤岁火,这晚的岁火要烧旺,意为旺人、旺财。这时,大人给小孩发压岁钱,也有成年子女给老人发压岁钱。这晚小孩睡觉叫"享福",大人们则要守岁。守岁时,一家人和和睦睦,述说往事,畅谈新年打算。古时守岁有两层含义:年长者守岁为"辞旧岁",有珍爱光阴的意思;年轻人守岁,是为延长父母的寿命。至半夜时,都昌还作兴吃一碗糖泡鸡蛋羹。如今,中央电视台年年举办的春节联欢晚会,让人们在守岁的时候又平添了许多乐趣。

(二)过叫花子年

对旧时期的穷人来说,过年就是"过难"。穷苦人家看着大家红红火火、热热闹闹、大鱼大肉过大年,自己家却捉襟见肘,无米下锅。特别是欠债的人家,为了躲避"阎王债",携妇带雏离乡背井,在荒郊野外风餐露宿。还有的穷人,衣食难保,靠要饭过日子,临近春节,乞讨回乡,无颜见父老乡亲,但又思乡情切,只能躲藏在荒郊野外远望故里,蜷缩在田间地头过大年。此习俗便是由这些穷人流传下来的,慢慢地被人称为"过叫花子年"。

在都昌,仍有少数乡村沿袭着"过叫花子年"的传统习俗,他们在田间地头用吊罐煮饭过年。除夕之夜,全族男女老少携带食品,到田间地头聚餐。他们点起火把(后用马灯、煤油灯、手电筒等)照明,在地面挖个坑烧柴生火,坑上支起铁架,上面吊个顶罐,顶罐里熬上食物。他们席地而坐,一边吃,一边熬食物,有点类似火锅。在田间吃过年饭后,人们把碗盆摔碎,以示后人不忘祖先的疾苦。

据传大约200年前,都昌县大树乡龙门大队吴汝目村曾有个叫吴名山的桶匠,平日里专门替人打制木桶、蒸笼等。他憨厚老实、面子薄,在家乡常年替人干活却经常收不到工钱,生活越来越拮据,只得背井离乡去外地谋生。这一年,又到大年三十,流落在外的他思乡情切,又无颜见父老乡亲,便趁着天黑来到村口的地坎下，缩在草丛中，瞭望村口的灯火，听着乡亲们的爆竹声，孤寂地度过了除夕夜。第二天，吴名山带着卑怯的心理再次远走他乡。因为勤劳、憨厚，加之手艺娴熟，他得到了安徽一个富商的信任，专门聘请他制作家具。几年后，小有名气的吴名山有了钱并成了家，在背井离乡十年后，他终于在临近春节时携妻子还乡过年。当走到曾经躲藏的地方，他思绪万千，决定大年三十全家老小在田塍过年，并在餐后把锅碗瓢盆就地摔碎，寓意旧的不去新的不来，促使后人来年多赚钱购买新的炊具，让后人不能忘记祖宗贫穷的历史，更期望子孙后代不能依赖祖宗的财富度日。

汪墩乡喆桥居委会湾里段家也有在田塍地坎过年三十的习俗，其来源是段家祖上有一个叫花子，靠要饭过日子，临近春节，乞讨回乡，羞于回家，就在村外田塍地坎躲了一宿。

（三）过早年

吃年夜饭是绝大多数地方的习俗，但是都昌也有的地方习惯“过早年”，即在大年三十的早晨吃年饭。都昌阳峰乡阳峰村委会侯家山自然村将这一习俗延续至今。侯家山坐落在阳储山南麓，三面环山，一条 5 米宽的河顺势而下。每年腊月三十的早晨大约 4 点钟，侯家山村上空就炊烟袅袅，薄雾浓烟让整个山村笼罩着一层诗意。屋里洋溢着一派热闹喜庆的景象。主妇们在灶下准备年饭，传统的木甑蒸着香喷喷的米饭，丰盛可口、多彩诱人的年饭令人垂涎三尺。大家伙边吃边等天光。他们吃年饭的过程和习俗和年夜饭一样。

据当地老人讲，以前村里人都很穷，经常会找条件好些的邻居、亲戚借钱借粮，但借了有时无法按时偿还，债主没办法了，就在年三十上门要债。为了避免大年三十有人上门要债，有些人就把年夜饭提前到大清早吃，等到要债的来了，年饭也吃完了，不再担心受到打扰，可以慢慢和债主周旋。日子久了，吃年早饭就成了固定的风俗习惯，一直延续到今天。

还有的说法是图个“早起早发财”的兆头。芗溪乡刘家眼村紧靠鄱阳湖，是个传统的渔村。靠山吃山，靠水吃水，自古以来，村民就靠捕鱼捞虾为生，故祭祀河神历来为村民最隆重的事。这里过年的习俗，有其湖边村落的独特性。正月初一早晨，全村人聚集在湖边的摊场上吃早饭。届时，家家户户早早在摊场上摆好酒席，酒席非常丰盛。吃饭之前，大家在长辈的引领下，对着鄱阳湖水拜三拜，然后才点燃爆竹开席。吃过早年饭，早上8点大家聚在摊场上放鞭炮，俗称“出日”，类似其他地方的“出天方”。

（四）子夜过年

正如俗语所说，走一乡要问一俗，都昌很多地方习俗相同，但是有的地方依然保持着自己村落的特殊风俗习惯。有过早年的，也有过夜年的，即差不多在大年三十子夜时分才开始吃年夜饭，边吃边等新的一年来到，他们认为这可以从年尾吃到年头，意味着一年到头都有吃有喝，丰衣足食。

第四章 禁忌俗信

一方水土养一方人，一方人创造一方文化，俗信也毫不例外。鄱阳湖深厚的水文化孕育了质朴的都昌人民，创造了传统又独特的风俗民情。过去，因为科技不发达，人力往往难以改变自然力量带来的天灾人祸。突如其来的变故，让脆弱的生命充满许多未知的变数，也让人们在生产、生活中有过许多幻想和期待，甚至寄希望于神灵和上苍，以求生产风调雨顺，生活平平安安。渐渐地，这些祈求也形成了约定俗成的俗信和禁忌。

民间俗信为人们生活经验的积累，大多具有原始信仰和迷信的成分，有些俗信甚至直接来源于原始信仰和迷信，是生产、生活常识片面甚至歪曲的反映。但是同原始信仰和迷信相比，俗信没有虔诚的仪式，没有严厉的后果制约，对社会或个人没有或较少有有害成分。一般来说，俗信大致分为起积极作用的和起消极作用的两大类。但是，也有相当一部分俗信身兼二用，既有积极的一面，又有消极的一面。还有一些看似迷信的东西，其结果却正是人们所期待的。比如一些根据客观自然因素推测的传统理念，如“三十年河东，三十年河西”“恶有恶报，善有善报”等。还有一种情况，由于群体的社会性差异而产生的许多俗信，只对某一社会群体起作用。如，渔民和匠人都有许多特别的禁忌和讲究，这是他们强化群体性特征的方式方法，从而形成了他们在群体范围内的评价标准，即行业俗信。在民众生活群体中，类似的情况很多。民间最传统的俗信就是“兆头”，是对事物产生的某些迹象和预示。

有俗信必然有禁忌。民间禁忌是人类普遍具有的文化现象，属于风俗习惯中的一类观念，建立在共同信仰的基础上，主要是指一社群内共同的文化现象，既指“神圣的”或者“不洁的”“危险的”一类事物，又指言行上被“禁止”或者心理上被“抑制”的一类行为控制模式。禁忌的由来大体有四个方面：对神灵的崇拜和畏惧，对欲望的克制和限定，对仪式的恪守和服从，对教训的总结和记取。

禁忌讳莫如深，无处不在。过去，乡民的禁忌很多，人的身体发肤、言谈举止、婚丧嫁娶、生老病死、衣食住行，无不受到它的无形制约。这些禁忌，用现在的眼光看，有的属于迷信，有的则是经验和教训的总结，有的类似道德规范和礼节，有的则属于崇拜和纪念。禁忌大致可分为生产禁忌和生活禁忌。

第一节　禁忌

本书在其他章节也提到了不少俗信和禁忌，除前后文提到的这些内容，都昌人民在日常生活和生产中还有很多禁忌，现归纳分述如下。

一、生活禁忌

（一）对女人的禁忌

旧时，都昌对嫁出去的女儿禁忌特别多，究其原因就是根深蒂固的封建思想决定了女人地位低下。也应了那句老话：嫁出去的女儿，泼出去的水。女儿嫁出去就是外人。

1. 都昌有"宁让人停丧，不让人成双"的俗语，意指嫁出去的女儿和女婿回娘家不可以同房，尤其是家里有儿子、儿媳，更是禁止女儿女婿在娘家一起居住，夫妻双方在娘家的亲戚家做客，也不可同房。据传同房后会弄得娘家不干净，将给娘家、亲戚家甚至整个村庄带来厄运。传统观念认为，自家本是一块风水宝地，女儿女婿在自家的风水宝地上同房，如果怀孕生育，那么自家宝地上的果实被外人收走，而主人只是抱了一个空壳，徒有其名。遇到夫妻不得不留宿，只能分房睡。

2. 在都昌，家家户户子子孙孙清明节都要上坟扫墓祭祖，但出嫁的女儿不能回娘家扫墓。有的地方，如果父母去世了，头三年只能是女婿或者外孙回来烧纸，说女人烧的钱是破钱。农村人认为嫁出去的女儿是外人，若家里有儿子，娘家人更不愿意女儿回娘家上坟，怕别人说娘家没有人。只有娘家无儿子的人家，姑娘才能回娘家扫墓。另一种说法是：担心祖宗保佑了女儿家，让外人把自己的好运气带走了。父母亡故，墓碑上也只能刻上儿子、孙子的名字以及儿媳妇的姓氏，女儿的名字不能刻在娘家的墓碑上，都昌人普遍认为“女儿不是传后人”。也有的地方，出嫁的女儿父母去世，头三年清明可以回来扫墓，三年后就不可以。

3. 都昌大的祭祀活动，女人都不可以参加。比如大年三十下午去坟前跟祖宗辞岁，傍晚在祖厅“还年福”，初一“拜祖年”“拜谱年”，元宵节散灯等，女人只能远离现场。

4. 女人经期不可以祭祀和参加葬礼，不能进寺庙烧香拜佛。都昌俗称不干净的东西为“淖溺”，认为月经是“淖溺”，会给先人带来晦气。

5. 旧时，女人正月不可以出门拜年，也不能去娘家，只能是丈夫带着孩子去家婆家。有的地方还规定，正月初一至初七女人不可以“出方”。现在不忌。

6. 沿湖一带的渔民，清晨出湖打鱼，出门第一个见到的是女人，会立马掉头回家，当天不出湖。说是遇见女人兆头不好，会有翻船的危险。

7. 孕妇被称为“四眼人”，关于孕妇的禁忌更多：孕妇不能吃公鸡、螃蟹、兔肉等食品；凡邻里有喜、丧之事，不宜到场观看；不许到婚礼的场合看新娘，否则以后新婚夫妇家会产生夫妻不睦、婆媳不和等家庭矛盾，就会认为被“四眼人看破”了，归罪于孕妇。孕妇更不许到葬礼现场祭奠，迷信的老人觉得，孕妇参加葬礼，胎儿容易被邪物或者不干净的东西冲了喜，而事实上不让孕妇参加喜庆活动，无形中保护了妇女及胎儿的平安。孕妇还被禁止走夜路、爬高、举重物。

8. 人们普遍认为寡妇的命硬，克夫克子，是扫帚星，不管哪户人家办喜事，寡妇都不能去参加，更不能见到新郎新娘。农村还有一句俗话：“寡妇不夜哭”，意思是说身为寡妇不能在深夜里哭泣，要是哪个寡妇在寂静的深夜里一个人悲伤地哭泣，不管是什么原因，都会被周围的人猜测：这个寡妇是不是想男人了？

或是被某个男人欺负了？过去，丧夫的女人连哭都有限制。

9. 结婚不得请寡妇或再婚的女人做“扶身娘”和媒人。做“扶身娘”的女人一定要公婆双全、父母健在、儿女双全。

10. 都昌现在很多农村家庭，老人去世了，女儿女婿花钱最多，当儿子不但不花钱，有的反而还赚钱。出嫁的女儿要请喇叭班子、洋鼓洋号乐队到场，有几个女儿就请几套乐队和戏班子，比着吹打。戏班子是现场点歌，由女婿们掏钱，还互相攀比，谁点的歌越多，花的钱越多，面子越光彩。丧礼中，“哭丧”的是女人，磕头和端灵的是儿子，若死者没儿子，宁可让外侄或内侄端灵，也不让姑娘和出嫁女端灵，出嫁的姑娘连给死人烧香的香灰都不能扫。女人还不能送老人灵柩上山，出殡时女人送殡至半路就要返回，人们认为若女人在死者坟墓旁看见棺材入土下葬，以后死者家里的人就会只生女儿，不生儿子，家族就不兴旺发达。

11. 凡是男人挑东西的扁担和挑草头的千担，女人是不能从上面迈过去的。

12. 女人的衣服不能叠放在男人的衣服上面；女人不能坐在男人衣服上面。

（二）婚嫁禁忌

新人依照传统婚俗举办婚礼，其实有一些禁忌是要注意的。

1. 结婚之日，新娘出门时，嫂嫂不能相送，因为“嫂”与“扫”同音，有“扫帚星”之说，不吉利。新娘出门的衣服忌有口袋，以免带走娘家的财运。

2. 婚礼未举办完毕，任何人皆不可坐新床，新娘更不可躺下，以免一年到头都病在床上。

3. 新娘结婚当天必须穿新鞋，寓意将旧物丢掉。

4. 新娘出门时，必须要佩戴耳环，以示听话，没有打耳洞的可佩戴夹耳环。

5. 新人的长辈如有已去世的人，在敬茶的时候，应在他（她）应坐的位置上放上新人敬的茶，敬完茶后顺便移一下凳子，再让下一位就座。

（三）日常禁忌

1. 都昌传统习惯，探视病人只能在上午或者晚上，下午不能看望病人。

2. 拜年、送喜礼只能在上午或晚上，丧礼则不论。

3. 上一年丧亲的人，不过正月初八，不能出门拜年。孝子女、孝媳妇不可以穿孝服、头戴孝麻进别人家门。

4. 有丧事的人家，来年新年不可以贴红对联，第一年贴白对联，第二年贴蓝对联，第三年才可以贴红对联。

5. 人去世后，要派人给至亲位下“把信”，“把信人”所带的雨伞要放在门外，不可以带进主人家。主人煮了点心，“把信人”一定要吃光，不能剩，如果用现金代替点心，也不必推辞，一定要接收。

6. 过去款待师傅，师傅要客气一番，不能盯着好菜吃，鱼肉只能夹一块吃。桌席上，师傅不吃，徒弟不能伸筷子夹菜。徒弟要在师傅放碗筷之前停下吃喝。逢宴请，父子不同席，师徒不同席。饭桌上吃饭，要一手端碗，一手拿筷子，手肘不可以支撑在桌子上。

7. 家里建房，大门不能对着别人家的屋角。万一对着了，必须用八卦凸镜对着尖角煞的位置在大门上摆放，这样能辟邪。

8. 在外面去世的人，尸体运回村里时不能进祖厅，只能在外面搭棚子办丧事。

9. 忌提药串门。

10. 忌跟医生说再见。

11. 忌乱倒中药渣，要倒在大路上让千人踩，万人踏，驱病出门，托人消灾。

12. 忌用桃树当柴烧。

13. 忌男人说话女人插嘴。

14. 忌女人上桌吃饭陪客。

15. 男人的衣物忌跟女人的衣物一块洗。

16. 六人同桌忌坐“乌龟席”。“乌龟席”即两人对两人，一人对一人的坐法，这被认为对客人大不敬。

17. 每个月的初一和十五是上庙的日子，不探亲，不看望病人。

18. 忌在“寡妇年”（农历年中无“立春”的年份）结婚。

19. 忌捡上衣、帽子之类的物品回家穿戴。

20. 忌送伞。

21. 忌就身补衣服。

22. 忌小儿衣服晾晒在外过夜。

23. 忌别人坐或踩踏自己的衣服。

24. 忌触碰祭祀神器，女人更不可如此。

二、生产禁忌

（一）捕捞

鄱阳湖孕育了灿烂的都昌文化，同时也孕育了都昌人饭稻羹鱼的生活生产方式。都昌渔业生产习俗从远古走来，已有两千多年的历史。长期以来，湖区人民不但沿袭了自古以来的传统捕捞习俗，而且随着生产实践，积累了丰富的经验，并不断加以改进发展。人们与湖同呼吸、共命运的岁月里，根据季节、水性、地域，总结出许多与“渔”有关的生产生活禁忌。

都昌将捕捞称为“牵鱼”，作业区沿袭约定俗成的习惯，或某地区公有，或某村公有，严禁外地、外村人入内捕捞，即使是至亲，也只能捞三天“客水”，否则将导致械斗。因捕捞方式不同，作业区亦有不同，一般是能拉网处，就禁布钩放卡子。冬季湖面水位下降，鱼类集中于老港，则需共同商定捕捞时日。时日一到，或鸣锣或响铳，有份捕捞人等应声入港，谓“开港”，此前绝不允许擅入。都昌渔家禁忌“猫”“兜”等字眼，因而连“锚”亦改成“拿鱼”，菜刀亦改称“发码”，树桩、柴草等兜网之物也忌直呼其名，统称“屑得”。吃鱼、煎鱼不许翻鱼身。渔民不得翻卷裤脚。出湖的时辰若遇手里拎着东西的男子，便为喜兆“不打空水网”。渔民清晨忌乱说话，尤忌出湖时撞见女人，故渔村妇女早晨多主动在家回避。渔民将江豚，尤其是白鳍豚视为最不吉祥物，出湖捕鱼时，忌讳见此物。

（二）水运

自古以来，都昌以“江湖之滨，水陆之会”“江山清壮”“鱼米之乡”闻名于世，水运作为古代最主要的交通方式，贯穿于人们的生产生活之中。在科学技术落后的年代，很多船民在生产生活中只能听天由命，日积月累形成了独特的与水为友，与水抗争的生活模式。

船民出航谓“开头”，正月首次“开头”，宜贴“三湾九曲随舵转，五湖四海任舟行”“龙头生金角，虎口吐银牙”等吉祥联，尔后鸣鞭炮起锚。行船下水走大流，上水走缓流，俗称“上走滩，下走湾”。相遇时，上水让下水，倒风让顺风，小船让大船。狭港险滩，前船未过，后船严禁超越。靠码头顶流靠，风力大于流力则顶风靠，不错规矩，在港船只即能礼让。船家都恐翻舟溺人酿成不幸，因此特忌开船前后说“翻”“沉”等字，盛饭不说“盛”，而称“添”；饭后忌架筷子于碗上，认为碗犹船，筷即箸，“箸”与“住”音近，“住船”即停滞不前之意；如将某物翻过来，应称“顺过来”。其他禁忌也很多，如：韭菜应叫“快菜”，筷子应叫“顺风”；遇风不顺，有客商出言，老板即应之“大将军八面威风”，并照常“开头”；女人上船忌走船头；碗忌倒置，筷子忌放碗上；早饭前忌说话，有事头天晚安排好；带伞上船忌乱放，伞头应对船头等。造新船时，木工忌将血滴在船板上，一旦沾染应立即刨掉；忌将钻头断在船板内；中心线区内忌钉钉。遇船出事，需请造船工换过船梁，并杀鸡祭梁，俗称“关过船头”。出大事故还应将船拖上岸重弹中心线（不维修也得如此），表示船已重造了。

（三）垦伐

山林历由村落姓氏管理，平时封禁，任何人不得擅取一草一木，违禁者除没收偷伐之树木、柴草及砍伐工具，还得受到经济上的处罚。至冬季草木枯萎，各村商议间伐砍柴的时间，谓“开山”。间伐俗称“散椏”，定刀定人，按刀、人、权属分类；割茅草则由各家自请亲戚帮工，多割多得。砍伐竹木，另由专人进行，他人不得擅自砍伐。

（四）养猪

农家建猪栏应朝南，忌朝东，认为“栏门向了东，十栏九栏空”。小猪出栏，养主提食桶，用溲勺敲打，口中作唤猪声，以祝顺遂。杀年猪希望出血块，并将猪血煮熟切块，分与左邻右舍，亲戚家还另送猪肉一刀，以共享欢乐。

第二节　俗信

一、生活俗信

俗信原来在古代民间传承中曾经是原始信仰或迷信的事象，但是随着社会的进步、科学的发达、人们的文化程度的提高，一些迷信事象在流传中，逐渐失去了原来的神异色彩，失去了神秘的力量。人们在长期生产与生活的经验中找出了一些合理性，于是把这些事象从迷信的桎梏中解放出来，形成了一种传统的习惯。这些传统习惯，无论在行为上、口头上或心理上都保留了下来。

经过多年扫荡封建迷信之后，仍然有许多俗信依旧带着相当浓重的神秘色彩，在生活中“合理”地延续了下来，而且都昌当地民众也从来不把它们当作封建迷信加以排斥。在这里，民间俗信作为一种千百年传袭下来的习俗惯制和生活经验，总是以它一定的“合理性”作为传承依据。这里的“合理性”源自民众最现实的人生态度和观念，源自他们最朴素的价值标准：是非、曲直、黑白、对错、善恶、美丑、真假、好坏、正邪、顺逆、吉凶、祸福等。民众的俗信观念都和他们的人生命运息息相关，命运是民间俗信观念最基本的主题，趋吉避凶、祈福躲灾、除恶向善是民间俗信最起码的价值取向和追求，这几乎是人类远古时期原始俗信固有的文化内涵。

（一）图腾崇拜

都昌农村宗教基本上处于原始宗教状态。宗族不同，派别不同，不同的姓氏家族流传下来许多具有个性色彩的地方神，每个村子都有当地百姓崇拜和祭祀的神和仙。比如：观音、中如来（释迦牟尼佛）、左药师（药师琉璃光王佛）、承文公、陶桓公(陶侃)、张巡、许真君等。在众多的神仙崇拜中,土地神是最为普遍的。

1. 土地家公

都昌人称土地神为土地家公。旧时的都昌,几乎有人聚居的地方就有祀奉土地神的现象存在。无论是县城还是乡村,几乎到处可见石砌的、木建的小小土地庙,里面供奉着土地公、土地婆,香火还挺旺。相传土地家公的生日是二月初二,得道升天日是八月十五,旧时,官民这日都会到土地庙烧香奉祀。如今,每到初一或十五,走在大街小巷,突然就见路边角落的一个墙壁里冒出一缕青烟,便明白这是一大早有人来拜土地家公。

图 18　都昌土地庙

土地家公因神格不高,且为基层信仰,其庙多半造型简单。简陋者于树下或路旁,以两块石头为壁,一块为顶,即成。也有以水泥或砖块简单砌成的小庙,一些大庙也有在殿堂中设有地方土地神位者。“文革”时期,土地庙曾被视为“四旧”,大部分被捣毁。随着改革开放及强调信仰自由,重建土地庙的势头蒸蒸日上。土地庙小的一般一平方米,大的也不过三四平方米。土地庙里面的摆设很简单,只有香案、烛台、供品。庙里正前方筑一个台子,上面摆着一个香炉钵,下面有烧纸的陶钵。正台上一般铺一块红布,就算土地家公的神位。都昌有个老规矩：砌建土地庙，一般都是请年事已高，不再从事手艺的老师傅做，因为手艺人造了土地庙，就不会再有人请盖房子。土地庙前通常还会张贴对联，如“土中生万物，地内出黄金”。旧时，都昌县城吴家街土地庙前的对联很有意思：“你一街许多笑话，我二老总不作声”，颇有些看尽人间冷暖的意味。

土地家公虽然“官”不大，但管的事却不少。辖区内凡婚丧喜事、天灾人祸、鸡鸣狗盗之事都要操心，而且土地神一副慈祥老翁的模样，与人较为亲近，所以人们喜欢向他吐露心声，向他祈愿。

土地庙者，一村之寄托，心灵之荫庇。土地神守护着这方美丽的土地，也守护着这一方的五谷丰登。土地家公信仰寄托了都昌劳动人民一种驱邪、避灾、祈福的美好愿望。

2. 过果送驾

都昌民间俗称的“过果”，分“过大果”和“过小果”。医学上称“大果”为天花。天花是人体内迸发出的病毒性疾病。这种病在以前非常危险，稍有不慎，就有性命之忧。在小孩“过大果”期间，家长小心谨慎，“过大果”者十有八九脸上会留下麻子，死亡率也比小果高，但因为“过大果”的较少，所以农村不搞“送驾”仪式，仅“过大果”孩子的家长请扎匠扎小型船、马、轿几件器物，自己家敬香、泡茶、跪拜和“送驾”。

都昌人将患麻疹称为“过小果”，县民非常重视小孩“过小果”，认为这是人成长中的大事，主要还是因为旧时医学水平不发达，医疗技术落后，“过果”期间没有照顾好，会危及生命。百姓只有仰仗天意，祈祷神保佑孩子平平安安顺顺利利。虽然比“大果”危险性小，但是麻疹传染性极强，村里只要有一人得，就可能蔓延到全村的小孩，因而“小果”是全村村民共同防患的瘟疫，通常兴师动众全村动员，举行“送驾”仪式。

小孩“过果”不能叫“过果”，称“做新妇嘚”。“过果”期间，家里要保持干净舒适，不能说污言秽语，全家不能吃鱼肉等荤腥食物。家里人不能吵嘴打架，夫妻不能同房，违反了任何一条，都对小孩有危害，求“爷爷”（神）的保护也就不灵。如有些事非做不可，必须敬茶上香跪拜，向“爷爷”请示。

“过果”期间，小孩子不能乱跑、乱跳、乱吃东西，或玩青叶类的植物，头上要盖毛巾，不能受风寒。小孩不能向池塘里扔石头，说是“爷爷”的船在塘里，砸破了船就要损小孩。大人要在熏桶里长时间地不断烧檀香，一天敬三次香。老百姓在家里安上“爷爷”的神位，旁放香炉钵，便于插香。小孩的母亲和嫲嫲换上干净的衣服，洗干净手脸，泡杯茶摆在杌子上，然后跪拜、敬香，求“爷爷”保护小孩平安。

都昌苏山乡袁如岗村就有“过果”送驾的俗信。村里如果有小孩“过小果”，村里公家便在祖厅的上堂前设京堂，中堂前设黄堂。京堂只有几个为首的人进去，请道士布置好，安上花格子门，并将门锁上。黄堂稍微自由些，若是此时村里死了人，只能放在黄堂里封殓，京堂不能用。

京堂安排专人守候，清早打鼓收兵（指神兵），晚上打鼓放兵（老辈说能听见车马铃声）。“过果”的小孩不多就小送，人多就大送。大送时，请扎匠做一两个月的工，有种生（“过小果”的人）家赞助（猪、船、马，轿），也有其他村民资助，这些器物都用红纸条写上××助。村里公家扎的有：凤凰掌扇、万民伞、金瓜钺斧、虎豹狮象。村民助扎的有大船（内有娘娘床、鞋，两边有摇船者）、昆仑山、摩天岭、凤凰山、唐僧师徒取经、八宝山等，这些物品扎得五彩缤纷，琳琅满目，栩栩如生。

看好“送驾”的日子，前一天将扎好的器物在祖堂前从上到下两边摆满。在种生家助的船马轿猪等器物面前点好灯，用做好的米粑供着，并点上香。晚上请道士做道场，凤凰掌扇插在中间祖宗牌位的两边，掌扇前面放一张桌子，桌子上放一把椅子，掌扇在椅子脚两边，椅子上放一个斗（里面有米），斗内竖一个长长的绿色纸牌，纸牌中间写着长长的一行字（神的名字）。纸牌后面竖一顶万民伞。道士做完道场后，再唱船歌，一边打鼓一边唱，船歌唱完后就做“恒清”。天将亮时,有一伙对事行的人帮腔,一直到天亮。

早饭后,“送驾”正式开始。首先到种生家“过房”,一个人拿着火钳夹着种生家烧好的瓦片,并在瓦上倒上白酒,夹着瓦片到种生房间转一圈,打锣的、打鼓的也随之在房间过一下。后面道士一手拿着锡杖,一手拿着桃、柳枝,走一步停顿一下,朝空中挥动柳枝驱赶一下,意将小鬼赶出房间。在种生家房间走一圈之后,道士用手将公鸡脖子掐断,用碗装着鸡脖子上滴下来的鲜血,将鸡血洒在所有器物上。过去,由于医疗条件落后,难免有在“过果”中病逝的小孩,村里人认为,“过果”死去的小孩,是跟“种果的爷爷”走了,家里人唯恐他永世不能投生,这时做娘的就要哭着扯破扎的纸船,意将小孩抢下船。祭完后,打爆竹动身“送驾”。

“送驾”队伍排列有一定的讲究:首先有人鸣锣开道,接着是扛彩旗、金瓜钺斧、虎豹狮象的人,再分别由两人抬小船、马、轿、山、大船,然后是两人抬着匡阜先生(纸扎的坐在轿子里的人,传说是给种生看病的神医)、神牌位、万民伞、凤凰掌扇。然后,由一人提着一桶水,跟着一个提茶壶的人,两人配合一路洒水,口中并叫唤“起水好走船”。再后面跟着道士,如果全村的孩子都痊愈,道士则披着红布,如果有孩子遭遇不幸,道士则不披红。最后是锣鼓队。

全村一两百人的队伍浩浩荡荡,肃穆又神秘。袁如岗村“送驾”一般送到彭埠桥前头的蔡阳桥止,有的送到杨岭桥,然后在鄱阳湖港汊的岸边烧香,打爆竹,烧纸钱,同时把所有扎制的器物烧掉,“送驾”就算完毕。

后来随着医学条件的改善,小孩子出生后普遍要打防疫针,“过果”的人极少,“送驾”的习俗也就消失了。

3. 灿天灯

“灿天灯”的仪式在都昌沿湖乡村信众甚广,和合乡、周溪镇等很多村庄均建有敬天灯的神庙。“灿天灯”是一种道教信仰仪式,是纪念天灯道人的一种民间活动。天灯道人,又名燃灯道人,即佛教中的燃灯古佛,都昌人称“天灯公公”，都昌“灿天灯”主要仪式有度灯、接圣、拜忏、竖灯等程序。

图 19　老曾村“灿天灯”

周溪老曾村大约每五年举办一次“灿天灯”活动，全村男丁自愿捐款筹集活动经费，每次活动是从农历八月十五中秋节开始，活动持续一个星期左右（因民间认为燃灯道人的生辰为农历八月二十二）。所有活动都是由男人参加，男丁右臂戴着红袖套，举着印有姓氏的大红旗，小孩子举着小红旗，年长者头上戴着黄色的锦帽，抬着纸糊的人、桌子等供品，大家敲锣打鼓，吹唢呐、小号，走向天灯庙祭拜。沿途村子的人还放鞭炮、礼炮助兴。“灿天灯”后，全村搭台唱戏持续几天时间。村民通过这种传统方式祈求“天灯公公”保佑国泰民安、风调雨顺，保佑村民身体安康。

4. 被窝煞

“被窝煞”，是都昌传说中的一种妖魔鬼怪，在冬季的深夜，此煞伺机迷晕大人，摄去百天内婴儿的魂魄。

过去，寒冬腊月的夜晚，总有一些婴儿突发高烧，大汗淋漓，全身衣服被汗湿透，严重的孩子前囟门、双眼窝凹陷，同时面色发绀、呼吸困难，出现抽搐、昏迷、呼吸衰弱等症状，甚至会窒息身亡。幸存活下来的也多留下癫痫、智力低下、肢体活动不便等后遗症。旧时候，民间传说这是因为孩子带了“被窝煞”，过不了“被窝关”。为了避免这种祸患，旧时，新生儿一落地就要请算命先生根据生辰八字算带不带“煞”，带不带“官司”，犯不犯灾星，如果算出孩子命里带“被窝煞”，则要破解。

过去，破“被窝煞”的方法很复杂。算命先生算好“被窝煞”的时间。是夜，孩子母亲带着婴儿离开平时居住的床铺，搬到另一间房屋住。孩子父亲、爷爷等男人守在原屋内，床上和平时一样铺放被子。将一只仔鸡的翅膀绑上，以免鸡乱扑腾，把仔鸡放在平日孩子睡的地方，露出鸡头，仔鸡身上盖厚厚的棉被。准备好后，关闭房间的灯光，算命先生和大家则静静地坐在床边守候，此时，寒冷阴暗的房间里不能有一点声音和光线，大家聚精会神地盯着床上。深夜，如果仔鸡发出呼呼的闷哼声，并不停地扑棱，就证明煞来了。一会儿鸡没有动静了，大家可以开灯查看仔鸡。等大家掀开被子看仔鸡时，仔鸡口鼻流血死了，证明破了“被窝煞”。如果是夜，毫无动静，仔鸡第二天依然鲜活，则说明煞没来，第二夜又要接着守，直到仔鸡死了为止。有的家庭为了守“被窝煞”，可真是煞费苦心，一夜一夜地熬啊守啊，有的家庭甚至熬上半个月、一个月，才达到目的。

其实，用科学的方法来思考，“被窝煞”的说法肯定是迷信。孩子窒息而死有两个元凶：一是婴儿在冬天睡觉时穿衣过多，造成大汗容易导致脱水晕厥；另则，父母睡觉时不小心把被子盖住婴儿的鼻子，婴儿难以翻滚挣脱，以致窒息身亡。而仔鸡死亡，也是因为翅膀被捆，又蒙上厚厚的被子不得动弹，被被子蒙住窒息而死。但是，过去的劳动人民没有太多的医学知识，日常生活中遇到很多疑惑，只能求助于神灵破解。随着医疗技术的发展，婴幼儿患小儿肺炎的现象大为减少，幼儿窒息身亡的现象几乎没有，“被窝煞”在农村地区也不像过去那样耸人听闻了。如今，“被窝煞”的说法几乎彻底被摈弃了。

5. 鱼祭

都昌鱼祭由来已久，是都昌人民世世代代流传下来的传统图腾崇拜方式。都昌鱼祭分为五祭：“一祭出鳞（林）、二祭鸬鸟、三祭亡魂、四祭渔具、五祭禁港开港。”

一祭：出鳞祭。渔家子弟成年后，初登船捕鱼学技，叫“出鳞”，渔家备上三牲果碟、茶叶、米等，子时过后对着上苍祈祷，向着水面叩拜，祈求始捕学技之人，出入江河湖泊安全，太平无事多打鱼。

二祭：鸬鸟祭。鄱阳镇管驿前、高门刘氏等世代都以“咬鸟”（即鸬鸟，学名鸬鹚，俗称鱼鹰，渔民用它来捕鱼）维持生活，其他地方也有此俗。每年正月与七月都要举行一次大的敬神爱鸟祭祀活动。外人与女人都不得参与，更不准看。祭祀一般是在凌晨之前（没有天亮），头天准备好一只已装扮好香案的祭神船，用布封盖，第二天子时过后进行祭祀。敬神爱鸟仪式是由渔民聚集在江河湖泊边，凝视祭船，点上蜡烛、香纸，摆上三牲供品，同时将禾秆扎成小把，放在祭船船头垫板上焚烧，把烧物推入水中，爆竹。随后，渔民们顶礼叩拜，送上祝福，祈求雏鸟长大，保佑来年汛期多咬鱼，咬大鱼。接着，祭船上还备有艺人敲打船篷，口里“呵呵呵呵”，念声不断，一直延续两三分钟方止。直到天亮，祭祀才算是祭祀。

三祭：祭在水上捕鱼遇难者。过去鄱阳为了祭祀在水上遇难者的亡魂，都有“起水牢”的习俗。具体做法是：请道士立在水边诵经，鸣奏乐器，备好纸扎水宫、水牢以及虾兵蟹将，点燃香纸、蜡烛，焚烧纸扎的物件，鸣爆竹，叩拜，祈求亡人来生不再在水中遇难。此习俗是由渔家五祭之一祭亡魂演变而来。

四祭：渔船渔具祭。渔家新船“上腊”（打造船舷，重视程度同“新屋上梁”）及下水，置换新网、新钩等新渔具都要举行祭祀活动。这种祭祀同样有男女偏见，女人不能跨“腊木”，跨船头，跨新渔具，也不能参与此祭祀活动。新船、新网、新渔具下水都要披红挂彩，请湖神上座，请酒欢庆，摆上香案并鸣放爆竹。

五祭：休渔祭。渔民自捕鱼以来，不但懂得捕鱼而且更懂得休渔（休养生息）。每年春季（初春）过后至当年深秋，或初夏至冬末，渔民们都会在涧河湖泊各水域段，定时禁河禁涧，休渔60—70天，并商定好违规捕鱼的处罚方式。在此期间，任何渔民都不得擅自在所禁区域进行捕鱼。待鱼儿静养肥大，届时才能开禁（开河开禁）获取丰收。渔民们为了渴求好的收成，因此在禁河禁涧之际，都备好香案进行祭祀，禁时许愿，开时还愿。如遇鱼汛好，还要打醮放河灯还愿，求得来年收成更好。

上述的渔五祭是传统的渔民习俗，有的渔村或渔区全祭，有的地方由渔民根据自己的作业方式局限祭。中华人民共和国成立后，这些祭祀习俗少了很多，现在渔民早已抛弃过去靠天吃饭、靠神庇佑的思想观念，转而相信科学，关注气象预报，将灾害与危险降低了到最小，只有禁河禁涧这种符合生态保护和可持续发展战略的习俗仍在延续。（沈义汉）

（二）风水信仰

1. 祭网仪式

靠山吃山靠水吃水，淳朴的都昌人民大多以水为生。鄱阳湖冬捕是一种世代相传的捕鱼方式。都昌县周溪镇坐落在鄱阳湖边，村民世代都以捕鱼为生。沿湖流传着许许多多关于鄱阳湖捕鱼的故事。其中周溪镇花桥村委会湖下咀村一直沿袭着开湖祭网的仪式。渔民们通过“祭湖开网”“拉网捕鱼”等方式，展现原汁原味的鄱阳湖捕捞技艺，让都昌人民近距离感受这一延续千年的渔猎生产方式，传递了“思都昌之源、传千年文脉”的鄱阳湖水文化精神。

周溪镇花桥村委会湖下咀村已有七八百年历史，世世代代以打鱼为生。每临鱼季，他们便选择一个晴好的日子，把家中的大网取出，由年轻人将网运到湖洲上组装起来，在湖边举行隆重的祭网活动。他们用自己独特的虔诚的方式祭祀湖神、唤醒渔网，奉拜天父地母，保佑万物生灵永续繁衍，百姓生活幸福安康。

祭网这天，鄱阳湖边人山人海，全村男女老少齐动员，周边村子观看助兴的人摩肩接踵，川流不息，大家都等着盼着祭网仪式开始。吉时一到，在推选出来的祭网主持人的指挥下，十几位小伙子把几十张大网一字排开铺在湖滩上，摆成长蛇阵，然后娴熟地把大网一节一节地连起来，在大网中间镶上四块木牌，木牌的正面请当地的书法老艺人写“开网典礼”四个大字，木牌反面写“一本万利”。所有的渔网结好后，主持人提着一只大红公鸡来到船头，小伙们手持香火跟着祭拜。拜天拜地拜河神后，大家又走到大网中间，对着四个“一本万利”木牌逐一祭拜，同时遍地燃放鞭炮。在主持人的带领下，祭网的青年们和观看的人群不停地跟着高呼：“上齐天，下齐地，今年一本万利。岸上发，湖里发，平平安安大家发。”大家欢呼声一浪高过一浪，响彻云霄，将祭网典礼的气氛推向高潮。

接着，岸上的渔民放鞭炮、烧香纸，壮小伙们抬着渔网、喊着号子登上渔船，各自把大网连接在船舱上，预示每年都能“鱼满舱，财满船”，然后启动渔船徐徐地向湖中驶去。岸上锣鼓喧天，鞭炮齐鸣，欢歌笑语连绵不绝，期待着村民们出航满载而归！

2. 栽须祭船

都昌三面靠水，一面靠陆，独特的地理条件决定着这里的产业方式，都昌的手工业大都在水上做文章。手工制造木帆船是都昌人的强项，沿湖各村都有这方面的工匠，从砍树到船下水有一整套的工序，都由主墨师傅安排。首先由锯板师傅砍树、选料、锯板，再由造船师傅裁料、拼接，铁匠师傅打钉，埝匠师傅填缝，漆匠师傅打桐（光）油，篾匠师傅织雨篷，裁缝师傅缝制布帆等。木船造好至下水，都昌人民有着一系列船祭仪式。

新木船造好主体后，要请地师先生（即风水先生）按照船主的生辰八字挑选黄道吉日吉时祭船。当日，船主置酒筵，做米粑并请船帮里其他老板赴宴，还要邀请高腔曲艺班子来闹船。乐队先上船打一番“操场”（锣鼓曲名），再在造船的工棚里唱曲，届时由主墨师傅开始“栽须”祭船。都昌民间誉“舟”是龙的化身，“栽须”即为栽龙须之意，船主认为栽上龙须的木船在水里乘风破浪，顺风顺水，平平安安。

首先，主墨师傅拿出事先备好的拴着七彩条的栓子，栽入船头最高处的两边，边栽边掌彩，说些“三弯九曲随舵转，五湖四海任舟行”之类的吉祥顺口溜。掌彩时，主墨师傅高立船头，手持公鸡，掐破鸡冠，以鸡血祭船。船头前，岸边人声鼎沸，鞭炮齐鸣，锣鼓喧天，热闹非凡。

木船造好后，第一次下水前要“栽须”。下水后，每年还要做一两次“开头”。如每年春节过后开始行船之时，船员备好猪头等三牲祭礼，择吉日吉时摆放于船头，焚香化纸，燃放鞭炮。船主在前，船员们在后，向天空叩拜，祈求各路神明保佑船行顺利，船员平安。

（三）鬼神俗信

鬼神俗信大都带有浓郁的封建迷信色彩，没有科学依据，因此本部分阐述的仅为旧时鬼神俗信的具体内容、方式方法等，文中所述并不代表作者个人观点，希望大家在遇到下列事件时还是相信科学，及时就医。

1. 过阴

“过阴”又称“摸吓”“摸瞎”“下神”“下阴”、驱鬼等，意思是从阳间过到阴间。“过阴”，都昌各地叫法不同，总的来说分两种。一者称作牵魂，也就是说，不用下到阴曹去，而是把所要找的阴魂直接喊来。这样做的人多是拜了三姑、鬼王、土地神之类的鬼神为师傅，也就是当了阳差。哪家要是有人过世，想念亲人或是亲人死的时候有什么重要的事没交代，就可以找阳差帮着牵魂上来问话。但人死后过了四七就很难喊上来了，因为民间认为四七过后就有可能再入轮回了。干这行当的人在民间有很多，每个地方都有，只不过他们都是在借封建迷信行欺人敛财之道。而另一种“过阴”，则是“过阴人”自己入地府走一遭，这种方法在民间也叫“落阴”。这种“过阴”是阴阳道里用的方法，也就是说阴阳先生自己下去，有时候也能带人下去，这方法更加玄乎，现在已没人会用了。

景德镇的“过阴术”非常有名，“过阴人”技术高超。据传景德镇最早从事这一职业的也是都昌人。旧时，都昌很多人在景德镇做工，瓷业工人整天在灰尘高温中劳作，积劳成疾，客死他乡。都昌人为这些客死他乡的亡人招魂，让他们的灵魂回到都昌故土。渐渐地，都昌“过阴人”在景德镇做开了。

“过阴”是针对去世已经一周年以上，而且是猝然离世没有能够留下任何遗言，在世的亲人们很想知道已经过世的亲人还有什么话或者还有什么要求，才采取的一种与隔世人相互交流的方法。据说“过阴人”能找到已故的亲人并与之对话，还可以从“过阴人”嘴里听到只有自己家人才知道的一些事情和秘密。

“过阴人”一般为女性，都昌又称之为灵姑。灵姑首先拿米筛装好一斗米，往里面插一炷香，拿出死者生前的衣物，说出死者生辰八字，随后点上白色的蜡烛，又点上一把香，烧上一大堆纸钱。然后，灵姑会对着香跟魂魄对话，魂魄需要什么，由灵姑转达。灵姑自言自语，说得有鼻子有眼。一会儿，灵姑再用酷似亡人声音的语调转告亡人的回答，其声音与生前亲人的声音一致，所有的亲人们听后都感觉是和自己的亲人对话，触景生情，令人痛心疾首，泪流满面。

“过阴”的整个过程需要约二十分钟，氛围凄冷，令人毛骨悚然。这简短的二十分钟里，灵姑尽心尽力，讲究职业道德，一场活动下来往往累得筋疲力尽，面如土色。

2. 招魂法

旧时，都昌很多老人认为，人的魂魄与肉体是密不可分的，人活着，魂就附在肉体上；人死了，魂也要随肉体而去，于是出现了“招魂”法。

其一是用引魂幡招魂。人死之后，在大门一侧上方挂一长七尺、宽七寸的蓝色绸(绢)带，上书“魂兮来归”，名曰引魂幡。七日出殡时，引魂幡要走在灵柩前引路，棺木下葬后，将引魂幡铺在棺木盖上，方才完成使命。

另一种名为“叫魂”，当地人俗称“冠魂”。即某人在庭院之外遭遇横祸，或亡或伤，家里人便派三名不同姓氏的妇女，抱上公鸡，拿上秤及患者衣服，择夜静更深、满天繁星之际，悄然走到出事地点，一人用秤秤衣服，一人拍打公鸡，让鸡叫，然后回家，路上一人不断叫“××回来啦”，另一人则答“回来啦”，如此一叫一答直到走进患者家中为止。关于“公鸡引魂”，还有一种引魂术，即小儿病重时，让一老妇人坐在房脊上一边敲锣（无锣者敲脸盆）一边喊患儿名字，其做法与前者大同小异。

3. 赶鬼

旧时乡民认为，人有了病，一直医不好，是被鬼附了身，于是，人们便采取一种手段，用武力将鬼驱走。都昌人赶鬼，一般用黄酒杯或小碗盛满小米，抹平，裹上手帕，倒扣，在病人身体上方不断盘旋，口中念念有词。数圈之后，取开手帕，如出现凹陷，则认为有鬼作祟，于是用米将凹处补平，再按上述步骤操作，直到到碗中之米不再有凹陷为止，然后将米碗放至灶君神龛，为期三天，即算完事。

还有赶鬼的方法是用桃树枝条抽打病人。《诗经》中有"桃之夭夭"之句，后人形容某人跑得不见影儿了，称之为"逃之夭夭"。因桃与逃同音，故乡民便认为欲使鬼逃走，就必须用"桃"枝将其殴打，这是最直接的驱鬼法。

还一种赶鬼的方法，赶鬼人端一碗凉水，拿三根筷子，放至病人床前。将三根筷子蘸上水，合在一起，一边念叨怀疑作怪的死人的名字，一边用双手使筷子直立于碗中。如果念到谁时，筷子立住了，便断定就是这个死人的鬼魂附到了病人身上，也就算是把鬼捉住了。这时，赶鬼人会对鬼说些抱怨、安慰之类的话，接着把筷子放倒，然后捡起筷子，把碗中之水倒入院中水道，把碗筷在火上一燎，就算是把鬼送走了。

4. 收吓

"收吓"是都昌民间为小孩治疗疾病的一种特殊仪式。孩子天天晚上哭闹，尤其是周岁以内的儿童，若有惊悸爱哭、拉肚子、感冒或不吃奶等征兆，常常夜睡不宁、精神不振，额头青筋显现，印堂处更是明显。每有此类病症，人们就说是被吓到了，都会请人来给小孩"收吓"。一般"收吓"都很简单，就是直接在耳边喊名字，但也有讲究，最好是早晨小孩子似醒非醒的时候，母亲下一碗鸡蛋面，用筷子敲击碗沿，发出清脆的音响一边喊孩子的乳名，如果孩子能及时醒来应声，一般就会有效果。

第二个方法就是用镜子“收吓”。等晚上孩子睡熟，把他的一双鞋子放在窗台，打开窗户使鞋尖朝外，鞋子上放一面镜子，镜面朝外。12 点过后，把鞋子连镜子翻转过来朝里。第二天小孩就会恢复。

道士“收吓”的程序比较复杂。先用酒樽装满米，然后用手帕将酒樽包好扎紧，对着小孩不断挥动念咒：“符以，应邀太子是孩童，十二孤来（音）挂心中，妖动精灵是云（音）子，妖魔鬼怪挂无踪，天之星，地之灵，我将立请往来灵，只退小儿莫遭风云雷雨吓，风云雷雨退吓神。退吓神，归天界，精刚凡天灵，元午归正座，急急而灵忽。”咒语念完后，道士用酒杯对着小孩扫七个圈，再小心翼翼地将酒樽正放于桌上，解开手帕，观察酒樽中哪个方向的米缺了一点（米经不停摇晃，翻过来必有一个地方有点缺，缺米的方向就是小孩受吓的方向），然后，抓一些米在屋的东南西北各撒一点，并交代主人晚间要备酒菜，朝着小孩受吓的地方烧香祭拜一下，整个“收吓”的过程才算完事。当然，“收吓”也是迷信，但与退煞相比，危害小些。因为农村人碰到小孩生病，多数会到医院去看，“收吓”只是起辅助作用。

5. 打醮

都昌的打醮就是谢火神。假设村庄某家发生了火灾，灾后就请道士打醮。受灾的家人，打醮期间不能进村住，在外住田塍上，人们都用桃、柳枝像赶瘟神一样追赶受灾者。受灾者要等打完醮、谢毕火神、祈求火神不再降灾难之后，才能回村想办法重新安居。不过，旧习俗欠人性化，受灾者本应及时得到众人救助，然而却反遭歧视。

二、生产俗信

（一）农耕

鄱阳湖孕育出灿烂的都昌文化，同时也孕育了都昌人饭稻羹鱼，宜陶则陶，宜稻则稻的农耕方式。但是,都昌人民在农业生产中也经历了无数次大大小小天灾人祸的考验,干旱、水灾、蝗灾都能导致粮食歉收,农民只能靠天吃饭,农业收成也听天由命。正如有句老话所说:"庄户人种地,种在人,收在天。"因此,农户历来对水稻种植极为重视,从播种到收获整个过程的各个环节,都有一定的祭祀仪式,以表达一种对上天、土地的敬畏、感恩之情,形成了祈年求雨、祭山拜地、开犁、开镰、丰收庆典等习俗。都昌农民早春开播时的仪式特别隆重,至今还保留了很多的习俗,其中以"开秧粪""开秧门""关秧门""请土地"等敬神习俗最为常见。

立春这天,家家鸣放爆竹接春,有些家境较好的农户,还设香烛茶酒举行供奉仪式。此后,春播秋收,夏忙冬闲,皆按节气行事。正月十五,农家备香烛至田头(特别是当年秧田及新买之田),焚纸祷告,祈佑年丰,谓"开秧粪"。早春开播,习惯向北先抛谷种三把,希冀一岁风调雨顺,之后再正式撒种。扯秧前,备米粑、鸡蛋,鸣爆竹敬神,下田扯秧一把,在田塍吃过粑和蛋再正式扯秧,谓"开秧门"。栽插请帮工,主人应备酒肉相邀,除三餐茶饭,早晨和下午还应送面食或爆米(冻米)及烟茶至田头,谓送"点心"。遇旱年,相约互助,架水车数十台相衔接,车港水、湖水灌田,称"打漭水"。早稻将黄,取穗蒸熟,先敬祖,后剥食,谓"尝新",亦有是日宴请亲朋相贺者。约半月开镰,请帮工同栽插,至禾秆上堆,有相帮之事,就不再送点心,俗谓"禾秆上得堆,点心去得归"。

(二)牛的祭祀

牛成为重要的生产工具,已经有几千年的历史了。都昌作为一个典型的稻作农业地区,牛是农民主要的耕种工具,后来又广泛用于交通。为感谢和自己共同创造文明史的伙伴,都昌人对耕牛有着根深蒂固的崇敬。

都昌民众有的将牛当家人看待,非常细致、体贴地照顾,崇敬也油然而生。关于牛的祭祀活动也特别多。正月初一,牵牛"出方",至村前塘边,让牛喝水,主人则烧纸焚香,祈佑牛一岁平安,回栏后,喂以酒糟及拌有米饭、黑豆之类的精饲料。五月初五清晨，兴“放神仙草”，即牵牛踏青吃露水草，并可进入封禁山林放牧。

都昌各乡以十月初一为牛生日，人们在这一天用粳米做成糍糕，贴在牛角上。全国各地为牛庆生的方式大同小异：四川夹江用米制成食品后挂在牛角上，以犒劳牛之辛苦。湖北应山按例在十月初一做糍糕饲喂耕牛，中午在河边饮牛。据说牛此时会在河水中照自己的角，如果角上粘着糍糕就罢了，如果没有，则要流泪。有农谚道：“十月朝，放牛满山飙。”此日放牛不穿绳子，称为“放闲”。除了祭神，还要给牛饲喂糍糕等较好的食料。

其他关于牛的风俗还有：母牛生产，饲主要将小牛胞衣用稻草扎紧后抛掉；小牛出生后三日，兴“做三”，养主做粑还愿，并做糟给母牛发奶；放牛时禁骑黄牛，因有“黄牛骑断腰，水牛骑长膘”之说。

（三）渔节

都昌有“三月三、九月九，渔船莫要湖上走”的俗语，意思是说每年这个时候，正是冷暖气流交替活动频繁的季节，恶劣天气最容易产生空气对流，形成暴风雨，渔民要注意此时的天气变化，避免下湖离洞发生重大事故。外湖的渔村渔民都会利用这个空闲，举行渔市节，摆上供果，点上香纸、蜡烛，燃放鞭炮，叩拜上苍，求得下湖出洞时受神灵的保佑，祈求外出太平无事。

第三节 兆头

俗话说，说曹操，曹操就到。这说的是人的感应能力。过去，在日常生活中，都昌人受迷信心理的驱使，常常将一些意外或非常规现象，认为有预兆。这种预兆，都昌俗称兆头。

都昌民间自古就重视预兆。瑞雪兆丰年，看云识天气，出狱换新衣服，给老人送礼不送钟，给情侣夫妻送礼不送伞等，都是预兆的直接或间接表现，梦的预兆更是占了很大比例。此外，结婚和春节时的各种讲究也都是希望能有个好兆头，有些甚至已经成为民俗。其实，任何事情，尤其是重大事情，发生之前总会有这方面那方面的预兆，世间万物本就是相互联系的，小到个人，大到国家，都是如此，由此也衍生出无数种术数。这里记录一些都昌民众普遍流传下来的关于命运方面的比较直接、明显的预兆。

突然打喷嚏，便认为是谁在念叨自己。

感觉耳朵发烧，便认为是有人在骂自己。

喜鹊报喜，乌鸦报丧。喜鹊在自家房上叫，表示要来客人；听到乌鸦叫，表示家里将会有丧事。

过去晚上点灯使用青油灯（青油即食油，在灯碗中添上食油，旁边压上一根用棉线捻成的灯芯，点燃即可照明），如灯芯结下灯花，即认为有喜事临门。

听见猫头鹰在附近叫，预示村里要死老人。

年龄逢明“七”暗“九”为不吉之年，特别是对“暗九”特别警惕。所谓“暗九”，即年龄为“九”的倍数。而在这些“暗九”中，最重要的是36岁和45岁，所以一般人认为这是人一生中的两大门槛,为了平安过关,身上大都要佩戴辟邪之物。

梦见蛇,可能会得到钱(蛇是钱串子的象征)。

左眼跳财,右眼跳灾。意思是如果左眼跳,就可能要得到钱;右眼跳,可能要与人吵嘴打架,甚至有天灾人祸发生。

如果在梦中遇到棺材,那也是代表了有进财之喜;如果外出办事,一出门就遇到出殡的抬着棺材,也代表此人会发达,因为“棺材”意味着见官见财。

狗来富,猫来穷。都昌人认为有流浪狗来,预兆家里要发财;有猫来,则暗示要破财。

千百年来,都昌普通百姓积累了相当丰富的预兆吉凶的经验,虽然它们并没有科学依据,有的也带有迷信色彩,但是,毕竟已经流传了许久,有它存在的理由。

第五章　宗祠家谱

在中国古代封建社会，家族观念相当深刻，往往一个村落就生活着一个姓的一个家族或者几个家族，他们多建立自己的家庙祭祀祖先。这种家庙一般称作“祠堂”。

祠堂是族人祭祀祖先或先贤的场所。在都昌农村，同一祖先的若干后代分支成若干自然村，这些村子共同建造的用于供奉祖先牌位和议事的建筑物，称之为祠堂；这些分支自然村分别也建有功能相似的建筑物，称之为祖堂，即祖厅。也就是说，祠堂是同一祖先的几个自然村的公共财产，祖堂则是同一自然村的公共财产。其实，祠堂和祖堂在功能用途上没有太大的区别。祠堂有多种用途。除了“崇宗祀祖”之用，各房子孙平时有办理婚、丧、寿、喜等事时，便要利用到这宽广的祠堂。另外，族亲们有时商议族内的重要事务，也利用祠堂作为聚会场所。它既是封建道德的法庭，又可作为家族的社交场所。还有的宗祠附设学校，族人子弟就在这里上学。正因为这样，祠堂建筑一般比民宅规模大、质量好，越有权势和财势的家族，他们的祠堂往往越讲究，高大的厅堂、精致的雕饰、上等的用材，成为这个族姓光宗耀祖的一种象征。

都昌每个姓氏几乎都有自己的祠堂。1949 年以前，除分散在各村落的，都昌县城几乎集聚建造了大多数姓氏的祠堂。当时都昌县城的各家祠堂星罗棋布，有上百幢。这些祠堂有的富丽堂皇，有的精简秀丽，由各家族委派专人看管打扫。可惜的是，“文革”时期，这些祠堂被当作“四旧”毁于一旦。

俗语云：“乱世藏黄金，盛世修家谱。”族之有谱，犹国之有史。国无史则兴衰不明,族无谱则世系无序。修族谱在中国有千年历史传统,世世代代传承。

家谱,又称谱牒,是记载着同宗同祖的血缘集团世系人物和事迹等方面情况的历史典籍。它包括一家一族的祖源宗本、世系繁衍、迁徙分布、婚配嫁娶、行业职业、教育程度、经济状况、社会地位、人物传记等众多方面的资料。

谱牒流淌着一个姓氏家族源源不断的血脉,修族谱把远近的族人都联络起来,崇尚睦邻的纯正风气。都昌历来有修谱的习俗,特别是明清时期,都昌官方志书修撰繁荣,民间各宗族姓氏修谱也十分兴盛。至共和国成立后,这一风俗仍然沿袭,唯一度腰斩于“文革”中。改革开放以来,都昌修族谱的风气逐渐复苏。特别是进入21世纪,即使历史的车轮驶向新时代,现代科技也迈入新前沿,但是编修谱牒这一事业依旧蒸蒸日上,其发展势头亦越来越强劲。

随着改革开放,都昌在外求学工作的人越来越多,分散在祖国四面八方的都昌子民长年飘零他乡,他们的子孙俨然成为故土都昌的过客。然而,寻根问祖,清缘留本、血肉联情的家园情结,深深牵系着都昌与他乡游子的心,唯有连续不断地编修谱牒,似乎才成为重要的根系。至今,都昌人民一直保持着约定俗成的规矩:家谱20年一小修,60年一大修。各宗各族成立家谱编修委员会,推举有文化、有责任心的专人负责。随着互联网的出现,都昌还建有都昌家谱网。

第一节　祠堂及堂号

一、祠堂

都昌人一贯崇信恭敬祖先就要立宗祠，自明清以来，各姓氏几乎都建有自己的祠堂。

俗话说，树大分杈。随着生命的传递、繁衍，家族就会不断扩大。扩大的结果是一些家族从祖居地迁居他处，另开基业，形成新的分支和新的宗族。都昌24乡镇散布着很多同宗同祖的同姓村落，这些新形成的宗族和分支，往往又会在当地建立新的祠堂，来供奉最亲近的祖先。于是，由一个祠堂又会派生出许多新的祠堂。因此，像族谱有总谱、支谱一样，祠堂也就有总祠、支祠、分祠之分，也就是民间所说的大祠堂和小祠堂。因此，除县城建立的全县各姓的大宗祠，有的地方也建有很多小祠堂。一般祭祖时，各房各支派就聚集在小祠堂内进行祭祀活动。

都昌县祠堂兴盛于清代和民国时期，县城有“祠堂占半街”之说。邵式平初来都昌时，称都昌是“祠堂县”。目前，都昌现存最早的祠堂是中馆镇大塘村的元代祠堂建筑。该祠堂建于元代末期，距今700余年，祠堂宽20米，深50米，高8米。祠堂内有一近百米长的戏台，戏台两侧的厢房布局典雅，工艺精巧。保存最完整的是明代的都昌苏山乡鹤舍古村老祠堂。

1949年以前，都昌县城大街小巷近百家祠堂星罗棋布，祠堂成了宗族祭祀先祖、议决大事的重要场所，有的还成为宗族内的私塾教馆，成为赶考秀才在县城的旅店，考生们在自家的祠堂食宿，就像在自己的家。20世纪60年代，祠堂庙宇均由房产部门造册登记，由国家征收，列为公产。当时，有的祠堂用于县政府和其他机关办公，有的改作学校校舍，有的改作民房、仓库，祖宗牌位包括有些藏于祠堂内的家谱等皆被焚烧破坏，致使后世之人不知祠堂为何、有何用处者比比皆是。

“文革”期间“破四旧”，都昌大多数祠堂被“红卫兵”毁了。“文革”后仅保留了老中医院后的石家祠堂、北门吴家街吴家祠堂、邵家街邵家祠堂、蒋角堂的蒋家祠堂、老酒厂里的赵家祠堂、解放路的余家祠堂、金街岭黄家祠堂。后来随着城区改造以及祠堂的败落，这些祠堂大部分被拆除，在原址上建起了新楼房，都昌县城祠堂几乎绝迹。如果这些红砖黛瓦，飞檐翘角，具有典型江南大宅风格的祠堂依旧，都昌古城的风韵必然会吸引无数游客流连忘返。

近几年，都昌又大兴建造祠堂，各宗各派几乎都新建了本姓祠堂。现在建造祠堂的资金大多源于家族男丁的人头费，富裕者再给予一定的赞助。现在的祠堂一般是水泥钢筋建筑，有的一层，有的内有两层，搭建戏台。

二、堂号

多数祠堂有堂号，堂号是一个姓氏的特殊标识，它能显示姓氏发源的地缘关系。旧时的每个家族都会有本家族的祠堂，并给它取一个堂号，让子孙们每提起自家的堂号，就会知道本族的来源，记起祖先的功德，也是后代寻根问祖的重要线索之一。

“堂号”本意是厅堂、居室的名称，一般取自郡号名或为纪念家族史祖或名人而自创。随着姓氏家族的发展壮大，大家族日久人多，或是遇天灾连年之时，族人就会因迁徙流离而散布各地。于是就有了在“总堂号”之下，再加入“分堂号”名称的方法。“总堂号”代表家族（姓氏）的发祥地，寓意后人不忘本源，“分堂号”则是族人迁徙至新地，成为当地有名望家族后，以该地的郡号作为堂号，“总堂号”和“分堂号”统称为“郡望”。在同一姓氏之间，除广义的郡望，往往以先世之德望、功业、科第、文字或祥瑞典故，自立堂号，其形式多种多样，五花八门，不胜枚举。若按每姓一个堂号来计算的话，全国至少有数千至一万个堂号，是姓氏文化中有待开发、整理、研究的资料宝库。堂号由族人或外姓书法高手所书，制成金字匾额高挂于正厅，旁边另挂有姓氏渊源、族人荣耀、妇女贞洁等匾额，讲究的还配有对联。

堂号，不仅仅用在祠堂，还多用在族谱、店铺、书斋及厅堂、礼簿等处。也有用在生活器具上的，如在斗、口袋、钱袋、灯笼等上面大书堂号，以标明姓氏及族别。凡看重自己的姓氏和族属的人，都不会忘记本族世代相传的堂号，它具有深厚的文化内涵和实际意义。

在祠堂、祖厅或自家大门前悬挂着自己独特的堂号，只要站在门口看到堂号，就能辨认这是哪家姓氏的祠堂。因此，从某种意义上讲，堂号是宗族的标志，也是家的门牌号码。

近年来，随着改革开放和全球华人寻根热潮的兴起，我国大陆许多宗祠被恢复，族谱被续修，因此，堂号再一次被人们提出。不过，今天的堂号，已经没有了宗族主义的负面作用，有的只是让人们寻根问祖、缅怀先祖、激励后人的积极意义。特别是对加强中华民族的向心力、凝聚力，对中华民族的大团结，堂号都必将产生巨大的促进作用。都昌很多姓氏都有自己的堂号，走在乡间，许多村民建造的房屋门楣上都篆刻着自己的堂号，外人一看就能明白该户人家的姓氏以及祖宗发源地。

第二节　家谱及字辈

一、家谱

都昌有不少姓氏是从北方迁过来的，各姓宗谱都有明白的标示。只是那些“谱牒”的年代都不甚久远，或者说极少能证明有始于汉代的移民。这是因为宗谱最早仅限于王公贵胄，民间兴修宗谱大约始于宋代，盛于明清时期。

都昌县姓氏文化研究会编撰的《都昌县姓氏志》，包含全县150多个姓氏，这是都昌县继明嘉靖二十年（1541年）邵仍（名双矶）编修的民间志书后第一本姓氏志。据地名普查，都昌行政区域内居民有245个姓。全县建立村庄的姓氏有127个。此外，随着军人转业、退伍，干部、职工调动，学生毕业分配，婚姻迁移等户口的变动而来都昌居住，尚未形成村落的姓氏有118个。各大姓都有自己的族谱，续修的时间大多在清末民初。“文革”期间，大部分族谱被视为“四旧”遭焚毁。1980年以后，民间私人秘藏的谱牒陆续面世。1990年以后，有些姓氏族人组织人员修谱，已经编印出版有《邵氏家记》《江氏家谱》《都昌陶侃公后裔族谱》《都昌牛氏家乘》《沈氏宗谱》《都昌詹氏族谱》《都昌沙港黄氏》《曹氏宗谱》等。新修族谱沿用原来的范例，多数刊有谱序、谱例、目录、先祖像、宗族世系图、族姓源流、字讳行、字辈派语、宗族历代名人录等。现代的宗族名人在谱牒中占有一定的篇幅。

都昌私家修谱早在宋代就定下每30年续修一次的惯例，清代民间修谱盛行时，很多家族约定每20年修一次，20年不修谱为不仁，30年不修谱为不孝。清代和民国时期，都昌还编修过合谱（联宗统谱）。不过，关于修谱的约定因战乱、灾害或其他原因,往往很难实现。

都昌民众对家谱的编撰近乎对宗教信仰般虔诚。旧时,家谱从开工到完工之日,都要念经拜忏、设宴待客(捐钱者吃饭),场面盛大,仪式庄严。按领谱字号接回谱牒时也要祭祀,鞭炮鼓乐齐鸣,族人兴高采烈,附近的宗族乃至官府也要送礼相庆,像过节一般。在族谱正式刊印后,所有的老谱一律缴收,除存两册归公,其余尽皆焚毁。各房发得的一册新谱,由房长妥善收藏,不得给外族人看,不得在谱上私自涂写,并定期验谱。

在前面章节说过,都昌新年第一大事就是“拜谱年”,全村老小聚集在村里的祠堂或祖厅,大放鞭炮,互道祝福,再拜天地、祖宗和记录全村历史的宗谱,告诫后辈不忘祖宗创下的基业。之后由村里的长老给前一年的新生儿上谱。

(一)修谱程序

都昌古人认为,宗族有三件大事:修族谱、建宗祠、修坟墓。修纂族谱是宗族的头等大事,各地宗族都极为重视,犹如国家、政府重视编修正史和地方志一样。一本谱书从开始到结束,一般分为四个步骤:筹备、编修、印刷、出谱。

1. 筹备

(1)成立修谱委员会(谱局)

都昌称担任编修家谱的机构为谱局,工作人员称“坐谱局”。清代,都昌谱局一般由族长、支派房长、祠正、评事等组成,设主修(由族长担任)、倡修(编修)、监修、协修、校阅等。民国修谱班子除族中权力人物,还请有文化的人参加,设有总修(一般由族长担任)、主修(出钱最多者担任)、撰修(文化最高者担任)、编修,还有赞修、督修、监修、同修、补修、校阅、总理(管财务)等职员。现今,谱局首先是以族长或者家族中负有文名或职务最高的退休人员为首组建修谱委员会。有种情况是这位长者本身工作能力就比较强,那么,由他负责班子的工作是很适宜的。另一种情况是,这位长者虽然辈分高,全族人也很尊敬他,非得选他为主任(理事长)不可,但他的身体状况、工作能力、知识水平似乎不能胜任这个工作,这个时候可以考虑选举一位工作能力很强的执行主任(理事长),由他来做实际工作。这样既照顾到了情绪,工作也有人抓了。当今,一般设主任委员、副主任委员、委员、主编等。谱局人员推选定好后,必然是要定期或不定期地开会议事。主要的任务有以下几项:第一,确定以主编为首的编辑班子;第二,筹措经费,并确定开支范围和标准;第三,组织协调普查工作;第四,组织审查族谱草稿;第五,印刷;第六,发谱并组织庆祝活动。

(2)修谱经费

编委会即所谓的谱局建成后,接下来就要筹集修谱经费。经费旧时一般来自族田、祭田及其他族产的收入,此外,每个入谱的男丁都必须交纳一定数额的谱银。如今,经费主要通过捐资和族谱预售筹集,仍有部分地方按男女人丁派摊形式集资。

①捐助

这是修谱的主要经济来源,捐助者大都是本族中经济比较富裕者。各族修谱,总会有少数几个热心的族人首先站出来捐款,然后再拟定一份经济状况较好的族人名单,然后发请柬召集他们开会,鼓励他们为宗族献爱心,为此次修谱伸出热忱的双手。

②人丁费

谱局首先召开会议定一个标准,规定凡为入谱对象的族人,需缴纳一定的费用。标准有很多种,有的以有无正式工作为标准,有的以行政级别为计算基数,还有的以性别区分。由于独生子女较多,现在女子也可以上谱。都昌一般男丁为500元,上不封顶。

③经费开支

修谱大致有以下几项开支:a. 印刷费,主要是印刷族谱的费用,这是修谱中最大的一项开支。b. 办公费,包括修谱委员会(理事会)日常开支、打印费、宣传费、通信费、水电费等。c. 差旅费,主要是外调人员赴外调查族人基本情况和编辑出外查询资料所产生的费用。d. 伙食费，主要是倡议修谱、集中议事和发谱、祭祖时聚餐的开支。e. 人员工资，这项开支可有可无，主要是看大家议事时怎样决定，如果大家认为修谱是对宗族尽爱心，无须报酬，这项费用即不必支出。它主要包括支付给修谱委员会（理事会）成员、编辑、普查员等的报酬。

（3）分发倡议书

谱局人员推选好了后，就要着手开展筹备工作，首先要编写倡议书发起倡议。倡议书根据各家族自身的特点来写。现将都昌曹氏宗亲编修谱书的倡议书原文摘抄如下：

致礼和曹氏宗亲书

古语说："国无史不立，族无谱不传。"识江山兴替，赖有国史；知家族盛衍，倚考族谱。国编正史、县纂方志、家修谱牒是构成中国宗法社会历史大厦的三大支柱。其中，家乘谱牒叙世代之源流，录先辈之荫泽。前代顾炎武、王夫之、章太炎、王国维等硕儒，无不在治学中重视使用家谱资料，以补正史之不足；现代著名的"红学"专家周汝昌在研究曹雪芹家史时亦曾得力于《礼和曹氏家谱》。

祖宗以一人之躯，蕃而传之千百人之身，开枝散叶，四海生根。家之有谱，方知本人之根系，先人之伟业；既能寻根留本，清缘备索，又可振世泽，睦宗亲，血肉联情，增知育人。为仰承先志，传承家泽，使我们曹氏家族子生能衔接世系，敬宗收族，明族氏，守宗友，论号晚，别长幼，崇祖德，强风化，故需组织人力物力进行《曹氏宗谱》的续修工作。

我曹氏"礼和堂"这一支系，乃唐天平节度使曹全晸之后裔。北宋真宗时，韩国公、枢密院使曹利用公之长子立甫公因慕陶渊明之节操而挂冠弃职，卜居安徽贵池棠溪白笴村，是为我堂始祖。千年以来，我礼和曹氏文贤武俊，英才辈出，为我中华民族做出了杰出的贡献。

早在千年前，我六世始祖立甫公亲构我族五代世系图谱，创我礼和曹氏族谱之滥觞。其后,代代相传,世有增撰,至光绪丙子年间,我礼和曹氏族谱,已煌煌六十八卷矣。然百年以来,族谱不得续修。二十世纪八十年代起,海内外华人寻根问祖蔚然成风;时至今日,家谱史研究和续修之风更是如火如荼。趁此东风,我族在曹根苗、曹其根等人倡议下,经族内长辈贤达的共同商定,组织人员,筹措经费,决心续修宗谱。

沧海桑田,世易物非。从兵荒马乱的岁月,至莺歌燕舞的盛世,我族之子孙,分根四散,繁衍生息,人丁之多,分散之广,难以估量。续修族谱,耗时费力,本着"有钱出钱有力出力"之原则,我们呼吁大家给续修家谱以鼎力相助,并请相互转告周知。望请提供现存各支谱牒和礼和曹氏家族有关碑记、著作、功名、业绩、事迹等资料,以及好的意见和建议。我们将仿照先辈修谱之惯例,对族人在修谱中的善行义举,在谱牒中予以记载,彰其功德,播其芳名!

宗亲们,让我们发扬曹氏先辈敬祖睦族、忧国忧民的精神,踏实勤勉地做好续修工作。圆满功德,光宗耀祖,流芳千古!

2. 编修

(1)开局

经费筹集就绪后,编委会就进入谱局动手编修,谱学上将之称为"开局"。修谱开始,要举行隆重庄严的祭开祖仪式。"开局"要在宗族祠堂大摆宴席,请本姓所有人参与,还请戏班子唱戏,锣鼓队敲锣打鼓。"开局"后,谱局每日早晚要烧香献供祭敬祖先。

(2)"登记入谱"的工作

"登记入谱"是决定修家谱之后要开展的一项十分重要的工作。首先,确定始祖,确定修谱的范围。其次,谱中的"凡例"定好后,一般要出榜通告族人,表明本次家谱编修宗旨、基本体例、资料报送要求,印刷分发"家族成员入谱登记表",每一房人、每个家庭成员的信息全部正确填表登记。

(3)编辑步骤

①通读老谱

首先要对老谱,特别是上一版老谱仔细阅读,摸清楚老谱的格式、风格,对本族的历史源流和支派世系有一个大致的了解。

②绘制世系图

也就是将上一版老谱上所载的人员按辈分全部画到纸上,一辈一辈用线连起来。这项工作比较浩繁,但很重要。因为只有画完了世系图才可能对老谱所载人员的房分、辈分有一个清晰的了解,更重要的是在普查时不会遗漏人员。画图用的是一张很大的绘图纸,画很多横线分若干格(老谱有多少辈就分多少格),每格(横行)都写上这样的字辈:小方框中左边的字表示谱名,如"茂盛""胜利";右边是字或名,比如"胜利",字"彦如";方框后括号内的"茂盛3",表示"胜利"是"茂盛"的第三子。把这些名字联结起来,就是一辈一辈。世系图画好后,在普查现有人口时,心中就很清晰了,以后在编排时,也不会发生次序上的颠倒。

③普查

普查就是将上一次修谱还在世的族人,以及上次修谱后到本次修谱时出生的族人进行全面细致的调查,根据每一份普查表,撰写每位族人的条文。在整理普查资料时,要注意为族人安取谱名。每个家族都有自己独特的字辈,同一辈分的人取一个相同的字以示标志。这些作为辈分的字,连起来一般是一首诗或格言警句。依照字辈取的名字,叫作"谱名"。每个人出生之后,父母都会为你取一个名字,或乳名,或长大以后的学名,这个名字也是你在日常工作当中的标志。每个人的名字或体现了父母的意志和审美观,或体现了自己的审美观,五花八门,各式各样,但如果仅仅根据这些名字,你无法判断同族中人的辈分,所以,谱名便应运而生了。具体的做法是:同一辈分取这个相同的字,另用一个不同字组成谱名,他日常使用的名字作为名或字。

④整理“家族成员入谱登记表”

家族成员入谱登记表全部收回并经整理审核无误，由修谱主持人组织人员拟定序、凡例、先世考、个人传记等有关文字资料。文字资料定稿后，将已定稿的基本文字部分，以及家族成员的生平传记和家族大事记等文字记述部分抄写在“谱序、源流、凡例……”和“生平传记”“家族大事记”“家族荣誉册”等表中，将家族成员个人情况、血缘关系情况分别填入“家族名册”“世系表”等表中。

⑤确定老谱内容的取舍范围

以前的老谱一般有序言、历次修谱序言、历次修谱人员名单、家规家训、坟山图、祠堂图、祀仪祀规、历史资料、艺文、跋、后记、世系（即人口资料）等，各族各次修谱不尽相同，但大致如此。老谱的这些内容可以不全部录入新谱，孰留孰舍，主编要有一个基本态度，然后提交修谱委员会（理事会）讨论决定。

⑥整理老谱内容

老谱内各篇文章，全部是竖排、繁体字，没有标点符号，已经不能适应现代人的阅读习惯。要将决定留下来的所有文章进行整理：繁体字变简体字，加注标点符号，改正其中的错别字、异体字。

⑦搜集资料，撰写源流考

每族都有自己独特的世系源流，主编根据老谱所载源流，搜集和参考近代本氏源流的研究成果，尽量将本族的世系源流考证详细、清楚，可单独成文，亦可列入序言之中。

⑧撰写序言

每次修谱都有一篇序言，序言很重要，它几乎是一部谱的象征和门面，它反映了该次修谱的指导思想和价值观念。书稿编好后，即请名人作序以弘扬先辈祖德，也可以请本族德高望重或学识渊博的人士撰写。

⑨初成文稿

家谱文稿编排的次序名不相同，但大致如下：序言（这是一定要放在最前面的）、历次修谱序言、源流考证、本次及历史修谱人员名单和基本情况、捐款人名单及金额、凡例、历史资料、字辈排行、齿录、艺文、跋、后记、附注。

⑩图片

旧时家谱扉页一般有手绘祖宗相片，现在一般放置德高望重的老人或者有成就者的照片，还添加一些祠堂、祖厅等老照片，或者根据各家族定下的标准和规矩来，不能随便使用照片。

⑪审稿

审稿一般由修谱委员会（理事会）召集、组织，邀请相关人员对草稿进行审核，一旦审核通过，即可定稿。

上述是都昌家谱编辑的基本工作流程及内容。当然，各族的情况不尽相同，应该根据自己的实际情况来决定工作顺序及内容。上述工作步骤可同时进行，次序也可颠倒，并无成规。

3. 印刷

印刷过程大多由印刷厂完成，一般挑选有家谱刊印经验的印刷厂家，他们会根据家谱制作成书的惯用体例、格式、字体、字号编辑印刷成书，一般过程有：排版和制作、装订和排序、校对与修改、版面与版式、加工成册几个步骤。谱局人员只要监制就行。

4. 出谱

将修好的谱册装订完毕后，即通告族人，并择吉日将谱迎回祠堂，这在谱学上叫“出谱”。然后，分发给每一位收藏“家谱”的持有人，妥善保存。都昌“出谱”庆典的祭祀活动复杂烦琐，旧时程序为读祭文、讲古辞、奏古乐、高引赞、三拜九叩等传统礼仪。至此，家谱修谱这一工作即告完成。现在，庆典仪式更加丰富多彩，除本姓，其他联亲也会前来送礼庆贺。

出谱在宗祠内进行。一大早，庆典现场热闹非凡，锣鼓喧天，龙灯队、腰鼓队、戏班子竞相献技，香火爆竹连绵不断。有的地方还采用传统方式点谱。

附:苏山袁如岗村谱书做圆事庆典

家谱一般每20年修一次,谱编修完印刷出了书,就看日子做“圆事”,意为这届谱圆满结束。这时,家家户户打扫卫生,人人衣着干净、整齐,公家在村里打了灶,为首的提前三天不在家吃饭,不在家住,先吃三天斋(不沾荤)。之后请很多道士做道场,祖堂前上下、两边、中间,面对面挂满了圣像、佛像、十殿阎君、十八层地狱、二十四孝等画屏。外面竖幡竿树(最上端系彩色布条,挂着灯笼),若洁净,幡竿树上的彩色布条就结成绣球。道士坐焰口台:用桌子一张一张地叠高成宝塔形的焰台,道士坐上去(没有定道行坐不稳)。道士在上端坐着念咒、掐诀。据道士说,这时在世的人在巢门口看,村庄的亡灵在四斗土丘看。在塘里放河灯(用灯盏放菜油点灯草),河灯浮在水面,满塘浮着灯。坐焰台、放河灯都在晚上。圆事要做七天七夜,用已故祖宗的名字做牌位,超度村里的亡魂。若是谱上遗漏了某人没记载,亡魂也别怪问事的人。每家每户扎箱(内放纸令),写上“去世的人收”,放在巢门口棺材圈内烧。之后,挨门挨户打檀香。圆事结束了,接着做谱戏,演几天几夜,请大班子做,彩台搭得大而漂亮,台三面串满银子颈箍(赛富),做一次圆事与演戏,村里要花相当多的钱。

5. 接谱

“正月初一接谱,初二初三看丈母。”这是都昌的年俗。“接送谱”是过年不可少的一道风景,很多村民年可以不回家过,但会回来“接送谱”。接谱有很多程序,一般从正月初一6时开始,一直到12时结束,其间有送谱轿、新生儿上谱、祭谱等。6点多集合,每个小孩手持红旗,年轻小伙子奏起鼓乐,村里能找出来的乐器全用上,各色的彩旗漫天飘扬,各式的锣鼓大展声威,浩浩荡荡向存放族谱的那个村庄进发。存放族谱的村庄的人早早就拜好了“谱年”,迎接前来接谱的各村同族人。

族谱有专人看护,由村民用谱轿抬到祖祠接受祭拜。抬谱轿的一般是有望新婚的青年或期望生儿子的新婚青年。沿途鞭炮齐鸣,族人随着乐队紧跟其后。族谱进入祖祠后，负责上谱的族长辈将本族新生儿的大名、小名、生辰八字都写上宗谱，嫁入的或当年忘记上谱的女子亦可趁此机会一一补登。祭拜前，族中的长者会领着大家叩拜。礼毕，将族谱封存。祖祠里摆上八仙桌和长条凳，所有前来接谱的族人在一起聚餐，拜年问好。

因为旧时有“先得谱先得福”的说法，所以很多家庭都想接“头谱”。不过，各族都会按照一定的规矩来定接“头谱”的家族，以免引起不必要的纷争。

二、字辈

字辈是一个简单词汇，表示家族辈分的字，俗称派，其用字均为修身齐家、安民治国、吉祥安康、兴旺发达等常用词语。

字辈可以说是一部完整家谱不可或缺的部分，是一个家族的印记。古时候，中国人三字姓名的其中一个字便是用以代表本系家族辈分，有的是中间那个字，有的则在末尾，位于中间的比较常见些。在修谱时，字辈还可以对信息不详的族人依照所属字辈排序。字辈中每字的先后顺序反映了宗族内不同的辈次，字辈某字的前一字高一辈，依序前推高二、三、四等辈；某字的后一字低一辈，依序后推低二、三、四等辈。依照字辈取名，可以知道宗族内族人辈分高低。辈分高为尊，辈分低为卑。辈分低的要尊重、尊敬辈分高的，“列以尊卑，纲纪正焉”。

字辈在宗族内可以区别亲疏。字辈通常是以每一个宗族为单位制订的，同姓之间能够区别不同的宗族。同姓同字辈就同宗族，自然就亲；虽然同姓，但字辈不同，一般就不同宗族，当然就疏。字辈可以把两个不认识的人团结到一块儿，可以使陌生人之间产生突如其来的亲切感，更能够增强各群体间的凝聚力。在都昌常可见同姓人走到一起，首先是问辈分，如果是同宗族的辈分排列就一致，即像见到家人一样亲切。然后双方报出自己的字辈，不论年长年幼、地位高低一概按照辈分来称呼，所以常常可以见到有些年长者称年幼者太公、家家、叔叔的。其尊敬程度俨然就是称呼自己的家人。

字辈也算是一种比较随意的文学形式,它的随意性体现在,虽然有一定的格式但是不像律诗那样讲究严格的押韵,不像词曲那样必须套用现有的牌名。作为姓氏文化的一部分,字辈应该很好地继承和发扬下去。

附:都昌部分姓氏家谱字辈堂号

家谱:江西都昌大沙沈氏

姓氏:沈氏

始祖:季载

堂号:吴兴堂

字辈:光绍必世希,文才定显奇,图书宗祖训,孝友肃家仪,德继躬行懋,经从意圣贻,学成宏教育,道立善修为,乡遂兴贤际,国朝选秀时,英华齐献瑞,忠义永传徽

家谱:江西省九江市都昌县万户镇洪氏

姓氏:洪氏

始祖:不详

堂号:忠宣公

字辈:登科铭世显,爵厚永承恩

家谱:都昌余家谱

姓氏:余氏

始祖:不详

堂号:功德堂

字辈:不详

家谱:江西喻氏

姓氏:喻氏

始祖:喻德喜

堂号:不详

字辈:风流世德长,本道宏仁傍

家谱:江西都昌侯氏谱(白莲池)

姓氏:侯氏

始祖:侯缗

堂号:不详

字辈:始迁都邑祖忠素公至世字十四世通用派世德仲大曰景时希道光自周承锡爵延寿绍隆昌克美遵先训书声学祖方和平宣国政名振贵逢常俊杰启林毓荣华同日长守勤定必富仁义纪成祥天盛纯钟秀治崇统任襄威维今本重献采映朝堂辅佐民齐乐英贤继康

江西都昌家谱

姓氏:余氏

始祖:余昭富

堂号:不详

字辈:以前忠和顺,式昭祖传荣

江西九江都昌土塘杨垅村

姓氏:杨氏

始祖:不详

堂号:不详

字辈:祖刚尚子孙通世远经

家谱:江西都昌傅家谱

姓氏:傅氏

始祖:不详

堂号:清河衍派

字辈:不详

家谱:江西九江都昌詹家谱

姓氏:詹氏

始祖:不详

堂号:厚德堂

字辈:燕元开太昌美善传佳得

家谱:江西都昌苏山伍家桥家谱

姓氏:伍氏

都昌开基祖:伍知章公

苏山开基祖:伍觉真公

堂号:忠孝世家

字辈:觉子伯公仲,时文本有隆,常桂应昌期,廷绍瑞以来,谟猷恒锡爵,忠孝世传芳。功勋贻运远,学业裕循良,肇兴慎祖志,治美佐朝钢,彦英成茂泰,道德际时康,安平和立国,礼义信荣邦,齐家必名正,克绥在端方,席守超前望,珍怀发宝光,士重圭璧品,书升孔孟堂,乾坤毓乃秀,庆集永祯祥

家谱:江西都昌沙港黄家谱

姓氏:黄氏

始祖:黄俊伯

堂号:江夏世家

字辈:仲季德崇启,嘉泰绍龙图,嗣徽昌世纪,孝友赞熙朝,文章傅令绪,循发正懋修,卓越征日晓,谟祚宇耀光,祖训永泽裕,礼义乐安邦,斌卿其衍庆,荣华福端祥,智亲展麟瑞,新盛伟宏广,升平信诚健,惠海锦欣扬,斯恩遵选齐,仁时则凯登,浩翰鼎维逊,开运仁明朗,国靖照权业,恒杰赓敬彦,圣贤立干纲

第六章　方言谚谣

方言是一种地方文化，方言是一种故土情怀，方言是乡音乡俗的代代传承。“乡音无改鬓毛衰”“只影孤灯谁为伴？寂寞窗棂，怎话乡音暖？”等千古名句无不展示了乡音承载的无数乡愁与乡土印记。

都昌是个近90万人口的大县，都昌话属于赣语的一支。其方言源远流长，与南昌、景德镇、抚州等地赣语有诸多接近之处，彼此之间可以用方言交谈。历代都昌人民在日常生产生活中用本土方言创造了许多丰富多彩的民谚、民谣，读来朗朗上口，音韵和谐，悦耳动听，通俗易懂，贴切生活。都昌方言传承了千百年，有着极强的生命力，深深地烙上了地域与民俗印记，具有浓郁的地方色彩。

第一节　方言

都昌各乡镇方言，亦有一些或大或小的差异，以东西差异较大，南北差异较小。东部为大港、盐田至中馆、南峰、万户一带，韵母有撮口呼，没有辅音八声韵尾，古入声字今全部或部分并入舒声调类。而西部和中部则没有撮口呼，古入声字今读入声。虽有这些方言差异，但各乡镇之间对话没有太大困难。如果按相近的程度再加以细分，东部可分三小片：大港、盐田和鸣山一小片，中馆、狮山一小片，南峰、芗溪和万户一小片；西部和中部可分五小片：都昌镇、北山、汪墩和七角一小片，多宝、左里和苏山一小片，北炎、春桥（部分）、徐埠和张岭一小片，土塘、化民和杭桥一小片，周溪、西源、三汊港、阳峰、和合、大沙和大树一小片。在各小片中，县城都昌镇话在全县具有代表性。

由于全国推广普通话的影响，都昌方言开始显现出向普通话靠拢的趋势，但跟其他地方相比，变化很慢。

一、都昌方言特色虚词

（一）都昌方言概况

都昌县位于江西省北部，鄱阳湖北岸，属九江市管辖，是古吴语和古楚语的交会处，因此都昌话受古吴语和古楚语的影响较大。都昌话属北片赣语昌（南昌）靖（安）方言片，从方言学的角度来看，鄱阳湖滨除了鄱阳、余干两县，皆属于赣语昌靖片。

都昌县境内，除大港乡少数村庄说河南话（民国间从河南迁来），属中原官话范畴;春桥乡部分村庄说湖口话,属湖口方言,绝大多数乡镇说都昌方言。都昌方言的语音复杂,旧志有“语不无吴楚驶舌之余音”的记载,今仍是江西最难懂的方言之一。

都昌方言较多地保留了古北片赣语的特点,语音较特别,保留入声韵尾,分尖团;保留全浊声母,无送气声母;大多数地方无撮口呼;声调多达11个,仅入声调就有4个。

(二)都昌方言虚词

作为汉语的词汇,都昌方言和普通话中的虚词不可能是截然不同的,它们之间有许多相似之处。本文本着举异不举同的原则,重点列举都昌方言(县城都昌镇方言)中颇具地方特色的虚词并且同普通话进行比较,分析这些虚词的特点及用法。

本文主要将介绍都昌方言中的助词、介词、副词这三类特殊虚词,下面会通过例释分类述之。

二、助词

(一)嘚[te^0]

在都昌镇话中,虚词“嘚”(te^0)是一个使用频率极高的语言成分,与别种方言不同的是,它既可以作为名词的后缀,也可以作为时态助词,作为完成体标记或持续体表现式。

1. 充当名词后缀的“嘚”,其功能大体跟普通话的“子”“儿”相当,例如:都昌镇话的“桌嘚、崽俚嘚、竹嘚”分别对应普通话中的“桌子、男孩子、竹子”。

还有部分都昌特有的词和普通话中一些不需要带“子”“儿”的词,在都昌话中也带“嘚”,例如:都昌镇话的“断夜边嘚、耳环嘚、学生嘚、花生米嘚”分别对应普通话中的“傍晚、耳环、学生、花生米”。

2. 充当时态助词的“嘚”分两种情况：

（1）用在动词、形容词后面，表示动作完成，作为完成体标记，相当于普通话中表示动作完成的“了”。它放在充当谓语中心的动词、形容词后，表示动作行为已经完成或将要完成，也可以表示性状已经实现或将要实现，例如（为方便理解，括号内为普通话）：

我买嘚一本书。（我买了一本书。）

我洗嘚衣服再来陪你。（我洗了衣服再来陪你。）

一句话就拿佢脸讲红嘚。（一句话就把她脸讲红了。）

等桃嘚红嘚再摘。（等桃子红了再摘。）

（2）表示动作状态的持续，事情并没有终结，相当于普通话中的动态助词“着”。

A. 可以表示持续的动作或状态，例如：

天上飞嘚一架飞机。（天上飞着一架飞机。）

头上戴嘚一顶帽嘚。（头上戴着一顶帽子。）

佢帮人撑嘚伞在街上走。（他帮人撑着伞在街上走。）

B. 可以表示某种伴随动作，动词之前辅以副词“一直”表示强调，例如：

我一直带嘚雨衣，不怕落雨。（我一直带着雨衣，不怕下雨。）

佢手里一直拿嘚一只茶杯嘚。（他手里一直拿着一只茶杯。）

佢一直着嘚一身新衣裳。（他一直穿着一身新衣服。）

（二）个［ko^0］

“个”在都昌方言中的用法比普通话的用法丰富得多，身兼数职，不仅能和普通话中的“个”一样充当量词，表示某一事物或人物，而且还能用作词缀充当助词，并且都昌方言“的”语法意义全部由“个”来表示。

1. 可以充当词缀，出现比较频繁，构词能力很强，有以下几种形式。

（1）可以用在状态形容词后面做后缀，相当于助词“的”，例如：

雪白个　　彤红个　　翠绿个　　冰冷个

恭恭敬敬个　　坑坑洼洼个　　清汤寡水个

这里的“雪白个”“翠绿个”等词，如果离开了“个”就不能成词。

(2)可以用在重叠式中，形成“ABAB 个”结构，加强了表达程度，这类重叠式常用作谓语、补语。例如：

里只东西通红通红个。(这个东西很红。)

里只汤鼻腥鼻腥个。(这个汤很腥。)

头梳得并光并光个。(头发梳得很光亮。)

(3)不仅能附在动词或动词性词组的后面，还能组成名词性词组来表示职业、身份或者变成具有名词性质的词语，例如：打铁个(铁匠)、教书个(教师)、开车个(司机)、杀猪个(屠夫)、吃个(吃的东西)、看个(看的东西)，而且能用于句子结尾，与名词性、动词性或者形容词性成分连用，相当于普通话里的“的字短语”，例如：

佢是卖菜个。(他是卖菜的。)

力气大个不能要。(力气大的不能要。)

这个东西是我个。(这个东西是我的。)

(4)相当于语气助词“的”，用在句末，有强调语气的作用，例如：

包子是滚个。(包子是热的。)

房间里墨黑墨黑个。(房间里黑黑的。)

一身都是湿个。(一身都是湿的。)

2.“个”还可以充当结构助词，无实在意义，不能独立成词，功能与普通话的结构助词“的”相当，主要分为以下几类。

(1)可以用在定语和中心语之间

A.当定语是名词或者代词时，表所属关系或者修饰关系，例如：

我个书。(我的书。)

我个铅笔。(我的铅笔。)

佢个老师。(他的老师。)

B. 当定语是动词时,具有名词化功能,在动词后面加上结构助词“个”,这时句子结构关系和意义都有变化,例如:

我不喜欢他写个文章。(我不喜欢他写的文章。)

我好嫌佢看个电视。(我好讨厌他看的电视。)

上述例句中“写文章、看电视”中间插入助词“个”之后由动宾关系变成了定中关系。

(2)与“样”组合,表示比喻,有比况含义,相当于“似的”“一样”,例如:

佢长得跟猴嘚样个。(他长得像猴子似的。)

你走起路来,像风样个快。(你走起路来,像风一样快。)

3. 还有一种用法比较特殊,是用在“动词+嘚+名词+个”的结构中,这种结构表示对现在(说话时)来说已经实现了。例如:

我在里住嘚五年个。(我在这里住了五年了。)

佢都当嘚爷爷个。(他都当了爷爷了。)

我早就报嘚名个。(我早就报了名了。)

上述例句“我在里住嘚五年个”中的“嘚”相当于普通话中“住”后面的动态助词“了”,“个”相当于普通话中“五年”后面的语气助词“了”,这个句子的意思是:到现在为止已经住了五年了。

与普通话不同的是:普通话中的语气助词“了”和动态助词“了”同时出现时,动态助词“了”可以省略,而方言中“嘚”和“个”必须同时存在,强调动作已经完成,例如:

我早就报嘚名个。〔我早就报(了)名了。〕

我写嘚信个。〔我已经写(了)信了。〕

普通话在句末,只用一个“了”,此时“了”兼有动态助词和语气词的作用,而在都昌话中两个助词都要出现，例如：

我做嘚个。（我已经做了。）

老弟酣嘚个。（弟弟已经睡了。）

三、介词

（一）等[teŋ²⁴²]

普通话中作为介词的“被”的大多功能，在都昌方言中被一个很常见的词“等[teŋ²⁴²]”承担着，我们就不一一介绍。但是对于其中的不同之处，我们可以进行分析讨论，发现区别。

1. 普通话中的“被”可以用“让”“给”“被……给”等词替换，例如：

杯子被他打破了。　　杯子给他打破了。

杯子让他打破了。　　杯子被他给打破了。

而在都昌方言中，“等”的功能意义还在被动句中充当着引进主动者这么一个身份，要说出施事者，就得用介词“等”引入，并且“等”没有相应的替换形式，例如：

我看到路上有个人等狗咬嘚。（我看到路上有个人被狗咬了。）

茶端嘚等佢打破嘚。（茶杯被他打破了。）

敌人等我军消灭嘚。（敌人被我军消灭了。）

野兔等狗咬死嘚。（野兔被狗咬死了。）

2. 普通话中的“被”强调受事者的状态时，可以不出现施事宾语，而都昌方言中的“等”后面的施事宾语，是说话者强调的对象，在更高层次上隐含追究责任的意味，在任何情况下都得出现。例如：

普通话：a. 小狗被车子撞死了。车子被交警没收了。

都昌方言：b. 小狗等车嘚撞死嘚。车嘚等交警没收嘚。

3. 普通话中“被”字句随着语言的发展，既可以用于不如意的事件，也可以用于高兴的事件。例如：

a. 小王被全体党员推选为党代会代表。

b. 他被老师任命为班长。

然而在都昌方言中，“等”字句目前还只是用于表示不愉快、受损害之类的事情，对于称心、高兴之类的事情则不使用。例如：

a. 今朝落雨，我等淋嘚一身。（今天下雨，我被淋了一身。）

b. 贼头等警察捉到嘚。（小偷被警察捉到了。）

（二）跟[ken³³]

都昌镇话中虚词“跟[ken³³]”也是一个非常活跃的介词，在都昌方言中经常使用。根据其出现的具体语言结构环境，主要有以下几种用法。

1. 表示比较，用来比较两个对象的性状、程度是否相等，相当于普通话“跟”“和”。例如：

佢长得跟你一样个。（他跟/和你长得一模一样。）

佢写个字跟你写个一样好看。（他写的字和你写的字一样好看。）

小宝脾气跟佢爸一样犟。（小宝脾气和他爸一样倔。）

2. 可以表示动作行为相关的对象，谓语引进双向的语义特征，表示动作行为是由主语和介词“跟”引导的宾语双方参与的。例如：

我跟佢说嘚后日开会个事。（我跟/和她说了后天开会的事。）

你侬不能跟老弟争东西。（你不能跟/和弟弟争东西。）

出门在外不能总是跟人吵嘴。（出门在外不能总是跟/和人吵嘴。）

3. 可以表示引进服务对象，作用略等于普通话的“替”，例如：

你跟我把佢叫来。（你替我把他叫来。）

里只事你跟我做吧。（这件事你替我做吧。）

我跟你担着里只事。（我替你担着这个事。）

4. 介词“跟”和指人的名词、代词组合，用在动词前，指示动作涉及的对象，这里的“跟”相当于普通话中的“向”。例如：

我跟老师保证再也不迟到嘚。(我向老师保证再也不迟到了。)

我已经跟班主任解释清楚嘚。(我已经跟班主任解释清楚了。)

四、副词

(一)晏[ŋan³¹⁴]

1. 与“晏”[ŋan³¹⁴]同义的还有“晏将”[ŋan³¹⁴ tɕioŋ³³]、“将晏”[tɕioŋ³³ ŋan³¹⁴]它们与普通话中的“刚”“刚刚”相似，一般用在主语之后、谓语之前，充当时间状语，表示动作情况刚刚发生，与“现在”间隔的时间短，但这个间隔的长短是相对的，没有明确的界定标准，带有说话人的主观色彩，例如：

哎呀，佢晏走。(哎呀，他刚走。)

你么时来嘚？我晏将来嘚。(你什么时候来的？我刚刚来。)

佢将晏走。(他刚刚走。)

2. 有时候它们还可以用于前一分句，与后一分句的“就”呼应，表示两件事情紧接着发生，例如：

佢晏到屋里，邻居老王就来找佢来嘚。(他刚回到家里，邻居老王就来找他了。)

老张晏说完话就等领导叫走嘚。(老张刚说完话就被领导叫走了。)

3. “晏”还有重叠式“晏晏嘚”[ŋan³¹⁴ ŋan²² te⁰]，两者可以互换使用，表示“恰好”“正好”，充当语气副词。例如：

晏晏嘚十斤。(恰好十斤。)

(二)现[gen³¹⁴]

有时也读[ŋen³¹⁴]，属于时间副词，没有否定式，不能跟否定副词搭配使用。它有两种含义。

1. 充当时间状语，位于主谓间，表示动作刚刚发生，与都昌方言中的副词

“晏[$ŋan^{314}$]”用法差不多,有时候可以通用。例如:

我还只现来,歇下嘚走。(我只是刚来,歇一会儿再走。)

佢现吃完嘚。(他刚刚吃完了。)

佢现洗好嘚澡。(他刚洗完澡。)

2. 用在具有持续意义的动词前面,表示动作正在进行或者即将发生,例如:

佢现吃饭,等下嘚叫佢一块走。(他正在吃饭,等一会儿叫他一块走。)

我现要鼾,莫吵莫吵!(我马上要睡了,别吵别吵!)

你坐下嘚,我现上班。(“你坐一会儿,我马上要上班”或“你坐一会儿,我正在上班”,两种含义视语境而定)

(三)很[$xən^{242}$]

属于程度副词,表示事物性质或者状态所达到的程度的副词。

1. 与普通话中的“很”“非常”有相同的语义特征,常直接用在动词、形容词前表示程度,例如:

他得的里个病很/非常不好治。(他得的这个病很/非常不好治。)

里只公司个规章制度很/非常不完善。(这个公司的规章制度很/非常不完善。)

佢见嘚生人很/非常不喜欢说话。(他见了生人很/非常不喜欢说话。)

2. 都昌方言中“很[$xən^{242}$]”既可做状语也可做补语,用在形容词之后,出现在“嘚”前,表示极度夸张或者某种状态的程度超过了人所能接受的范围。例如:

高很嘚。(太高了。)

远很嘚。(太远了。)

里碗饭多很嘚,吃不倒。(这碗饭太多了,吃不完。)

3. 都昌方言中,一定条件下“很+述宾”可以转换成“述宾+得很”,以充当述语的动词为轴心,有以下几种情况。

(1)述语由存现动词“有”充当时,可以互换,例如:

a. 有抱负得很(很有抱负)

b. 有志气得很(很有志气)

c. 有竞争能力得很(很有竞争能力)

(2)述语由心理动词充当时,“很”表示程度之深,可以互换,例如:

a. 热爱自己家乡得很(很热爱自己的家乡)

b. 喜欢打篮球得很(很喜欢打篮球)

(3)述语动词为使动词,含有“使……怎么样”的意义,表程度之深,且具有“不如意”的语义特征,可以互换。例如:

a. 伤脑筋得很(很伤脑筋)

b. 烦人得很(很烦人)

4. 都昌方言中“很”可以用于否定句式“不(是) + 很 + 形容词”中,这种句式所表达的语义类似英语中比较级所表示的语义,但是不同之处在于:英语中两个相比较的对象都出现在句子中,而都昌方言中只要出现一个对象就行,另一个对象则隐含在句义中了,例如:

a. 佢今朝看起来不是很高兴。(他今天看起来不高兴。)

b. 我昨日不很舒服。(我昨天不舒服。)

c. 老师对佢不是很耐烦。(老师对他不耐烦。)

上述例句中,否定词“不”或“不是”修饰和限制的是“很 + 形容词”,“不是很高兴”“不很舒服”“不很耐烦”都是与平时或者与别人相比较而言的,但是比较对象不需要出现在句中。

五、结语

以上,我们列举了都昌方言中常用的但是与普通话虚词迥异的虚词,并做了例释,分析出其与普通话对应虚词的相似之处和不同之处。通过以上分析,我们可以看到,都昌方言虚词系统的复杂性和丰富性,都昌方言中的虚词系统与普通话的虚词系统并不完全一致。虽然两者中有许多相近的读音、相似的用法,但仍有许多的词在读音、用法上存在很大差异,都昌方言的相关词语有普通话中所没有的用法。尤其是都昌方言中的"嘚"的使用非常广泛,包含了很多用法,出现在口语中的频率极高,值得好好研究。由此,也可对都昌方言有更进一步的了解,对于不同语言的彼此吸收以及社会语言学方面的研究,都有一定的价值。

参考文献

[1]朱德熙.语法讲义[M].北京:商务印书馆,1997.

[2]李如龙.汉语方言学[M].北京:高等教育出版社,2001.

[3]黄伯荣,廖序东.现代汉语(下)[J].北京:高等教育出版社,2002.

[4]肖萍.都昌方言的"得_2"初探[J].浙江万里学院学报,2001(4).

[5]陈昌仪.都昌方言(土塘)的两个特点[J].方言,1983(4).

[6]万琴.南昌方言中"个"字探微[J].现代语文(语言研究版),2011(8).

[7]张林林.九江方言中的"等"字句[J].九江师专学报(哲学社会科学版),1989(2/3).

[8]曹保平,冯桂华.赣方言都昌话的语法现象[J].江西教育学院学报(社会科学),2003(2).

[9]华晓露.析津市方言中的介词"跟"[J].湖南医科大学学报(社会科学版),2008(5).

[10]马永鹏.试探析静宁方言中的"很"[J].鸡西大学学报,2010(6).

[11]县志编撰委员会.都昌县志[Z].北京:新华出版社,1993.

附：方言词汇差异对照表

普通话	都昌镇	多宝	北炎	土塘	周溪	南峰	中馆	大港
父亲	爹爹	爷 爹爹	爹爹 爷爷	爹㖞 伯伯	爷	爹㖞	爹㖞	爹㖞
母亲	㖞妈	㖞妈	㖞妈	㖞妈	㖞妈	㖞妈	㖞妈	㖞妈
伯父	大爸爸 二爸爸	大爷 爸爸	大爸爸 二爸爸	大爹㖞 二爹㖞	大爷 二爷	爸爸	大爹㖞	大爹㖞
伯母	大㖞妈 哥哥㖞妈	大㖞妈 大娘	大㖞妈	大娘 二娘	大娘 二娘	㖞妈	大㖞妈	大妈
叔叔	叔	叔	细爷爷	叔	细爹㖞	叔细爹 㖞	爷爷	细爹㖞
婶婶	嫁嫁	嫁嫁	婶婶 细㖞妈	嫁嫁	嫁嫁	嫁嫁	嫁嫁	细妈
妻子	老婆	老婆	老婆 妇年	老婆 妇年	老婆	老婆 内帮	老婆 内帮	老婆
女儿	女	女㖞 女崽俚	女 女崽俚	女 女婆㖞	女 女婆㖞	女 女婆俚	女 女婆㖞	女嗫 女婆㖞
妹妹	妹㖞	妹	妹仂	妹	妹㖞	妹	妹	妹
被子	披婆	披婆	披火	披婆	披婆	披苦	披婆	被苦
棉背心	背褡㖞	背褡㖞	背褡㖞	背褡㖞	褡㖞	袂㖞	袂㖞	袂㖞
手帕	手捏㖞	细手巾㖞	手捏㖞	手捏㖞 汗巾㖞	手捏㖞 汗巾㖞	手捏㖞	手捏㖞	手捏㖞
炊帚	筅帚	刷帚	刷帚	筅帚	筅帚	筅帚	筅帚	筅帚
竹钯	抓婆	抓婆	抓婆	钯狗	钯狗㖞	钯狗	钯狗	钯狗㖞
四齿钯	铁钯	铁钯	铁锄	辦梳	辦	铁钯	铁钯	钯锄

续表

普通话	都昌镇	多宝	北炎	土塘	周溪	南峰	中馆	大港
尿勺	尿端 尿勺	尿端	尿勺	尿端	尿端	尿勺	尿勺 尿端	尿勺 尿端
虹	蚂影	蚂影	蚂影	蚂阳	蚂影	蚂影	绛	绛
蝉	喳天嘚	喳阿天天 日牙嗞嗞	日牙嗞 嗞	喳天嘚	喳天嘚	跟嘚	一母子	人合子
起床	起来	起来	起来	起来	抬居	起来	起来	起来
喝茶	喝茶	喝茶	喝茶	押茶	押茶 喝茶	押茶	喝茶	喝茶
抽烟	押烟	押烟	押烟	押烟	押烟	押烟	喝烟	押烟
很好	很好	蛮好个	怪好	几好	恶好	几好	几好	几好 唯好
怎么	常个	是常个	是常个	常个 是常个	常个	常个	常个	是常个

第二节 都昌县城特殊词语

都昌县城方言中的一些特殊词语，有的与我国各地的俗称一样，如都昌人叫丈夫为“老公”，称呼女婿为“郎”等，但更多还是有区别，本书前面章节也有不少称呼是都昌方言中的特殊词语。现选录于下（括号内为普通话或书面语）：

一、称谓人名

爷娘（父母）、家家（祖父）、嫲嫲（祖母）、尊公（曾祖父）、尊婆（曾祖母）、二拉（伯母）、姑娘（姑姑）、姑爷（姑父）、母舅（舅舅）、老公（丈夫）、老弟（弟弟）、郎（女婿）、新妇（儿媳妇）、崽（儿子）、两爷崽（父子俩）、老倌（老年人）、细人嘚（小孩子）、崽俚嘚（男孩子）、后生嘚（男青年）、乡巴佬（乡下人）、火佬（厨子）、搏士（木匠）、郎中（医生）、白面（无赖）、圆包（办事不灵活的人）、辣子（善诡辩者）、铁嘴婆（厉害的女人）、好佬（好汉）、老几（渺小的人）、孬包（傻瓜）、古婆（傻妇人）、脚货（下贱人）、包被（童养媳）、石婆（不能生育的妇女）。

二、自然时令

日头（太阳）、月光（月亮）、天时（天气）、天狗吃月（月食）、打霍闪（闪电）、阵头风（旋风）、斗风（逆风）、天干（天旱）、沰雨（淋雨）、麻石（花岗岩）、鹅头股嘚（鹅卵石）、旧年（去年）、今朝（今天）、后尼（后天）、外后尼（大后天）、前尼（前天）、先前尼（大前天）、天嘚光（天亮）、赶早（清早）、上昼（上午）、当昼（中午）、断夜边嘚（傍晚）、一尼到夜（一天到晚）、初头嘚（月初）、跳起嘚（突然）。

三、动物植物

鸡婆(母鸡)、线鸡(阉割的公鸡)、样鸡(种公鸡)、寡蛋(未受精的蛋)、水牯(公水牛)、水沙(母水牛)、饮牛(放牛)、郎猪(种猪)、结猪(阉割的公猪)、猪婆(老母猪)、草猪(阉割的母猪)、泼猪(胚仔猪)、狗公(公狗)、驴狗嘚(驴子)、叶老鼠(蝙蝠)、磨鹰(鹞)、麻剪嘚(麻雀)、土狗嘚(蝼蛄)、壁老虎(壁虎)、蛇郎中嘚(蜥蜴)、夜火虫(萤火虫)、结蛛(蜘蛛)、黄鱼嘚(小鱼)、划手(鱼翅)、松毛(松针)、蒜风嘚(蒜薹)、鸡头莲(芡实)。

四、身体和疾病

面(脸)、界面(用线绞去脸上的汗毛)、界面嘚(未婚女孩)、眼中(眼睛)、劖头(碰着脑袋)、人夫嘚(瞳孔)、牙疆(牙龈)、胳宫(腋窝)、反手(左手)、顺手(右手)、脚筝(脚后跟)、手指篷嘚(手指甲)、松骨头(小腿前骨)、屎股墩嘚(屁股)、打露卵(光着身子)、打痹寒(发疟疾)、打摆子(发疟疾)、打包(发瘟)、鸡婆眼(夜盲症)、灌耳浆(耳内发炎流脓)、筑嘚气(扭伤)、闹药(毒药)、摄嘚你(传染)。

五、农商交通

作田(种田)、栽禾(插秧)、耕禾(耕田)、砻谷(用砻去掉稻壳)、打秋风(捞油水)、洗炭(故意给人造成经济损失)、串串逗逗(结伙骗人)、扯乌(赖账)、打背公(经济困难)、打把式(故意招人送礼敛财)、土车嘚(手推木独轮车)、钢丝车(自行车)、车陀(车轮)、踏嘚车(误车)、歇店(旅店)、洋船(轮船)、榨水(底部渗出的水)、湾船(停泊)。

六、日常生活

屋里(家里)、房(房间)、灶火屋(厨房)、灶下(厨房)、货单嘚(床单)、牵床

（整理床铺）、余颈（围巾）、背褡嘚（背心）、绑嘚（汗衫）、暖嘚（棉袄）、隔肉褂嘚（衬衫）、抱裙嘚（围住小孩臀部的围裙）、颈箍嘚（项圈）、竹杈牵（晒衣服的竹竿）、杌子（凳子）、摇箩（婴儿睡的床）、马子（马桶）、柄桶（汲水用的桶）、暖锅嘚（火锅）、饭甑（用杉木制的炊器）、巴铲（锅铲）、端嘚（杯子）、撮箕（簸箕）、钓公嘚（钩子）、屑银嘚（垃圾）、扎火（烤火）、渡茶（灌开水）、碟饭（用水煮陈饭）、现饭（剩饭）、猪七心嘚（猪肘子）、灰蛋（腌蛋）、储菜嘚（用芥菜心腌泡的酸菜）、清油（素油）、洋碱（肥皂）、郎梳（梳子）、手棍（手杖）、磕头棍（烟袋杆）。

七、动作行为

打踏皮（扑空）、打踏皮（故意调侃人）、打边腔（编排人）、戏嘚（玩耍）、打流嘚（流浪）、倚到（站立）、箭脚（踮脚）、扯线（逃跑）、相（注意地看）、偷闪嘚（偷偷地）、嗅（用鼻子闻）、打鳖古（吵嘴）、扯卵蛋（胡扯）、哽（噎住）、解交（劝架）、搡（推）、驮打（挨打）、乵（刺或者捅）、舌下（底部）、尴尬（盘箕）、默神（沉思）、起火（发怒）、招该（警惕）、走时（走运）、倒边（倒霉）、打有究（闪现一下就走或故意试探）、打哈捞的（转一圈就走）、跌股（丢丑）、告一下（试一下）、指拨（指点）、扃（供养）、打破嘴（劝别人不要做打算做的事）、服侍（照顾）、倚到（站立）、窜到（绊倒）、妈到（收藏）、暖到（拥抱）、打总荐（推荐）、打上边鼓（说赞成话）、打下边鼓（说反对的话）。

八、性状颜色

脱大个（很大）、巨粗个（粗糙不光滑）、滚壮个（胖而且结实）、踏结个（结实）、匵尖个（很尖）、闪平个（很平整）、液湿个（很湿）、焦干个（干燥）、救圆个（非常圆）、透鲜个（很鲜）、究韧个（柔软又结实）、欣甜个（非常甜）、鼻淡个（味道很淡）、喷香个（很香）、沸滚个（很烫）、骁勇（厉害）、矇个（眼睛模糊不清）、炫红个（鲜红）、积绿个（碧绿）、迸青个（浓绿干净）、积蓝个（鲜蓝）、噻湿乌个

（脏而且黑）、自在（安静不闹）、木（不灵活）、板（固执）、冻红个（鲜红）、雪白个（很白）、墨乌个（很黑）、格蓝个（非常蓝）、积紫个（很浓的紫色）、蹦王个（非常黄）、墨长个（很长）、稀软个（软软的）、冻泡个（松软）、梆硬个（结实刚硬）、蓬高个（很高）、噻莽个（很长）、隔浓个（浓厚）、扑色个（苦涩）、辛咸个（很咸）、么烂个（很软）、波圆个（圆圆的）、膨稀个（稀松）、膨松个（稀松）、铁紧个（紧密）、雾光个（很亮）、墨暗个（黑暗）、冰冷个（非常冷）、奉暖个（暖和）、膨响个（很响亮）、铁结个（结实）、溜软个（软滑）、格麻个（麻木）、梭叫个（急促的响声）、溜光个（光滑）、噶瘦个（很瘦）。

九、其他

别么嘚（别的东西和事）、仰身（立刻）、蛮（非常或者野蛮）、尽（没完没了）、几（多么）、莫（别）、幸嘚（幸亏）、得煞嘚（幸亏）、团近（附近）、跟头（身体近旁）、一告雨（一场雨）、钻岩（精明）、躲逃军（躲避）、缺乌缺白（残缺不全）、正得八经（认真、严肃）、摸妻兰得（磨蹭）、捏胸打歪（说谎话）、打衩骨冷的（光膀子）、闹月（热闹）、倒街（倒霉）。

第三节 歌谣

一、民谣

拜 年 歌

正月里个日子好，穿着新衣往外跑，进门叫拜年，筛茶又张烟，茶筛㖞滴滴答，油果㖞拿上桌，瓜子口里丢，机子炒豆油，锅里造糍粑，糍粑锅里滚，磨粉又爆肉，肉又爆得烂，囊边锅里熟㖞饭，中间锅里擦㖞肉，外边锅里泡㖞蛋。

长 工 歌

日头哥哥快下山，
我打长工好艰难，
一日三餐麦米粥，
一粒豆豉渗三餐。［渗：下饭］

长 工 拜 年

正月里，正月天，正月本是拜年天。
财主拜年酒肉饭，长工我拜年一筒烟。

教 女 歌

麻雀叫，早早起，头要梳，面要洗。
看重油盐看重米，看看公婆和妯娌。

耕田歌

手拿耘耙把田翻，一番黄来一番青，
世上只有作田好，半年辛苦半年闲。

砍柴歌

高山砍柴朱买臣，
落龙割谷赵匡胤。
深山采茶樊梨花，
平地行路薛丁山。

夜蜂嘚

夜蜂嘚夜夜来，叫我房门大打开。
借我剪，剪荷包，借我刀，切年糕。

栀子花开

栀子打花三月三，
哥哥呀，三餐茶饭吃两餐。
昨日为你驮得骂，
哥哥呀，今朝为你驮得打。
上身打得紫红色，
哥哥呀，下身打得看不得。
青秆棍子十八根，哥哥呀，
打断一根换一根。
别人掩我都不要，

哥哥呀,妹妹就是想你牵。

螃蟹歌

春江水发螃蟹多,捉只螃蟹丢过河。
问妹螃蟹几只脚?问妹彩礼要几多?
螃蟹生来八只脚,我缠你来你缠我。
妹心不用彩礼买,粗茶淡饭情意多。

篾匠歌

我本江西九江都昌南峰余晃下村人,
到这湖北大梧阳山阮桥新村把钱寻,
不管么菜篮、花篮、大篮、小篮、团篮、提篮、播篮、鞋篮㖿,
保险你尊公、尊婆、家家、嫲嫲、爹爹、姆妈、哥哥、嫂嫂
还有你老公看得都称心。
叫声湖北大梧阳山阮桥新村人,
我这里桩桩件件品种齐全快把货来寻,
不管么谷箩、鱼箩、大箩、小箩、摇箩、丝箩、淘箩、恰箩㖿,
保险你尊公、尊婆、家家、嫲嫲、爹爹、姆妈、哥哥、嫂嫂
还有你妇人看得都称心。

龙船调

一战霸王初开鼓,
二战周仓闹喧天,
三战虎牢擒吕布,
四战南朝好兴兵,

五战五关斩六将，

六战六郎守三关，

七战孟获张士贵，

八战八仙吕洞宾，

九战后唐李存孝，

十战十郎是白袍。

上梁歌

高头顶的金宝顶，尾长盘的万年梁。

我拿金鸡祭梁头，儿孙拜相又封侯。

我拿金鸡祭梁尾，子子孙孙享富贵。

我拿金鸡祭梁身，吉星高照万年春。

搞家精

搞家精，搞家精，搞得莲花塘里水不清。

搞得猫儿不吃饭，搞得狗儿不看门。

红罗裙

红罗裙，紫罗边，大姑骑马细姑牵。

猴嘚担水壁下过，老鼠开门窸窸窣。

猫讨饭，狗烧火，猪衔柴，笑死我。

拐子歌

拐子拐上天，多拿油盐煎。

煎得梭梭黄，不拿拐子尝，

拐子攞棍打爷娘。

懒王歌

懒王懒，学补伞。补伞补不倒贤，一心学作田。作田烟不倒牛，一心学打油。打油烟不倒创，一心学赔匠。赔匠赔不倒衣，一心学嘎鸡。嘎鸡勾不得腰，一心学打锹。打锹打不倒管，一心学补碗。补碗补不倒督，一心学做屋。做屋上不倒梁，不如去见阎王爷。

二、无题民谣

1

休将心腹事，说予浅交知。
事后反情日，还成大是非。

2

我唱骑车顺口溜，这山过了那山丢。
谷风送我音回转，不是诗歌是打油。

3

人生在世莫忧愁，鸟怕弹弓鱼怕钩。
雪怕太阳当头照，人怕阎君把簿勾。

4

夜看星星浪浪稀，莫笑穷人穿破衣。
山中树木有长短，荷花出水有高低。
山上青松山下花，青松冷淡不如花。
有朝一日浓霜下，只见青松不见花。

5

人生在世一枝花，美貌姣容人人夸，
恁你容颜长得好，骨头还要肉来遮。

6

五月十三落雨毛,深山涧里竹叶巢,

你不助我磨刀水,我不助你晒龙袍。

7

夏家门前一口塘,打得鲤鱼扁担长。

大人吃细人得尝,还留一块接老娘。

8

手拿耘扒把田翻,青来黄去喜心间,

世上只有作田好,半年辛苦半年闲。

9

打开箱,花衣裳,

打开桶,花咚咚,

打开厨房桂花香,

打开床,花姑娘,

打开灶,花面貌,

打开房门吓一跳。

10

拍巴掌,百花开,风吹燕子过港来,蛤蟆顶上天,蜜蜂采花篮。

打叉叉,讨粑粑,讨得个滚粑自己吃,讨得个冷粑自己吃。

11

一螺穷,二螺富,三螺卖麻布,

四螺挑鸡屎,五螺有官做,六螺骑白马,

七螺开纸铺,八螺卖爷田,九螺卖爷屋,

十螺足足,借米煮粥,十腡骚骚,手拿钢刀,不杀爷娘,便杀哥嫂。

[注:螺即手指螺纹]

12

一月柏花开，二月杏花送春来，三桃花红似火，四月刺花满地开，
五月子芯里黄，六月荷花满塘香，七月菱花遮水开，九月菊花黄似金，
十月茶花压树开，十一月梅花到雪开，十二月雪化满地扬。

13

矮婆得矮，
肚里一肚个崽。
堪不出来，
架脚踩。

14

三根竹嘚倒下来，
门口望到姐夫来，
姐夫说个不带妹妹来。
妹妹头上满头花，
说个不带伞来遮，
又怕河风吹破伞，
又怕小水浸脚跟，
又怕树丫挂鬏笆。

15

油麻的背背驼，
打番家公望外婆。
望到天上云甩甩，
望到地下打麻将。

16

苋菜杆，

兜下红，

细细银嘚拣老公。

别家拣到嘚一只好老公，

我侬拣到嘚一只哈巴的虫。

等鸡啄嘚去，

跳跳蹦蹦去赶老公。

17

茶板的茶，

酒板的酒，

翻转身来，

灭断手。

18

又哭又笑，

卡毛作吊。

张家人请酒，

刘家人不要。

19

油菜花嘚浸蔗糖，

我在房里梳油头。

娘又骂，嫂又嫌，

连条花裤嘚着三年。

太哥哥说我是赔婆，

赔么得？

三十只桶，

四十只箱，

五十只媒人搬嫁妆，

搬呀搬到谁家里。

20

斑鸠嘚咕咕咕，

嫲嫲房里煎豆腐。

家家走来恰一块，

嫲嫲走来一棒槌，

打得家家吐豆腐！

21

先生不在家，

学生嘚搭泥巴。

先生告我读书，

我告先生打野猪。

22

板板梭，板板梭，

嫁我娘时我打锣。

走在外婆门上过，

看到外婆在睡摇窝。

23

墩上墩下，老牛拖耙。

梅舍里卢蜂窝，

九川里破屋多，

余家三眼灶，府前发圣窑。

24

钢筋车的两只陀，

不带女儿带老婆。

25

秤杆不离秤砣，

老公不离老婆。

26

推车的，上岭喎，我请妹妹吃饼喎，

姑姑今朝到我屋里来，唧个冇带妹来，

妹妹头上一头个花，唧个冇带伞遮。

又怕南风吹破伞，又怕北风闪断花，又怕头花打结巴。

三、童谣

月 光 光

月光光，水光光，照到姐姐洗衣裳。

洗得白，晒得黄，打扮细佬上学堂。

哥哥手里花爆竹，姐姐手里花枕头，

花对花，柳对柳，鄱阳湖里打哈酒（喷嚏）。

花鸟喎（一）

花鸟喎，哪里来？ 树上来。

做么事？ 做花鞋。

做几双？ 公一双，婆一双，我跟细姑共一双。

打开桶，花懂懂。

打开箱，花衣裳。

打开树脚喎桂花香，

打开马子桶臭气得昂。

花鸟嘚(二)

花鸟嘚,哪里来?

我在前山读书来。

早读三年有官做,

迟读三年有秀才。

秀才头上一点红,

观音骑马天边走,

我骑黄龙海浪中。

数麻雀

一只麻雀来打食,一飞飞到碓臼里,

头朝东来尾朝西,两只翅膀两条腿,两只眼睛一张嘴。

两只麻雀来教飞,身穿两件花衣衣,

头朝东来尾朝西,四只翅膀四条腿,四只眼睛两张嘴。

三只麻雀来打架,一打打到禾田里,

头朝东来尾朝西,六只翅膀六条腿,六只眼睛三张嘴。

四只麻雀来做窝,一做做到屋檐里,

头朝东来尾朝西,八只翅膀八条腿,八只眼睛四张嘴。

五只麻雀来搬家,一搬搬到花园里,

头朝东来尾朝西,十只翅膀十条腿,十只眼睛五张嘴……

碓臼歌

麻雀嘚肚哇哇,

背口园里分路麻。

路麻梢上七朵花,

七个媒人到我家。
我家妹妹脚又细，
舂不到婆婆碓，
推不到婆婆磨。
碓下舂碓，碓下量，
赖我偷米顾爷娘。
爷娘不是穷汉子，
金打屋树银打梁，
打起锡篙晒衣裳。
金扫帚扫绣房，
银扫帚扫摊场，
铁扫帚扫屎缸。

麻 将 歌

胖子胖，打麻将。
输㖊钱，不介账。
到九江，打路卯。

摇 篮 歌

（一）

摇摇摇，摇过桥，肚里饿，点心凑。
干鱼渗，米粉沟，吃得饱，又来摇。

（二）

月光家家，保护伢伢。
肯长肯大，好做买卖。

买卖赚钱,捉只奶猪嘚好过年。

拜 年 歌

日头起山面盘大,
我在家婆屋里拜年来,
家婆叫我堂前坐,
舅母叫我灶下来。
打破嘚家婆个莲花碗,
打破嘚舅母个洗脚盆,
家婆将我打一棍,
永世不进家婆的门!
家婆门口长青草,
屋脊头上开大门。

车 水 歌

车水咿哑,
斗米甘蔗。
甘蔗苦,接亲母,
亲母来得快,
跌在桥板下,
快驮绳来扯,
扯得尿嘚射。

第四节 谚语

一、生活谚语

人不能活千年，名声能传千秋。

鄱阳湖里水漂漂，好男好女命里招。

会做娘的先刊（生）女，会做鞋的先打底。

没有千年威风，只有千年的名声。

世上只有藤牵子，没有子牵藤。

娘孬孬一锅，爷孬孬一个。

为人处世莫浅想，未知哪个做栋梁。

哪种生哪苗，哪葫芦长哪瓢。

虱多不痒，债多不愁。

欠债的英雄，讨债的狗熊。

好汉对好汉，鸳鸯对田坎。

人是三节草，不晓得哪节好。

堂前子女轮流转，媳妇总有做婆时。

咸鱼腊肉，见火就熟。

丢嘚讨饭棍，忘嘚叫街时。

老虎不吃人，生像也吓人。

上轿个女人，出甑个粑。

三代不读书，关得一栏个猪。

阎王少了饿鬼的债。

刊(生)崽不送书,关得一屋猪。

担米个不累担糠个累。

上屋搬到下屋,也要三担糯谷。

和尚见钱经也卖,瞎子见钱眼也开。

墙脚下晒谷终有日,困龙也有上天时。

牙齿和舌头割(意:相处)得好,也有相剪时。

牛头往下,天光吃到夜。

好狗不咬鸡,好丈夫不打妻。

喝酒不助面红。

没有那个屎肚,不要呷那个泻药。

兔子满山跛,跛来跛去寻现窝。

崽卖爷田心不痛。

坐到不晓得跪到的苦,饱汉不知饿汉饥。

在生不孝,死嘚哭木头。

满堂个儿孙,抵不得半堂的夫妻。

一根烂禾秆,淹死一头牛。

阴沟里的篾篷也有翻转时。

急惊风碰到慢郎中。

七不出(门),八不归(家)。

若要发,不离八。

田沟里的鲊鱼(鲫鱼)婆,冇见过大江河。

煽阴风,点鬼火。

田塍关水,道理服人。

手长衫袖短,力所不能为。

年怕中秋,月怕半。

九月重阳,移火进房。

九九八十一,穷人苦心出。

千岁的爷娘抱不得百岁的儿。

一层萝卜一层皮,一层烧纸隔千里。

爷死娘还在,娘死连爷埋。

娇儿不孝,娇狗上灶。

看不重的狗骨头。

屋脊头上不长谷。

爹有娘有不如自己有,哥有姐有等于冇有。

木匠脚下困一夜,不会装犁也会装耙。

姨婆嘚泡茶满盅盅,大姑嘚泡茶大半盅。

端午不吃蒜,要等(意:被)鬼来钻。

三年不来大官到,三天一来狗钻灶。

千斤门楼四两屋。

一床被婆(被子)不盖两样个人。

一身供三口,含饭口里走。

一番水盖番沙。

人上一百,形形色色。

人要公心,火要空心。

人倒运,盐缸里都生蛆。

人情一把锯,拉来又扯去。

人家个饭好吃,自己个床好困。

人照势转,狗照屁转。

入乡问俗,出门问路。

三刀对六面，有事话当面。

三勤夹一懒，要懒也不懒；三懒夹一勤，要勤也不勤。

子不嫌母丑，狗不嫌家贫。

大人望栽田，崽俚望过年。

大船烂，三百斤钉。

少吃多滋味，多吃坏肚皮。

斗米不翻漏，担米换根梁。

夫妻一条心，黄土变成金。

不怕跌，只怕歇。

不听老人言，吃苦在眼前。

不愁无人请，就怕艺不精。

天下只有第七，冇有第一。

天干无露水，人老无人情。

打人莫打痛处，骂人莫骂实处。

打也来骂也来，亏得人家总不来。

打虎亲兄弟，上阵父子兵。

宁死做官个爷，莫死叫花子娘。

宁漏一村，莫漏一尊。

乌狗吃屎，白狗当灾。

乌龟莫笑鳖，都在泥里歇。

只有孬命，冇有孬人。

吃不穷，穿不穷，人无算计一世穷。

在家千日好，出外半朝难。

老公不离老婆，秤杆不离秤砣。

穷家富路。

有份子孙不为强。

有样跟样，无样照世样。

好崽不得爷来田，好女不靠嫁时妆。

好事不出门，坏事传千里。

买得便宜柴，烧得夹底锅。

割(合)得邻舍好，犹如捡到宝。

有麝自然香，何必当风扬。

收捡不勤，吵闹四邻。

灯光底下不知脚下暗。

忍得一时气，免得百日忧。

坛口罐嘚口扎得住，人口扎不住。

豆腐拣急处嘚舀。

豆腐搬成肉价钱。

若要好，问三老。

夜里想了千条路，日跟(白天)爬起来走现(老)路。

话要想想说，饭要嚼嚼吞。

客来主人欢，客不走，主不安。

河里无鱼虾也贵。

狗屙屎，壅漭草。

相打无好拳，相骂无好言。

耕田自知牛辛苦，养儿才知父母恩。

笑破不笑补。

借牛还马。

莫喝卯时酒，昏昏醉到酉；莫骂酉时妻，一夜受孤凄。

彩彩锅嘚配只彩绘灶。

除得栗树无好火,除得郎舅无好亲。

蛇有蛇路,鳖有鳖路。

深山涧里读书,不如十字街头上听话。

船上不漏针,漏针船上人。

做官莫走家乡过,三岁孩儿呼小名。

做事不依东,累死也无功。

堂前椅子轮班坐,媳妇自有做婆时。

萝卜丑,叶嘚遮;媳妇丑,公婆遮。

富从升合起,贫困不算来。

博师(木匠)多打败船。

晴天不牵沟,世个天(雨天)冇水流。

壅(施肥)禾不如壅秧,疼女不如疼郎。

针杪上栽翻颈,针尖上翻跟斗,驳了皮都走三里路。

烧得元宵纸,各人寻生意。

福人得福地。

屙尿送草纸。

好狗不挡大路。

喝酒不懴面红。

狗改不了吃屎。

隔张肚皮隔座山。

有样冇样看世上。

好马不吃回头草。

好崽不得爷田地。

井里个蛤蟆井里好。

四两棉花不用弹。

强龙不压地头蛇。

曹操行兵过后能。

人意好,水也甜。

人要脸,树要皮。

字要写,拳要打。

牛吃粟,赔不足。

人活良心,树活根。

病从口入,祸从口出。

弯刀切菜,各人所爱。

晴带雨伞,饱带饥粮。

靠山吃山,靠水吃水。

生不带来,死不带去。

嘴上无毛,办事不牢。

长哥当父,长嫂当母。

一日为师,终身为父。

跟有好伴,住有好邻。

富要供猪,穷莫丢书。

在生不孝,死嘚做鬼叫。

阎王少不得饿鬼咯债。

坐成黄肿困(睡)成病。

不当家不晓得柴米油盐贵。

皇帝不急,太监急。

下轿个新妇,出甑个粑。

有货不愁贫,无货愁煞人。

见官莫上前,做客莫落后。

吃了无钱饭，耽误有钱工。

兵熊熊一个，将熊熊一窝。

人争一口气，佛争一炉香。

人在屋檐下，哪能不低头。

来说是非者，便是是非人。

墙上一棵草，风吹两边倒。

只有病死人，冇有累死人。

一拳打十里，十里有人抵。

人勤不愁贫，坐吃山也空。

嫁出去个女，泼出去个水。

不听老人言，吃亏在眼前。

人情急似债，头顶锅去卖。

新妇进得门，媒人跳过墙。

熟地方怕人，生地方怕鬼。

芒种夏至边，走路要人牵。

平时多流汗，战时少流血。

吃的盐多，过的桥多。

有理走遍天下，无理寸步难行。

人无横财不富，马无夜草不肥。

一碗水端平，手掌手背都是肉。

一个笆三个桩，一个好汉三个帮。

生身父母丢一边，养身父母大如天。

亲一层，拉一把；疏一层，拖得垮。

新三年，旧三年，缝缝补补再三年。

不怕欠债咯英雄，只怕讨债咯真穷。

命里八割(八分)米,走到天下不满升。

当家三年狗都嫌。

善有善报恶有恶报,不是不报,时辰未到。

花花轿嘚人抬人。

二、生产谚语

(一)农事

人走千转,不如肥走一转。

人勤地生宝,人懒地长草。

七月半,捡花看(棉絮初吐)。

十八开桠,十八开花,十八结子,十八到家(荞麦)。

二月清明后窖(种)豆,三月清明前窖豆。

三早当一工,话穷也不穷。

小麦过小满,不割自己断。

小暑停棍,大暑停粪。

六月里不晒背,腊月里就要悔。

六十日荞麦四十日雨。

三斗荞麦四斗壳。

立夏种芋,挑断箩系。

禾到秋,日夜收。

只有懒人,冇有懒土。

田有四只角,全靠人来做。

处暑现苗,好葫芦长好瓢。

好崽靠好娘,好禾靠好秧。

进九不种,出九不壅(油菜)。

谷雨栽禾家把家(一两家),立夏栽禾乱插花。

谷雨前后,种瓜种豆。

油菜谢花,好种棉花。

枫叶躲麻雀,窨豆莫错过。

南风栽田抵窖粪,北风栽田不如困。

春做一日,冬吃一七。

种不过重阳,收不过端阳(小麦)。

读书看得纸重,作田看得屎重。

喳天嘚(蝉)西西(初鸣),窨豆遮灰。

清明种秧,一棵一仓。

蛤蟆不开口,种谷烂三斗。豌豆立了夏,一夜一个杈。

人不扶助身不贵,火不烧山地不肥。

蓑衣总在斗笠下,锄头总在壁上挂。

种地不浇粪,不如在屋里困。

供鸡换油盐,供猪为过年。

富要供猪,穷莫丢书。

吃得中秋酒,女人夜工不离手。

七葱八蒜九荞头,灰里荞麦泥里豆。

养猪不赚钱,回头望望田。

晒干个桐油,阴干的漆。

种田不养猪,必定往下输。

轻担担到山,重担担倒人。

种田不喂猪,等于秀才不读书。

顺风扯纤,逆风射箭。

勤龙一阵雨,懒龙一阵风。

天上一点雨,地下一点泡。

男做女工,做死也不凶。

保得立春好,一年自然好。

新坟不拦社,亡人土里骂。

懵懵懂懂,清明浸种。

清明前后,种瓜种豆。

清明报笋,谷雨出林。

(二)渔业

三月三,破船莫在江边弯;九月九,破船莫在江边守。

世上只有三样苦,牵鱼作田磨豆腐。

有鱼三下网,无鱼早还乡。

要想发,用盐擦。(鱼类加工)

清水五月,白水六月。

(三)航运

上走滩,下走湾。

余钱做屋,欠债打船。

驾一世个船,不晓得船有几块倒木头。

要想懒,滚船板。

船有千条缝,赚钱不够用。

邵垣邵垣,借钱打船,

上桩还冇有打起,下桩就烂了底。

寒露霜降水里沙,船落老港客回家。

三、气象谚语

一日南风燥,三日南风狗进灶。

一光一暗,大水平陡坳。

一雁晴,二雁雨,三雁四雁涨大水。

人怕老来穷,禾怕夜东风。七阴八不晴,九来放光明。

三十日连初一,初二还是雨。

三九不穿靴,三伏车破车。

三九不变,四九翻兜。

久晴夜风雨,久雨夜风晴。

干净冬至邋遢年。

六月六,晒得鸡蛋熟。

六月北风贵如金,一日北风三日阴。

不吃端阳粽,莫把棉衣送(收)。

日风暴三窖(回),夜风暴七窖。

日头长须,要着蓑衣。

日头驮枷,大雨哗哗;月光驮枷,大风倒麻。

月光长毛,大水浩浩。

立春一夜,百草发芽。

立夏不下,农民车破车。

五月南风涨大水,六月南风海也干。

云遮中秋月,雨打上年灯。

分龙落雨走现(老)路。

正月猪滚浆,必定要烂秧。

四月八,冻死鸭。

西边胭脂红,不是雨来便是风。

过了七月半,洗澡爬不上塅。

东虹晴,西虹雨,傍晚出虹晒破皮。

先社后分,米谷倒墩;先分后社,米谷倒挂。

先雷后雨不用慌,雨后打雷无处藏。

早翻肚,滴滴答;晚翻肚,晒破壳(鱼)。

鸡往高处鸣,雨止要天晴。

社前蛤蟆叫,种谷慢点抛。

雨中喳天叫,预报晴天到。

雨夹雪,下半月。

雨落黄昏后,行人不用愁。

秋前北风秋后雨,秋后北风干到底。

蚊虫咬得凶,雨在三日中。

河里鱼打花,当日有雨下。

春东夏西,打马送蓑衣。

春季东风雨连连,夏季东风断井泉,秋季东风禾生茸,冬季东风雪满天,四季东风无用处,正月初一东风丰收年。

春寒多雨水,夏寒断滴流。

春雾一朝天,冬雾晴半年。

春霜不过夜,过夜晴到社。

蚂蚁出窝,大雨滂沱。

蚂蚁排行,大水汪汪。

蚂影(虹)出在东,有雨也不凶;蚂影出在南,阴沟里滂(浮)酒坛;蚂影出在西,阳港里滂阉鸡;蚂影出在北,有雨冇雨不晓得。

重阳无雨看十三,十三无雨一冬晴。

重阳重阳,移火进房。

积雪不化，还有雪下。

桂花一香，六十日有霜。

烟不出屋，大雨汩汩。

烟囱不射烟，一定是雨天。

清明断雪，谷雨断霜。

寒筋（蚯蚓）路上爬，风雨乱如麻。

雷打冬，十家牛栏九家空。

雷打中，两头空。

霜前冷，雪后寒。

蜜蜂不出窝，风雪快如梭。

六月初六阴，禾秆烂成筋。

小暑打雷，四十天倒梅。

过了七月半，日头随山转。

五月十三刮雨毛，晒得南山竹叶巢（蔫）。

过了八月中，女人只有梳头做饭工。

蚂阳挂在西，杅里淹死鸡。

三九天里不穿靴，六月天里冇水车。

二十日晴，一斗麦子一斗芒。

二十日雨，一斗麦子一斗米。

交秋打雷，天收一半去。

立夏不下，高田落耙。

秋老虎，臭八月。

梅包伏，热得哭。

一日炎天水中立（音：易），三日炎天盖被絮。

十月无霜地也寒。

热不过三伏,冷不过三九。

四月八,冻死鸭。

二四八月乱穿衣。

交秋十八盆,河里不见洗澡人。

过嘚七月半,洗澡爬不上岸。

清明断雪,谷雨断霜。

立冬打雷要反春。

立冬不使牛。

立冬那天冷,一年冷气多。

立冬晴,一冬晴;立冬雨,一冬雨。

立冬北风冰雪多,立冬南风无雨雪。

立冬落雨会烂冬,吃得柴尽米粮空。

立冬南风雨,冬季无凋(干)土。

立冬有雨防烂冬,立冬无鱼防春旱。

立冬不吃糕,一死一奋晃。

立冬种豌豆,一斗还一斗。

重阳无雨看立冬,立冬无雨一冬干。

立冬小雪紧相连,冬前整地最当先。

立冬一日,水冷三分。

立冬有食补,春来勇如虎。

立冬无见霜,春来冻死秧。

立冬雨,烂薯箍。

立冬无雨一冬晴。

立冬东北风,冬季好天空。

立冬赤,有通食。

四、歇后语

七个罗汉摆八仙——不足数

八十岁上扮小旦——老来俏

三十夜里卖门神——脱货求财

三日卖两条黄瓜——不合算

三只脚的凳——一挨就倒

六月里马齿苋——经挨

火烧爆竹店——吵乱嘚

甘蔗吹火——不通

叫花子驮米不起——自讨个

叫花子赶夜路——穷忙

叫花子唱小曲——穷快活

叫花子埋爷——了了愿

头戴犁头铁——往土里钻

半天云里吹喇叭——响(想)得高

半天云里吹喇叭——枫树梢上听

干手蘸芝麻——干得(白拿)

白布落在染缸里——洗不清

石匠用泥巴——蛮蛮个的

生成个葫芦长成个相——冇法改

四两棉花——不用弹(谈)

老鼠援秤钩——自称自

老鼠嫁女——吵一夜到天光

铳钩挑水——两头塌

丢得布不要,还出不得染铺门——吃亏吃得看不得

老虎卵——倒缩转(退步)

死人守棺材不住——无用

后颈窝里一撮毛——摸得到看不到

灯盏里冇有油——枉费芯(心)

我不寻你哭,你还寻我瘪(哭)——倒有理

鸡蛋里寻骨头——寻般头(挑衅)

灶里扒火胯里只(烤)——只顾自己

屁股上吊铜锣——响一路

针杪上打翻颈——有本事(讥讽)

夜壶打断的柄——光剩一张嘴

狗咬刺老鼠——无处下牙(嘴)

纸闭(糊)灯笼——外头光

和尚捡到朗梳(梳子)——冇有用

青皮梨嘚——好看不好吃

抱鸡婆(孵蛋鸡)打破嘚碗——倒发癫

抱鸡婆插令旗——拿作不到(神气)

拐子拜年——现成个

驼子作揖——举手就是

除得芋头便无薯——只是一样

陶公菩萨搬坛嘚——闲不住

眉毛上吊猪胆——哭在眼前

屎缸里个麻石头——又臭又硬

烂泥巴田里搬碓臼——越陷越深

柜里倒萝卜——后来居上

铁匠做官——蛮个来

送子娘娘上门——拣好个说

秤钩打钉——两拉直

鸭背上浇水——不惹纱

着蓑衣打火——惹火上身

捺倒鸡婆孵蛋——乱来

脚板擦猪油——跑得快

麻布袋里装石灰——放到哪里都有迹

猴嘚捡到一块姜，吃又辣，丢又舍不得——两头难

落雨驮被絮——越驮越重

菩萨个卵——神棍嘚

楼板上铺席嘚——平个摊

矮子爬楼梯——步步高

癞痢婆戴花——自戴自遮

癞痢仔做和尚——谋倒个

瞎子刊（生）眨巴（沙眼）——一代胜一代

鄱阳湖里的保长——管得阔

鄱阳湖里吹喇叭——到八都里听

墙崖下晒谷——阴干的

牛头上挂把杆——轻毛的

铜匠进门——担锉（错）

针苗（尖）上绑麦芒——尖头蹦

杀不死的绵羊——韧胫头

三只铜钱摆两边——一就是一,二就是二

困在门板上盖黄表纸——死要脸

瞎子打老婆——手下熟

棉布袋套麻布袋——一代管一代

脱裤子放屁——多此一举

兔嘚泻屎——办事拖泥带水

豆腐熬酒——世上少有

第五节　古联

一、春联

（一）祖堂门

地泰人和日月长明宗功长著，年丰物阜山河永在祖德永存。

灯火辉煌举国欢庆佳节，香烟缭绕公祠喜漫祥云。

（二）通用联

天地间诗书最贵，家庭内孝友为先。

桂芳松筠新德泽，风清月古老琴书。

二、婚联

（一）洞房联

1. 横批

玉燕投怀　麟吐玉书　麟趾呈祥　洞房深处　五子登科　鸾凤和鸣　螽斯衍庆　花好月圆　美满婚姻　珠联璧合　志同道合　佳偶天成　鸳鸯福禄　鸾凤文章　重歌宴尔（再婚）　合浦还珠（再娶）

2. 洞房门联

喜看红梅多结子，笑观绿竹广生孙。

喜看夫妇情深几何直线，笑观儿孙繁衍小数循环。（新时期联）

月初圆喜照洞房深处，花正绽共珍此夜良辰。

院内喜栽连理树，门前竞放自由花。

酒行交杯心共醉，花开并蒂月团圆。

嫁女择佳婿，宜家咏好逑。（嫁女联）

有真旨意成美眷，喜爱女自缔良缘。（嫁女联）

3. 屋堂前柱联

（1）正脊前的小金柱联

金毛狮子，玉书麒麟。

（2）正脊柱联（母家撰送）

鸳帐刻如金，金钺暗度鸳鸯谱；凤楼然似玉，玉箫巧吹凤凰鸣。

大丈夫爱敬为怀，莫把新婚移少羡；士君子治平有道，须将正始验家齐。

蓉帐度春宵，听金鸡报晓勿忘警旦；兰闺多吉兆，想玉燕投怀準卜宜易。

三、寿联

（一）普通联

爆竹声中开寿宴，蟠桃会上舞斑衣。

寿庆堂前新结彩，星辉天上老长康。

庆寿堂高椿萱并茂，齐厨粜举庚婺双辉。（父母双寿）

（二）男寿联

玄鹤千年寿，苍松万古春。

行可楷模年称德，老于松柏岁长春。

（三）女寿联

慈竹春云护，灵芝绛雪滋。

（四）老夫妻做寿、儿子结婚同日双喜联

东海木公西池金母看来福庇汾阳阶下凤凰箫并奏，

谢家宝树莱子斑衣对真盛如阿里堂中松菊甲同周。

（五）父六十、子小试周同日双喜联

父周甲子初甲满室祥光辉甲禄，椿庭兰沏椿兰一门瑞气蔼春风。

（六）寿匾题字

1. 男寿

南极星辉　共祝期颐　耆英望重　鹤算添筹　椿树长荣　杖国遐龄（七十岁）　古稀延庆（七十岁）

2. 女寿

宝婺星辉　金萱永茂　兰徽溢庆　北堂永寿　婺星永辉　中天婺焕

3. 男女双寿

盘献双桃　日月双辉　柏翠松青　极婺齐辉　椿萱并茂

4. 六旬寿联

玉宇庆和谐荣登花甲，琼楼开寿宴永祝康宁。

儿孙绕膝共饮千杯寿酒，夫妇齐眉间看六秩梅开。

5. 七旬寿联

庆花甲先征杖国兆，择吉日欢庆古稀年。

6. 八旬寿联

寿祝千秋一生德厚，梅开五福八秩风高。

酒饮从心欣钓渭，筹添所欲又杖朝。

四、上梁联

（一）四字横批

长发其祥　大启尔宇　向阳门第　宅旺万年　紫微驾临

(二)自己建房用

1. 父亲健在

肯构肯堂，乔木春深(有父在)

甲第宏开肯堂肯构，壬林作颂多福多男。(有父在)

2. 父亲不在世联

竹苞松茂及时秀，桂馥兰馨易也荣。

竖柱喜逢黄道日，上梁正遇紫微星。(通用)

广厦宏图竹苞松茂，雕梁画栋鸟革翚飞。

瑞气祥云绕画阁，黄莺紫燕贺新居。

堂开瑞日金莺啭，帘卷春风玉燕来。

(三)新居乔迁四字联

择居胜地　莺迁乔木　美轮美奂　华堂春永

(四)其他联

1. 堂联

庭列钟彝笥传组绶，文悬日月字动烟霞。

祖武箕裘皇猷黼黻，家声麟凤国器圭璋。

言炳丹青道润金璧，月露流青云门擢秀。

名昭图史徒被歌钟，书怀吐馥文囿含锵。

2. 书院

竹环窗户图书润，花落池波砚水清。

开窗明月白，洗砚石泉香。

词峰挺秀，学海姿英。

3. 书室

闭户看书多岁月，挥毫落纸如云烟。

净扫明窗凭素几，时将旧卷续新诗。

4. 楼阁

熙城桃李仓春雨，大地江山点霁云。

此地日边，开山翠万重当槛出；南溟天外，合水光千里抱城来。

5. 山阁

瑞云丛捧日，群峭碧摩天。

岚气湿衣云叶心，春风拂槛露华浓。

6. 水阁

诗情对明月，琴韵动流波。

寄情聊翰墨，得意在烟波。

7. 园亭

花间酌酒邀明月，石上题诗扫绿苔。

日移竹影侵棋局，风递花香入酒樽。

8. 山居

满庭枫影飘红叶，万壑松风卷翠涛。

一庭花影三更月，十里松阴百道泉。

万里江山供醉眼，四时风月助吟情。

9. 郊居

绿树碧檐相掩映，小桥虚间半高低。

云淡水平阚树簇，桑青杏白野田香。

横琴答山水，把酒话桑麻。

10. 渔家

千树垂杨铺水面，一竿青竹老江隈。

11. 幽居

一泓秋水一轮月，百尺飞泉百丈峰。

两岸环青一溪榄绿，千岩竞秀万壑争流。

书卷莫教春色老，柴门不为俗人开。

12. 隐居

不作风波于世上，别有天地非人间。

久知轩冕应无穷，聊向渔樵寄此身。

13. 旅舍

高人屡解陈蕃榻，爱客偏浮太白怀。

陶令爱文常对酒，陈遵投辖且留宾。

14. 寿堂

黄发不知新雨露，紫泥重降旧书堂。

黄壤不知新雨露，长河无限旧风波。

15. 酒馆

泛花邀座客，命酌动幽心。

玉壶传绮席，银盒送清醪。

兰肴陈绮席，菊醴溢芳樽。

16. 酒楼

登楼送远月，命酌动幽心。

绮阁云霞满，清樽日月新。

水如碧玉山如黛，酒满金樽月满楼。

17. 歌馆

清樽浮绿醑，急管韵朱弦。

三杯淡酒邀明月，一曲清箫凌紫烟。

18. 茶馆

风生丛竹啸，香泛入花轻。

竹粉含新志，茶烟袅细香。

高人屡解陈蕃榻，活火闲烹橄榄茶。

19. 家龛

祀祖宗一炷清香毕诚毕敬，教子孙两行正业曰读曰耕。

宗功不著钟麟趾，祖泽长绵起凤毛。

天地献奇，星斗图书山水画；祖宗垂训，衣冠礼乐圣贤言。

聪听祖考之彝训，遵祖宗忠孝节廉至矣尽矣；思贻父母以令名，教子孙仁义礼智堂哉皇哉。

说礼乐敦诗书，举目思光宗耀祖；笃忠孝守勤俭，存心做孝子贤孙。

世泽长新，礼乐诗书，久仰先人燕翼；家声勿替，衣冠文物，唯期后裔蝉联。

20. 醮联镜门匾

钦崇天道　天眼垂直　元之又元　大哉至道　人道之门　降尔遐福　济物利人　曲斯道也

21. 侧门联

是道也，紫府昔济，道实忏悟；其严乎，青都皈依，步虚经声。

紫气自东来，相传道德流芳远；苍生依北斗，共祝平安化日长。

神道极高，明监风香字浮烟碧；法门堪想，望映月灯花别样红。

南华妙谛，游日逍遥，羊角扶摇九万里；西去其经，篇名道德，鸿文彪炳五千言。

性不谏来可追，念乃平生当思涤瑕荡秽；悔昨非知今是，祈其福尔从兹食德饮和。

22. 人戏联

做许多子孝臣忠，或泣或歌宛见当年情事；说什么郎才女貌，如花似玉空传往日风流。

学为父子学为君臣学为长幼，做千古忠孝节义，细细看来谩道逢场作戏；行乎富贵行乎贫贱行乎患难，成一时离合悲欢，般般演出管教拍案惊奇。

五、其他类四字横批

1. 生子

庆衍弄璋　喜听英声

2. 生女

庆衍龙女　未来女英　明珠入幄

3. 得孙

堂开四世　庆衍龙孙　饴座增欢　兰芽茁秀

4. 致富

义声远播　仁德生财

5. 升学毕业

鹏程万里　大展宏图　风华正茂　春华秋实

6. 立功

典型共仰　青年楷模

7. 文艺

艺苑新秀　彩笔生辉　文坛英才

8. 开张

人似云齐，爆竹一声欢剪彩；财如潮涌，东风万里正开张。

吉日开张，预兆财源茂盛；平时立信，定然生意若隆。

六、挽联

1. 祭轴四字竖批

(1)男亡者用

诏赴玉楼　星变台微　商山待诏（名士）　寿老归真（高寿）　南极光沉　携杖云游　甘棠遗爱（大宦）　悲切心丧（师）　生荣死哀（官）　恸如哭渊（门生）　峰坠丈人（岳父）　泰山其颓（岳父）　丈人星殒（岳父）　月冷东床（女

婿） 大老西归（太公） 悲切渭阳（舅父） 宅相谁成（外甥） 祖德难忘（祖） 陟岵空嗟（父） 昊天罔极（父、母） 恸如陟岵（伯、叔） 折翼伤怀（兄、弟） 如折我手（兄弟） 雁行失序（兄） 家范犹存（族） 云封玉树（曲） 早赴玉楼（幼士） 老成如在 古道照人 隐德垂芳 春眠不觉（春） 苍松春萎（春） 薤露易晞（夏） 曲断熏风（夏） 秋日长凄（秋） 悲同宋玉（秋） 泪洒冰天（冬） 古柏霜摧（冬） 柱下生悲（李） 其犹龙乎（李） 濂溪忽寂（周） 角星生寒（周） 仙笛停吹（王） 白日升天（王） 清白悠传（杨） 自此升矣（杨） 折监流芳（朱） 学重论天（秦） 车载渭溪（占） 品重琳琅（罗） 乐赋梅花（宋） 山高水长 硕彦流芳（刘） 名重实峰（汤） 智绍知音（钟） 策慕治安（贾） 望隆山斗（韩） 月中飘丹（江） 尚有典型 跨鹤归真 老成凋谢 几杖犹存 典型犹在 鹤归华表 先生之风 先正典型 浑身璞玉 哲人其萎 福寿全归 天长斯文 跨鹤归西 精神不朽 梦入华胥 驭鹤仙乡 逍遥碧落 甲马扬声 神赴香山 神游仙岛 君子有终 家训如闻 竹林忽寂 棣萼风摧 久仰芳规 福蔷箕畴

(2)女亡者用

母仪可则 德范堪敬 懿范长存 钟郝仪型 德纪瑶编 班联金母 仉范陶仪 拱手尚石 恸切燃须 伤同折羽 翟弗膺荣 一代女宗 宝婺两沉 懿范长存 无姥峰颓 慈云西去 孟母遗徽 女中丈夫 女中尧舜 淑德流芳 母仪足式 巾帼英雄 如读陈情（祖母辈） 泰水生寒（岳母） 风凄泰水（岳母） 悲读陈情（祖母） 恸切含饴（祖母） 爱日忽沉（母亲） 春晖未报（母亲） 陟屺生悲（母亲） 悲同陟屺（母亲） 慈云缥缈（母辈） 珮响云端（母辈） 彤管流芳（节母，守寡时冰清玉洁） 慈惠遗声（节母） 悲同季路（姐妹）

(3)男女亡通用

五福全归 伤如之何 悲作古人 音容宛在 音容常在

2. 亡者挽联

（1）挽师

大雅云亡，风凄紫陌；哲人其萎，两泣青郊。

久树芳规，记当年函杖从游，化雨宜人春风坐我；忽成大梦，恸此后吾徒安仰，杜鹃堕泪芳草销魂。

欲去何之，忆当年传史传经，课读几枯心上血；伤神已甚，怅此日祝哽祝噎，输诚空进掌中怀。

小草沐滋，培恩教泽亲承，久溯源流湘水远；高山向德，痛忆音容远隔，空怀道范岳云深。

（2）挽舅父

有泪洒州门，千古白眉增太息；元才成宅相，廿年青眼益酸辛。

①挽在春天亡者

骨肉忍抛残，谁怜我思悠悠，春风桃李芳菲日；琼魂难赠别，最苦莺声滑滑，夕阳楼阁雨晴时。

古道照人间，恨我生宅相元才厚德未酬徒抱愧；耗音来天外，怅此际渭阳有感尊颜莫觏向谁亲。

（3）挽岳父

分忝馆甥，愧未乘龙先绛璧；恩多泰丈，忽看骑鹤上瑶京。

八九年我坐东床品渐玉润，五十载星尘南极泪洒冰清。

浮白自惭苏子美，垂青空忆李文公。

德范堪钦，惟冀泰山长荫婿；鹤龄方祝，孰期冰鉴顿捐尘。

爱我若孙枝，记两载承颜接词，前辈典型书卷气；频年支病叶，怅此时霓旌羽盖，蒙山风景紫阳仙。

（4）挽内兄

六十载花甲添筹，想多年如兄如弟，我愧令尊知令坦；两三代兰孙挺秀，叹此日全归全受，翁诚多福而多缘。

气谊冷醇醪，忍使衰年悲百海；思勤铭积悃，不胜儿辈恸西川。

登堂莫觅仁兄影，临穴空遗内弟悲。

铭碗寄来曾悯黔娄梦白，蓉城逆去又悲汝士升仙。

(5)挽襟兄

春正欣觌面，愧我疏来，未获临床亲问疾；夙昔秉灵心，知君仙去，也应奉诏重修文。

六旬老母七月孤儿，万事空成，知君抱恨归泉壤；十载连襟一朝分袂，此番永诀，令予挥泪洒冰天。

(6)挽近亲

亲联桑梓，谊话茑萝，欢爱正无穷，怎忍一朝分袂去；诏徒绯衣，飘余丹旐，音容今已渺，却从何处觅魂归。

玉山胡朗，冰镜何莹，是真成东箭才高，尽有劳型垂后辈；隐鹤安归，伏鸾安住，最难堪北堂画水，翻教老泪洒残年。（横批：士死犹母在）

(7)挽寿翁

与桂子数岁订交，公志最浓，北海樽倾常话旧；问梅花几生修到，仙游太促，东山棋罢更伤情。

先生真陆地神仙，胡骨换梅花，寸心莫付长庚祝；哲嗣是云天契好，恸庭摧椿树，一束聊陈孺子刍。

(8)挽父

一生辛苦谁知，听诸父道扬，愈增悼痛；三载勤劳未报，奉慈帏叫命，只进飧餮。

①有母在

桑梓靡瞻，儿辈永承乔木荫；苹蘩泣进，家人恒怅大椿摧。

秋思向谁宜，悔未胪欢承菽水；终天成永诀，教泣涕难进羹汤。

(9)挽弟

昔者比翼雁行姜被喜同眠,只冀连水床听夜;今也惊心鹏赋谢池伤断梦,宫教洒泪向西风。

(10)挽夫

欲殉难抛黄口子,偷生勉事白头姑。

亲老家贫负担,忍付称孤子;行修名立诔词,悲作未亡人。

3. 女挽联

(1)挽舅祖母

渭阳泉送已悠悠,赖母范犹存,一片春晖长映我;宝婺星沉光落落,痛仙筵遽赴,几回冬雪为招魂。(初冬日去世)

(2)挽舅母

荻画夙同遵愧樗栎悲材未符宅相,婳星悲顿陨幸桂兰竞秀丕振家声。

(3)挽寿母

天与箕畴全福岂偶然哉,荆布仪孟荻火规欧谐老同庚,灿灿星火瞻南极;人称巾帼英雄而今已矣,子午衣留孙传砚罢报晖增痛,奄奄日薄陨西山。

(4)挽岳祖母

福备箕畴,太母是几生修到;灵归斗极,仙班又一座添来。

(5)挽奶娘

一饭且酬恩,况饥乳寒食,只少怀胎十月;千金难报德,想慈颜玉训,也当泣血三年。(仲刚村黄友道撰)

(6)挽妻联

母去北堂空,堪怜白发招魂,破镜难圆挥老泪;我惭西席职,念今黄儿犹口,断机续学更何人。

(7)妻自挽联

我别良人去矣,大丈夫何患无妻,他年续弦房中,莫向生妻谈死妇;子依严父哀哉,小孩儿终当有母,异日承欢膝下,须知继母即亲娘。

4. 亡者春联(拜新年的当年)

(1)父亡联

年在严何在,春回椿不回。

冻雨三更凋老干,凄风三夜剪灵椿。

雪里灵椿,高标顿折哀难已;雨中新柳,青眼长垂泪不干。

(2)通用联

天下皆春色,吾门独素风。

守孝三年容易满,思亲百岁最难忘。

雨中竹叶流青泪,雪里梅花戴素冠。

紫陌红心古今梦,白雪清风天地心。

雨洒修竹声有泪,月照高梧影无形。

(部分古联根据袁银初主编的《袁如岗湾村志》中收录的古联,编辑修订整理而成)

梦满梅枝总迎春

——代后记

转眼又是一年花落尽，片片纷飞的叶子残骸落入泥土，化作一缕生命的暗香。寂然辗转的时光把我们带进了浅浅的冬天。在这寒冷的冬天，追梦的脚步并没有停留。其实我们是同路人，都是追梦者。我们有一个共同的梦：竭尽全力编写、出版好《文化都昌丛书》。为了心中的目标，我们一样地义无反顾，一样地燃烧激情。如今，《文化都昌丛书》的编辑、校对工作已近尾声，丛书即将付梓与广大读者见面。这让我们心头涌起一阵阵温暖，仿佛春风拂面，梦满梅枝。

其实，出版《文化都昌丛书》是我们酝酿已久的事了。都昌是江西十大文明古县之一，受赣文化和鄱湖文化的影响，文化底蕴十分厚重。早在2017年的全县文化普查工作中，全县各乡镇就花了大力气，凝聚全力挖掘、搜集了大量有价值的文化资料，积累的素材数以万计，为编写《文化都昌丛书》打下了坚实的基础。在这里，我们对在文化普查工作中付出辛勤劳动和给予大力支持、配合的各级领导以及参与文化普查的工作者表示衷心的感谢，你们是梦满梅枝的奉献者。

编写《文化都昌丛书》是个系统工程，县委、县政府领导非常重视和支持，各部门、各单位全力配合，编写人员则呕心沥血地采访、编写，还有方方面面的人员提供相关稿件和精美图片。我们在丛书中采用的大量精美的彩色图片，一部分是本县摄影爱好者提供的，尤其是朱彼得、黄勇、杨帆等同志提供了很多有价值的照片；县政协、县档案局、县旅游局、县文化馆、县党史办、县志办等单位也为本丛书提供了大量的书稿资料和图片底片。特别值得一提的是，都昌文化界老前辈董晋同志把自己编写的历代名人歌咏都昌的诗词无私奉献给了本丛书，我们深表谢意。还有很多热心人对丛书的出版给予了关心和帮助。江西高校出版社从总编辑到责任编辑则对丛书进行了精细的编审，勘误了不少难以细说的误漏和差错。在此，我们郑重地对各位说一声："谢谢了！"

为了表达谢意，我们唯有尽量将丛书做得完美、厚重。我们采纳了一些同志的正确建议，在文字的组织上，尽量做到内容翔实、生动、鲜活，使其具有传承的价值；在图片的选择上，尽量选用有视觉冲击力、构图新颖、富有动感、色彩鲜明的图片；在素材的选择上，尽力保证素材典型、真实、不虚幻；在丛书的结构上，尽力做到严谨、完美。整体而言，我们尽力使本丛书达到图文并茂、设计新颖、包装精美的要求，从而使其具有长久的传承价值。

编书的过程是孕育的过程，犹如十月怀胎，出书则像一朝分娩。梅花香自苦寒来，梦满梅枝总迎春。回顾《文化都昌丛书》面世的过程，我们永远不会忘记付出辛勤汗水的追梦人和鼎力相助的筑梦者。是你们用最美的语言书写生活的点滴，谱写出最美的音符，留下光阴故事里最寻常的足迹。

《文化都昌丛书》编辑委员会

二〇一九年一月八日